中国建投｜远见成就未来

中国建投研究丛书·报告系列

JIC Institute of Investment Research Books · Report

中国智慧互联投资发展报告

(2018)

主编 / 建投华科投资股份有限公司

ANNUAL REPORT ON THE DEVELOPMENT OF CHINA'S INTELLIGENCE INTERNET INVESTMENT (2018)

总　序

一千多年前，维京海盗抢掠的足迹遍及整个欧洲。南临红海，西到北美，东至巴格达，所到之处无不让人闻风丧胆，所经之地无不血流成河。这个在欧洲大陆肆虐整整三个世纪的悍匪民族却在公元1100年偃旗息鼓，过起了恬然安定的和平生活。个中缘由一直在为后人猜测、追寻，对历史的敬畏与求索从未间歇。2007年，维京一个山洞出土大笔财富，其中有当时俄罗斯、伊拉克、伊朗、印度、埃及等国的多种货币，货币发行时间相差半年，“维京之谜”似因这考古圈的重大发现而略窥一斑——他们的财富经营方式改变了，由掠夺走向交换；他们懂得了市场，学会了贸易，学会了资金的融通与衍生——而资金的融通与衍生改变了一个民族的文明。

投资，并非现代社会的属性；借贷早在公元前1200～公元前500年的古代奴隶社会帝国的建立时期便已出现。从十字军东征到维京海盗从良，从宋代的交子到曾以高利贷为生的犹太人，从郁金香泡沫带给荷兰的痛殇到南海泡沫树立英国政府的诚信丰碑，历史撰写着金融发展的巨篇。随着现代科学的进步，资金的融通与衍生逐渐成为一国发展乃至世界发展的重要线索。这些事件背后的规律与启示、经验与教训值得孜孜探究与不辍研习，为个人、企业乃至国家的发展提供历久弥新的助力。

所幸更有一批乐于思考、心怀热忱的求知之士勤力于经济、金融、投资、管理等领域的研究。于经典理论，心怀敬畏，不惧求索；于实践探索，尊重规律，图求创新。此思索不停的精神、实践不息的勇气当为勉励，实践与思索的成果更应为有识之士批判借鉴、互勉共享。

调与金石谐，思逐风云上。《中国建投研究丛书》是中国建银投资有限责任公司组织内外部专家在瞻顾历史与瞻望未来的进程中，深入地体察和研究市场发展及经济、金融之本性、趋向和后果，结合自己的职业活动，精制而成。《丛书》企望提供对现代经济管理与金融投资多角度的认知、借鉴与参考。如果能够引起读者的兴趣，进而收获思想的启迪，即是编者的荣幸。

是为序。

张睦伦

2012 年 8 月

编辑说明

中国建银投资有限责任公司（以下简称“集团”）是一家综合性投资集团，投资覆盖金融服务、先进制造、文化消费及信息技术等领域，横跨多层次资本市场及境内外区域。集团下设的投资研究院（以下简称“建投研究院”）重点围绕国内外宏观经济发展趋势、新兴产业投资领域，组织开展理论与应用研究，促进学术交流，培养专业人才，提供优秀的研究成果，为投资研究和经济社会发展贡献才智。

《中国建投研究丛书》（简称《丛书》）收录建投研究院组织内外部专家的重要研究成果，根据系列化、规范化和品牌化运营的原则，按照研究成果的方向、定位、内容和形式等将《丛书》分为报告系列、论文系列、专著系列和案例系列。报告系列为行业年度综合性出版物，汇集集团各层次的研究团队对相关行业和领域发展态势的分析和预测，对外发表年度观点。论文系列为建投研究院组织业界知名专家围绕备受市场关注的热点或主题展开深度探讨，强调前沿性、专业性和理论性。专著系列为内外部专家针对某些细分行业或领域进行体系化的深度研究，强调系统性、思想性和市场深度。案例系列为建投研究院对国内外投资领域的案例的分析、总结和提炼，强调创新性和实用性。希望通过《丛书》的编写和出版，为政府相关部门、企业、研究机构以及社会各界读者提供参考。

本研究丛书仅代表作者本人或研究团队的独立观点，不代表中国建投集团的商业立场。文中不妥及错漏之处，欢迎广大读者批评指正。

前　言

《中国智慧互联投资发展报告（2018）》是建投华科投资股份有限公司推出的智慧互联产业年度研究成果，是《中国建投研究丛书》报告系列的组成部分。

《中国智慧互联投资发展报告（2018）》从产业特征、技术演进、投融资概况、相关细分领域应用等方面对智慧互联产业进行了较为全面系统的研究。全书总体分为总报告、产业篇及并购篇三部分，总报告全面回顾2017年智慧互联产业总体情况并对其2018年的发展趋势进行展望；产业篇（含7篇）主要分析人工智能、智能芯片、云计算与大数据、物联网、金融科技、智能出行、信息安全等领域的发展特点及投资趋势；并购篇（含1篇）重点关注对国际及国内智慧互联产业重大并购的分析。

党的十九大报告指出，决胜全面建成小康社会、全面建设社会主义现代化国家就要坚定实施创新驱动发展战略，贯彻新发展理念，推动互联网、大数据、人工智能和实体经济深度融合，突出以科技创新引领全面创新，突出关键共性技术、前列引领技术、现代工程技术、颠覆性技术创新，对以创新为主要竞争力的信息技术产业而言，释放了加快发展的信号，提出了明确要求。

智慧互联更加关注信息技术产业链的两端，即前端的感知和后端的处理应用。以云计算、物联网、大数据、人工智能等领域组成的大数据价值链正逐步清晰，领先企业将通过整合、并购、合作等手段实现以人工智能算法为核心的自动化、智能化，为信息的感知、处理和应用提供更多可行的解决方式。我们认为，2018年创新能力引领的信息技术产业将延续高速增长，人工智能、半导体等领域将进入“深水井”阶段，信息技术将继续与实体经济深度融合，推动传统产业转型升级。

《中国智慧互联投资发展报告（2018）》由建投华科投资股份有限公司组织编写，为使该书能够更全面、客观、准确地反映智慧互联产业的发展状况及投资特点，我们聘请了人工智能专家余凯博士团队、中国建投投资研究院、工信部赛迪研究院的有关专家共同参与本书的编写工作。在此，对各位领导和专家的关心、指导及帮助表示衷心的感谢！

目　录

总报告

产业篇

并购篇

中英文摘要

总报告

2017 年中国智慧互联产业投资回顾与 2018 年展望

2017年中国智慧互联产业投资回顾与2018年展望

封殿胜

博士，高级经济师，北京赛迪顾问企业管理顾问有限公司副总裁

要点提示

- 2017年，受益于国家“一带一路”倡议、工业互联网、大数据等一系列政策的助推，我国智慧互联产业获得了较快发展，包括云计算、大数据、物联网、人工智能、互联网等重点产业领域的整体市场规模超过万亿元市场级别，较之2016年增长超过20%。

- 在全世界智慧互联产业发展浪潮的推动下和政府的鼓励下，在智慧城市建设、数字中国建设推动下的重点行业应用蓬勃发展，智慧互联产业的市场规模在不断扩大，预测到2020年我国智慧互联产业投资规模可达到万亿元。

- 我国数字经济正在进入快速发展的新阶段。数字经济基础设施实现跨越式发展，数字经济基础部分增势稳定，结构优化，新业态、新模式蓬勃发展，传统产业数字化转型不断加快，融合部分成为增长的主要引擎，面向数字经济的社会治理模式在摸索中不断创新。

- 未来几十年，是数字化改造提升旧动能、培育壮大新动能的发展关键期，是全面繁荣数字经济的战略机遇期。发展契机转瞬即逝，谁能抓住机遇，谁就能赢得发展先机。

一、发展形势与状况

（一）人类社会开始真正进入智能化时代

智能化是信息化发展的高级阶段，是继数字化、网络化后重要的发展趋势。在智能化时代，人类社会将逐步转向以智能网络为新基础设施、以数据资源为新生产要素、以“机器智能 + 人类智慧”为新型生产力、以智能经济体为主要经济形态的人机物融合发展的社会形态，将构建一个万物互联、共享服务、自主智慧、跨界融合和万众创新的生态系统。

（二）人工智能技术是推动智能化的战略性、引领性技术

自 1956 年提出以来，人工智能技术经历了计算智能、感知智能和认知智能三个发展阶段。计算智能阶段重点突破大规模的逻辑计算，以机器代码模拟人的思考过程。感知智能阶段重点突破机器采集与识别，主要特点是让机器能看会认。认知智能阶段主要研究深度学习与智能机器人，主要特点是让机器能想会做。近年来，人工智能加速发展，呈现深度学习、跨界融合、人机协同、群智开放、自主操控等新特征，大数据驱动知识学习、跨媒体协同处理、人机协同增强智能、群体集成智能、自主智能系统成为人工智能的发展重点，受脑科学研究成果启发的类脑智能蓄势待发，芯片化、硬件化、平台化趋势更加明显，人工智能发展进入新阶段。世界主要国家高度重视人工智能战略布局，2016 年美国发布《国家人工智能研究与发展策略规划》和实施计划，认为人工智能有可能彻底改变人类生活、工作、学习、发现和沟通的方式，可以促进经济繁荣、改善教育机会、提高生活质量、强化国土安全。2017 年 3 月，我国政府工作报告指

出，要培育壮大包括人工智能在内的新兴产业，加快人工智能等技术的研发和转化。同年 7 月，国务院发布《新一代人工智能发展规划》，新一代人工智能发展上升为国家战略。

（三）大数据成为智能化发展的核心要素

数据已成为国家基础性战略资源，大数据正日益对全球生产、流通、分配、消费活动以及经济运行机制、社会生活方式和国家治理能力产生重要影响，成为发展人工智能系统、加速创新的核心要素之一。例如，全球海量临床数据大幅促进了智能医疗的发展。世界各国高度重视大数据对智能化发展的核心作用，通过建立并落实数据规范、向私营领域开放公共数据、鼓励跨国数据交流来构建一个更为完善的数据生态系统，为智能化发展提供新的血液。

（四）信息基础设施向泛在融合智能化的方向演进

互联网发展日益呈现网络软件化、功能虚拟化、硬件通用化、能力平台化等云网深度融合趋势，以高速宽带、泛在移动、天地一体、万物互联、弹性连接、智能交互、综合集成为特征的新一代信息基础设施正加速形成，其在智能化发展中的基础性作用日益突出，将构建起智能化发展的“高速公路”和“神经网络”。世界各国积极出台新一代网络信息基础设施支持政策，加快网络空间探索和布局，加大信息普遍服务支持力度。

（五）经济发展的战略支撑将向智能生产力升级

作为新一轮产业变革的核心驱动力，人工智能等技术与现实世界交互的深度不断增加、广度不断扩大，将进一步释放历次科技革命和产业变革积蓄的巨大能量，并创造新的强大引擎，重构生产、分配、交换、消费等经济活动各环节，形成从宏观到微观各领域的智能化新需求，催生新技术、新产业、新业态、新产品、新模式，引发经济结构重大变革，深刻改变人类生产生活方式和思维模式，实现社会生产力的整体跃升。麦肯锡公司预测，基于人工智能为中国带来的生产力提升贡献每年可达 0.8 ~ 1.4 个百分点。未来三十年，基于智能技术支撑的智能经济体，将成为国家和市场经济竞争的关键力量，不断为三次产业转型升级赋能，推进智能制造、智能物流、智能农业、智能投顾、智能医疗等模式和业态的创新，并带动智能运营、智能软件、智能硬件、智能机器人等新产品的发展。

（六）数字城市建设开启智能化发展新阶段

世界各国在环境保护、交通、教育、健康医疗、公共安全、社会治理等重要领域推动人工智能规模化应用，引领数字城市进入智能化发展新阶段。2014 年 3 月《国家新型城镇化规划（2014 ~ 2020 年）》发布，将智慧城市建设与绿色城市、人文城市建设并列作为推进新型城市建设的范式。建设新型智慧城市应着眼于服务中国经济转型、城镇化矛盾预警防控、城市韧性增强、生态文明制度表征、城市规划建设运营模式创新和市民服务的改善等，用智能化手段感知社会态势、畅通沟通渠道、辅助科学决策。

（七）智能化时代的网络安全形势愈发严峻

全球网络空间安全、大数据安全和智能机器安全的挑战日益复杂多变，已成为事关国家安全和发展的重大战略问题，成为国与国之间竞争的焦点。2014 年 2 月，为提升国家关键基础设施安全与恢复能力，美国国家标准与技术研究所提出《美国增强关键基础设施网络安全框架》（V1.0）。2015 年 4 月，美国发布新版网络安全战略概要，首次公开要把网络战作为今后军事冲突的战术选项之一。人工智能技术应用是把双刃剑，智能化的网络安全保障是发展趋势，但智能技术本身也可能引入更高级别的安全风险，人类必须有智慧面对和控制机器智能所带来的威胁与挑战。

二、2017年智慧互联产业发展总体概况

（一）大数据产业发展概况

1. 全球大数据市场规模

2017 年，世界经济迎来逐步向好局面。全球经济增速和增长预期提升，发达经济体经济增长势头良好，新兴市场和发展中经济体增速企稳回升。在此背景下，以云计算、大数据和人工智能为代表的新兴信息技术快速渗透，形成传统产业转型升级和新兴产业加速成长的新引擎。越来越多的企业预算被用于对核心信息基础架构的升级，以及对与数据分析有关的系统和平台的建设。在人工智能这一投融资热点的带动下，全球大数据市场规模继续保持高速增长，2017 年的市场规模达 743.9 亿美元，同比增长 28.2%（见图 1）。

图1 2015 ~2017 年全球大数据市场规模与增长

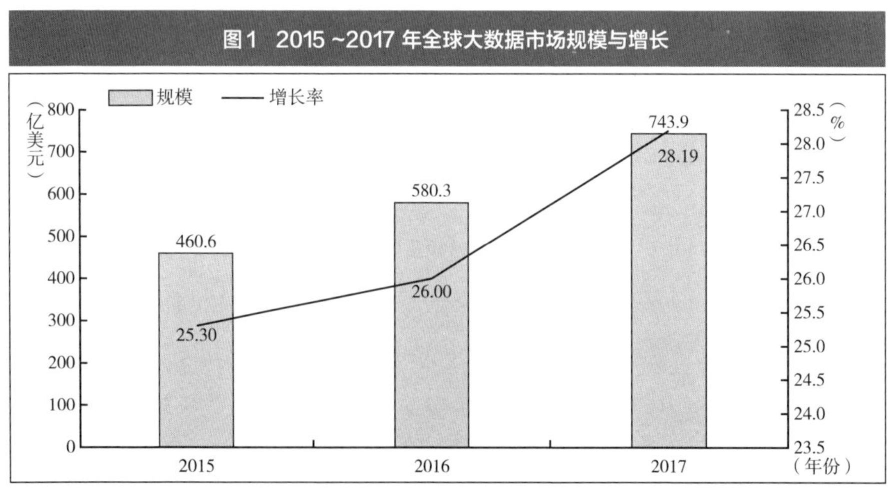

资料来源：2017 ~2018 年中国大数据市场研究年度报告。

2. 全球大数据市场结构

大数据市场的产品主要分为硬件、软件与服务三大类。其中硬件包括为了部署大数据分析系统/平台而采购的服务器、存储器、一体机等设备；软件包括数据库、数据仓库、大数据分析与可视化呈现工具等，一体机中整合的软件不再重复计算；服务包括围绕部署、运行大数据分析系统/平台而采购的咨询系统集成、运维服务等。2017 年全球大数据市场中硬件依然占据最大比重，达45.5%，销售额达338.5 亿美元；软件与服务分别实现销售额165.9 亿与239.6 亿美元，分别占比22.3%与32.2%，其中大数据服务的份额增速较快（见图2）。

图2　2017 年全球大数据产品结构

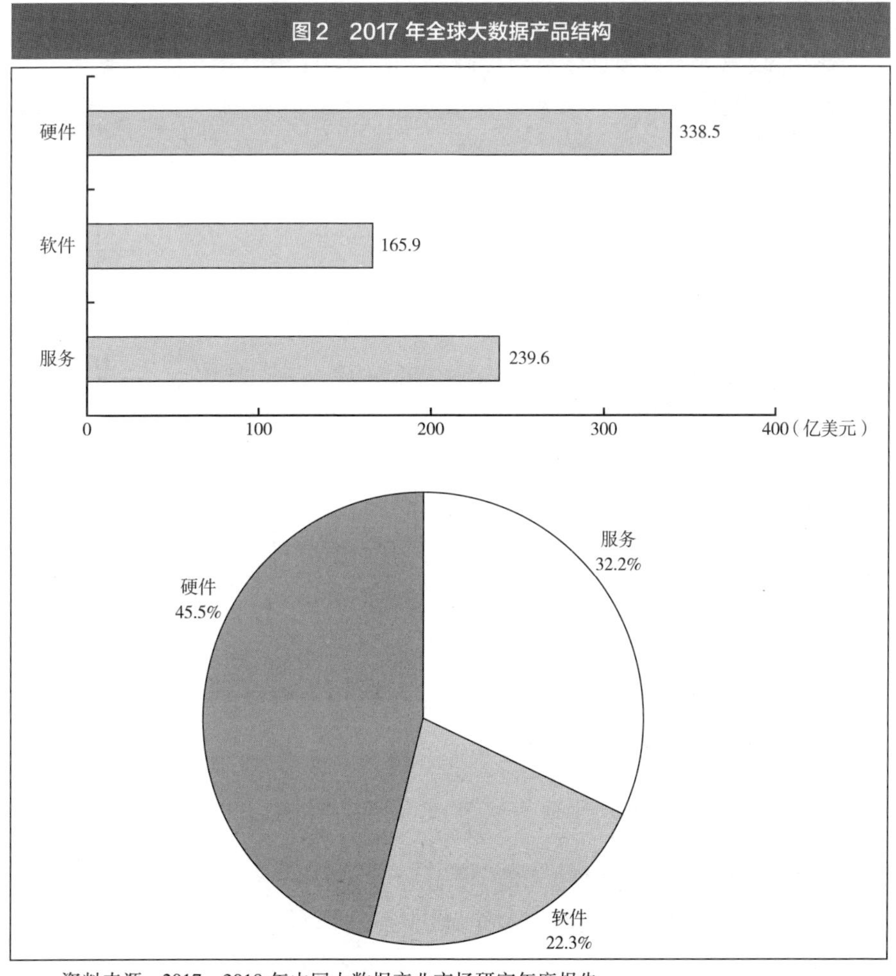

资料来源：2017～2018 年中国大数据产业市场研究年度报告。

3. 中国大数据市场发展规模

2017 年大数据企业迎来了新一轮的高速增长。通过将机器学习和人工智能等组件包含于自身的产品及解决方案中，大数据企业可以提供更深入的分析挖掘结果，以智能化的形式满足客户需求。从中国大数据的市场规模来看，2017 年的市场总量为 233. 4 亿元，同比增长 39. 18%（见图 3）。

从大数据产业的角度来看，2017 年中国大数据产业规模为 3820. 4 亿元。大数据产业和大数据市场在数量上的巨大差异源自统计概念的不同。大数据市场仅考虑了与大数据平台相关的 IT 软硬件投资及相关 IT 服务，而产业数据还考虑了大量预先投资建设的大数据基础设施（如数据中心、存储和网络设备等），以及大量以数据分析与挖掘为主的融合应用服务。

图 3　2015 ~2017 年中国大数据市场规模与增长

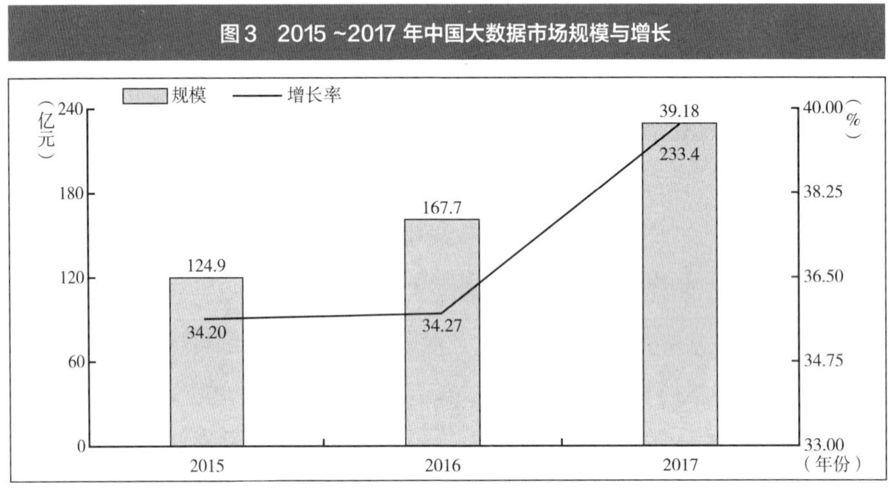

资料来源：2017 ~2018 年中国大数据产业市场研究年度报告。

4. 中国市场结构

中国市场大数据产业以硬件为主，服务占比增速较快。根据项目不同，用户的大数据采购在操作方法上也不同，有些是将硬件、软件、服务整体打包，统一招标，而有些则将硬件、软件、服务分开，分别招标采购。2017 年，中国在服务器、存储和网络等 IT 硬件产品上的投入较多，在软件及服务上的投入较少。相较 2016 年的市场份额来看，服务占比不断增长，而硬件和软件的份额则缓慢下调。但与全球市场相比，服务占比仍偏低，未来增长空间巨大（见图 4）。

5. 中国市场应用特点

2017 年，互联网、金融和电信持续领跑大数据市场，健康医疗和工业大数据成为新兴热点。中国大数据应用的重点行业包括互联网、金融、电信、工业、交通、健康医疗和政府等，其中互联网所占市场份额最高，市场规模达 85. 1 亿元，占市场总额的 37%；金融和电信有着对海量数据资源与数据处理的需求，市场规模紧随互联网行业之后，分别为 42. 0 亿元与

图 4　2017 年中国大数据市场产品结构

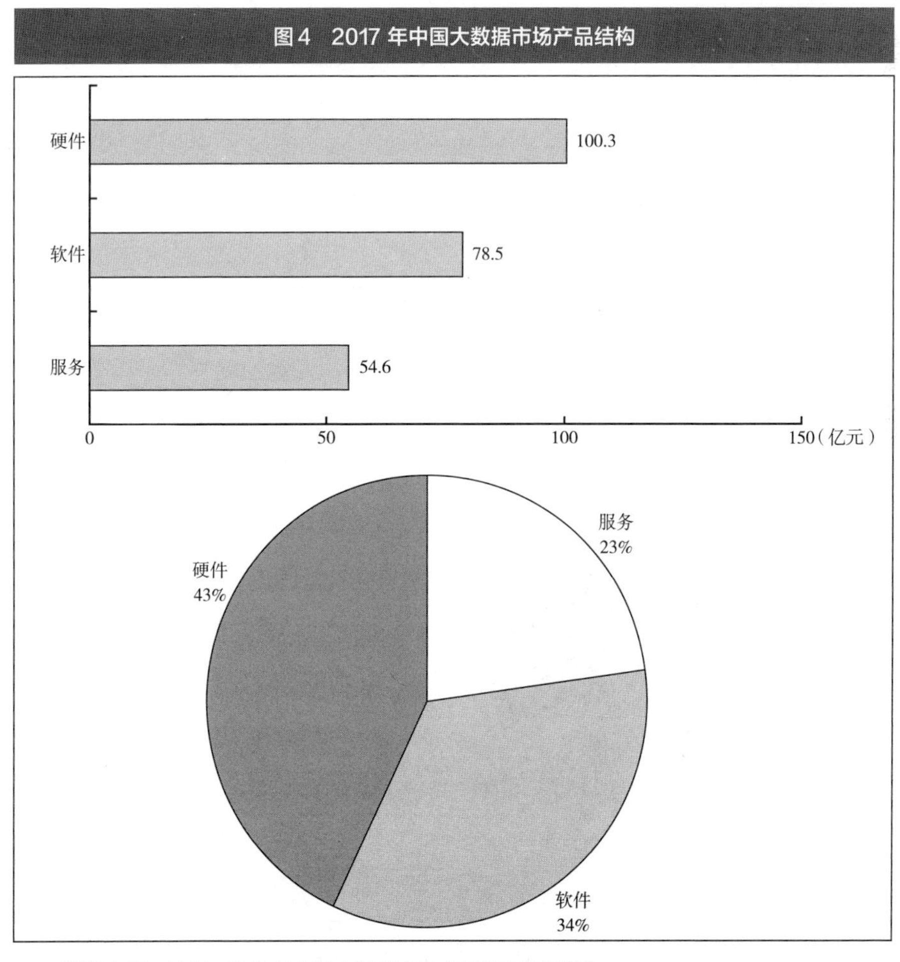

资料来源：2017 ~2018 年中国大数据产业市场研究年度报告。

39.5 亿元。政府大数据虽然是应用热点，但整体规模不大，约为 9.5 亿元。健康医疗大数据的概念在 2017 年非常火热，虽然国家提出了“1+7+X”的健康医疗大数据中心规划，但从市场来看，仍处于起步期，整体规模仅为 9.9 亿元。随着国务院印发《关于深化“互联网+先进制造业”发展工业互联网的指导意见》，工信部相继设立了工业互联网专项工作组，工业大数据市场加速成长，2017 年市场规模达 22.2 亿元，同比增长 25.4%（见图 5）。

图 5　2017 年中国大数据市场应用领域结构

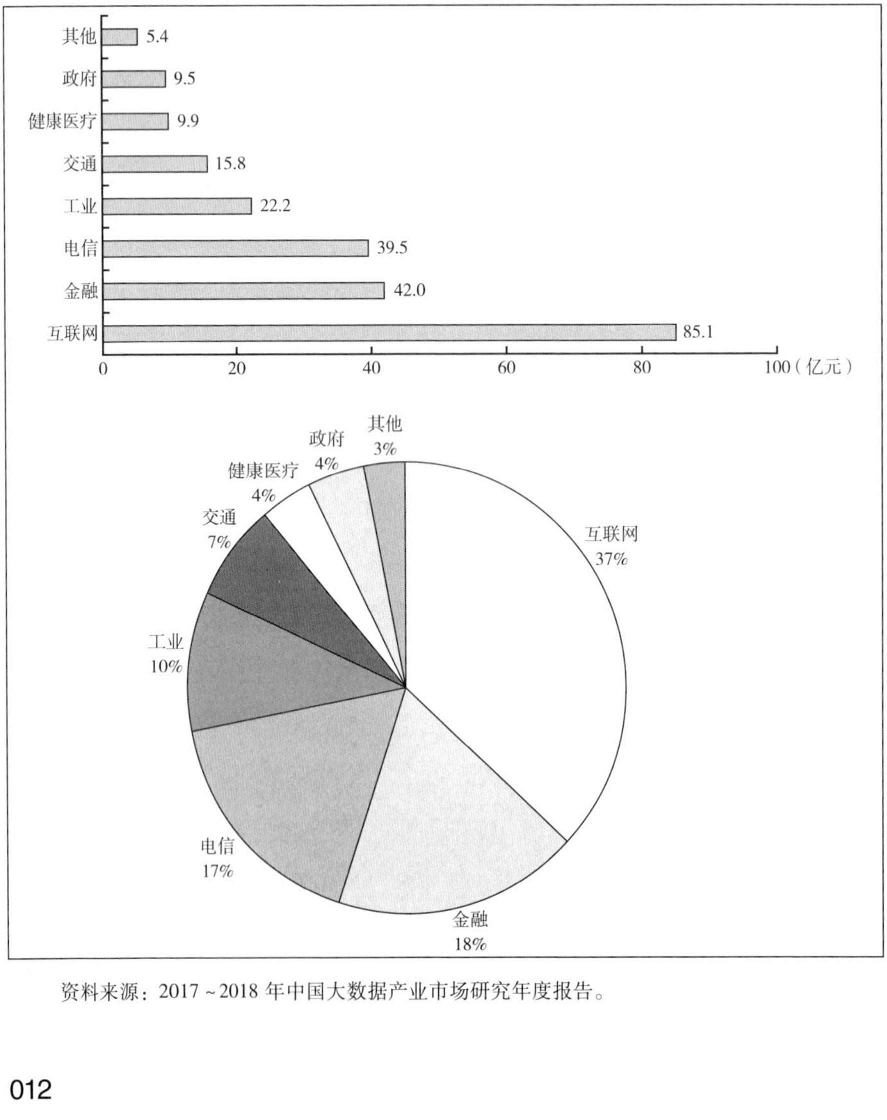

资料来源：2017～2018 年中国大数据产业市场研究年度报告。

6. 行业重大事件及影响分析

（1）中央和地方政府相继出台大数据产业发展规划

2017 年 1 月，工信部出台了《大数据产业发展规划（2016 ~ 2020 年）》。此次规划贯彻落实 2015 年国务院《促进大数据发展行动纲要》的主旨精神，不仅强调大数据在政府治理和民生服务上的应用，还重视大数据与一二三产业的融合应用。紧随其后，国内 21 个省份也相继出台了大数据方面的产业规划和实施路径，大力推进大数据产业的发展。

（2）地方性政务数据开放共享地方标准出台

在广东省经济和信息化委员会指导下，广东省标准化研究院、工业和信息化部电子第五研究所和广东省电子政务协会联合编制的数据开放和共享系列地方标准由省质监局批准正式发布，并于 2018 年 4 月 25 日起正式实施。数据开放和共享系列地方标准具体包括《政务信息资源标识编码规范》（DB44/T2109—2018）、《电子政务数据资源开放数据技术规范》（DB44/T2110—2018）以及《电子政务数据资源开放数据管理规范》（DB44/T2111—2018）3 个地方标准。其中，《政务信息资源标识编码规范》规范了政务信息资源的信息分类编码原则和方法、分类编码、标识符、提供方代码、标识符管理等内容；《电子政务数据资源开放数据技术规范》规范了电子政务数据资源开放数据的分类组织方式、元数据、数据格式、版权声明、数据使用策略、数据更新及数据质量要求等内容；《电子政务数据资源开放数据管理规范》规范了政务数据资源开放数据管理的角色与职责、管理过程、政务数据资源开放内容、数据开放各环节的管理要求等内容。该系列地方标准对进一步打造完善政务信息资源开放共享体系，推进政务数据资源统一汇聚和集中开放有重要指导作用。

（3）我国数据交易领域首批国家标准顺利通过审查

2017 年 4 月，全国信标委大数据标准工作组总体专题组组织管理的两项数据交易领域的国家标准《信息技术—数据交易服务平台—交易数据描述》和《信息技术—数据交易服务平台—通用功能要求》顺利通过国家标准审查会专家审查，成为我国数据交易领域首批国家标准。这两项标准由中国电子技术标准化研究院和贵阳大数据交易所等近20家单位共同编制完成。

（二）人工智能产业投资发展概况

1. 产业发展概况

1956年起，人工智能技术经过“两起两落”的发展后，随着信息技术的飞速发展和互联网的快速普及，迎来了第三次高速成长。

第三次人工智能产业高速成长在大数据、算法和计算能力三大要素发展的共同推动下，第一次将实验室技术带进生产实践，呈现产业步入成熟的特征。大数据方面，互联网时代积累了海量的数据资源，拥有丰富的行业数据和用户画像，驱动人工智能不断迭代。算法方面，深度学习算法引发新一代人工智能技术浪潮。随着不断迭代，深度学习算法的精确性和鲁棒性越来越好，视觉图像领域已成熟应用，不同场景的算法不断优化，驱动人工智能发展。计算能力方面，芯片、云计算支撑计算能力大幅提升，云端人工智能芯片英伟达GPU、谷歌TPU，以及可应用于不同场景的终端人工智能芯片，成为国内外芯片厂商竞争热点。人工智能市场空间广阔。中国电子学会公开数据显示，2017年，全球人工智能核心产业规模已超过370亿美元。得益于技术持续进步和商业模式不断完善，全球人工智能市场需求将得到进一步快速释放，预计2020年全球人工智能核心产业规模将超过1300亿美元，年均增速达到60%。我国人工智能产业初显优势。根据中国电子学会公开数据，2017年，中国人工智能核心产业规模已达到56亿美元左右，预计2020年，中国人工智能核心产业规模将超过220亿美元，年均增速接近65%。

2. 国内外产业发展政策分析

世界主要发达国家把发展人工智能作为提升国家竞争力、维护国家安全的重大战略。美国、欧洲、日本等发达国家及地区先后发布一系列人工智能战略，推进人工智能向前发展（见表1）。

表 1 国际人工智能战略规划及政策

国家(地区)	政策内容
美国	2010 年起，DARPA 长期扶持人工智能在各领域应用； 2013 年设立了《推进创新神经技术脑研究计划》，计划未来 12 年在该领域研发投入 45 亿美元； 2016 年白宫密集出台人工智能战略，先后发布了《为未来人工智能做准备》、《国家人工智能研究与发展策略规划》和《人工智能、自动化和经济》； 2017 年发布《国家机器人计划 2.0》，制定机器人路线图，发展协作机器人
欧盟	2013 年发布《欧盟人脑计划》，获 10 亿欧元的资金支持，为期十年，主要任务是收集和整合不同类型的神经科学数据，从而利用计算机技术在不同层面上重建人类大脑，从神经元内部到整个大脑功能，并且对大脑进行仿真模拟
日本	2015 年发布《机器人新战略》，三大核心目标："世界机器人创新基地""世界第一的机器人应用国家""迈向世界领先的机器人新时代"

中国高度重视人工智能发展，2015 年后密集发布人工智能相关政策和规划。《新一代人工智能发展规划》（国发〔2017〕35 号），提出我国人工智能发展战略和目标计划，到 2030 年我国人工智能理论、技术与应用总体达到世界领先水平，成为世界主要人工智能创新中心，智能经济、智能社会取得明显成效，为跻身创新型国家前列和经济强国奠定重要基础。2017 年 12 月，工信部发布《促进新一代人工智能产业发展三年行动计划（2018～2020 年）》，提出促进人工智能产业发展，提升制造业智能化水平，推动人工智能和实体经济深度融合（见表 2）。

2017 年 11 月 15 日，中国新一代人工智能发展规划暨重大科技项目启动会召开，会上公布了我国第一批国家人工智能开放创新平台，包括依托百度公司建设自动驾驶国家新一代人工智能开放创新平台；依托阿里云公司建设城市大脑国家新一代人工智能开放创新平台；依托腾讯公司建设医疗影像国家新一代人工智能开放创新平台；依托科大讯飞公司建设智能语音国家新一代人工智能开放创新平台。

3. 重点企业布局人工智能产业情况

目前，苹果、谷歌、微软、IBM 和英伟达五大巨头都在人工智能领域投入了更多的资源。国际巨头呈现全产业链布局的特征，包括基础层、应

表2　中国人工智能战略及政策			
时间	部门	政策名称	主要内容
2015 年 5 月	国务院	《中国制造 2025》	提出“以推进智能制造为主攻方向”
2015 年 7 月	国务院	《国务院关于积极推进“互联网 +”行动的指导意见》	将人工智能作为“互联网 +”的重点布局领域之一
2016 年 3 月	国务院	《国民经济和社会发展第十三个五年规划纲要（草案）》	提出要“重点突破新兴领域人工智能技术”
2016 年 5 月	发改委	《“互联网 +”人工智能三年行动方案》	培育发展人工智能新兴产业，推进重点领域智能产品创新，提升终端产品智能化水平
2016 年 7 月	国务院	《“十三五”国家科技创新规划》	提出“重点发展大数据驱动的类人工智能技术方法”
2017 年 3 月	国务院	《政府工作报告》	人工智能首次被写入《政府工作报告》
2017 年 7 月	国务院	《新一代人工智能发展规划》	提出了“三步走”的战略目标，2030 年抢占人工智能全球制高点
2017 年 12 月	工信部	《促进新一代人工智能产业发展三年行动计划（2018 ~ 2020 年）》	促进人工智能产业发展，提升制造业智能化水平，推动人工智能和实体经济深度融合

用层等。国际巨头收购公司、拼抢人才、强化技术储备，构建产业生态。人工智能的平台化、云端化将成为全球发展的潮流（见表 3）。

国内互联网巨头 BAT 积极布局人工智能，其凭借场景和数据优势，利用计算机视觉、语音语义、深度学习等技术在应用层的创新处于世界领先水平，但在核心技术层，特别是原始创新技术、芯片等底层技术方面与发达国家仍存在较大差距。

表3　国内外企业布局人工智能情况	
企业	产业投融资情况
Google	2014 年，Google 收购英国初创公司 Deepmind；2016 年，Google 开发第二代深度学习系统 Tensorflow；Google 围棋人工智能 AlphaGo 打败世界顶级棋手李世石；Google 收购 api. ai；2017 年，Google 发布第二代人工智能/机器学习专用处理器 TPU2. 0；2018 年，Google 发布第三代 AI 人工智能/机器学习专用处理器 TPU3. 0，TPU3. 0 的计算能力是 TPU2. 0 的 8 倍以上

续表

企业	产业投融资情况
Microsoft	2014 年，Microsoft 发布一款人工智能伴侣虚拟机器人“微软小冰”；2016 年，Microsoft 与海尔达成战略合作，共同推进智能家居发展；2017 年，Element AI 完成了 1.02 亿美元 A 轮融资，微软是主要投资方之一，微软收购了以色列初创公司 Hexadite,以便将 AI 支持的安全功能整合到企业 Windows10 中
Apple	2017 年，Apple 收购了人工智能公司 Lattice Data,该公司使用人工智能精准引擎处理非结构化“暗数据”，将其变成结构化信息；发布 iPhoneX 手机，使用 3D 面部识别 FaceID 传感器解锁手机
IBM	2013 年，IBM 与世界顶级的肿瘤治疗与研究机构 MD 安德森癌症中心宣布合作，用 Watson 辅助医生开展抗肿瘤药物的临床测试；2016 年，IBM 发布一款用于深度学习的类脑超级计算平台 IBM TrueNorth
Nvidia	2016 年，Nvidia 发布了新一代高性能计算卡 Tesla P40、Tesla P4，专为人工智能、深度学习、神经网络推演而生；2017 年，Nvidia 发布了全新 Volta 架构 GPU – Tesla V100,它是史上规模最庞大的 GPU,拥有超过 210 亿个晶体管，是上代 Tesla P100 的 1.37 倍；2018 年，Nvidia 发布了 DGX –2 全球第一款 2 级 Petaflop 机器学习系统，它包含了一系列支持 Tesla V100 32GB GPU 的技术
百度	2016 年，爱都发布了人工智能平台级解决方案“天智”，是继“天算”、“天像”和“天工”之后的第四大平台级解决方案；百度云实现了人工智能、智能大数据、智能多媒体和智能物联网全方位的智能平台服务；百度投资激光雷达公司 Velodyne LiDAR；发布“百度大脑”项目，利用计算技术模拟人脑；2017 年，百度收购了 xPerception、渡鸦科技，参与投资了蔚来汽车、8i 等 AI 公司；2018 年，百度与金龙合作实现无人驾驶小巴车的小规模量产及试运营
阿里	2009 年，阿里云成立，是全国领先的云服务解决方案提供商；2017 年，阿里云面向人工智能的布局发布了 ET 医疗大脑、ET 工业大脑和机器学习平台 PAI2.0；阿里宣布开始推动“NASA”计划，着重发力机器学习、芯片、IoT、操作系统和生物识别
腾讯	2016 年，腾讯成立人工智能实验室，基于计算机视觉识别、语音识别、自认语言处理和机器学习四个垂直领域，围绕内容、社交、游戏和平台工具四大特色业务场景，腾讯 AI 致力于将人工智能工具以 API 形式开放出去；腾讯作为主要投资方投资的碳云智能完成近 10 亿元的 A 轮融资；2017 年，腾讯买入电动汽车制造商特斯拉（Tesla）5% 的股权，成为特斯拉的第五大股东

4. 人工智能上升为国家战略，利好政策频出

2017 年 3 月，人工智能首次被写入政府工作报告，上升为国家战略；6 月，工信部赛迪研究院发起并成立“中国人工智能产业创新联盟”，加速了人工智能产业发展；7 月，国务院出台《新一代人工智能发展规划》，明确人工智能产业的发展目标和重点任务，保障了人工智能产业的快速发展；11 月，科技部在京召开新一代人工智能发展规划暨重大科技项目启动会，公布了我国第一批国家人工智能开放创新平台，包括依托百度公司建设自动驾驶国家新一代人工智能开放创新平台；依托阿里云公司建设城市大脑国家新一代人工智能开放创新平台；依托腾讯公司建设医疗影像国家新一代人工智能开放创新平台；依托科大讯飞公司建设智能语音国家新一代人工智能开放创新平台；12 月，工业和信息化部印发了《促进新一代人工智能产业发展三年行动计划（2018～2020 年）》，强调以信息技术与制造技术深度融合为主线，以新一代人工智能技术的产业化和集成应用为重点，推进人工智能和制造业深度融合，加快制造强国和网络强国建设。

（三）云计算产业投资发展情况

1. 全球云计算市场保持平稳增长

云计算是信息技术发展和服务模式创新的集中体现，是信息化发展的重大变革和必然趋势，是信息时代国际竞争的制高点和经济发展新动能的助燃剂。云计算引发了软件开发部署模式的创新，成为承载各类应用的关键基础设施，并为大数据、物联网、人工智能等新兴领域的发展提供基础支撑。云计算能够有效整合各类设计、生产和市场资源，促进产业链上下游的高效对接与协同创新，为“大众创业、万众创新”提供基础平台，已成为推动制造业与互联网融合的关键要素，是推进制造强国、网络强国战略的重要驱动力量。云计算正在快速替代传统 IT，公有云渗透率逐步提升，全球云计算市场呈现平稳增长趋势，2017 年市场规模达到 1927.0 亿美元，增速 22.7%（见图 6）。

2. 云计算发展驱动因素

（1）国家不断推出政策促进云计算发展

进入“十三五”以来，云计算作为 ICT 基础设施的作用日益显著，产业细分市场逐步落地。《云计算发展三年行动计划（2017～2019 年）》《关

图6　2015～2017 年全球云计算市场规模及增长

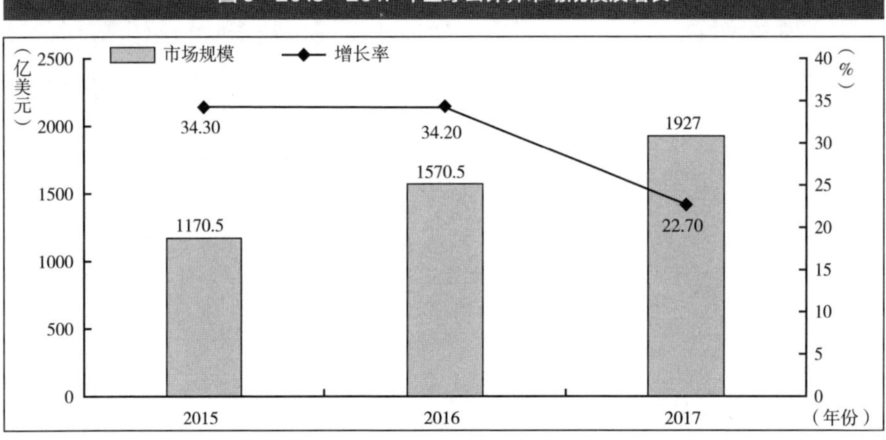

资料来源：2017～2018 年中国云计算产业市场研究年度报告。

于深化制造业与互联网融合发展的指导意见》《中国银行业信息科技"十三五"发展规划监管指导意见（征求意见稿）》等一系列文件的发布，使得云计算在工业、金融、电信、就业、社保、交通、教育、环保、安监等应用场景中的发展思路更为明晰，为我国的云计算市场发展指明了方向，以 IaaS 云服务为代表的云数据中心也将迎来高速发展的机遇。

（2）对云计算的认知与接受度不断提升

经济增长放缓倒逼企业降低成本，部分企业主动尝试更具有成本优势的云服务，除互联网企业外，传统行业也开始关注并尝试云方案，云迁移成为热点，新兴创业公司在这一方面表现得尤为明显。但同时，仍有不少传统企业对云服务了解不够，对云服务有所顾虑，市场仍需培育。与欧美相比，中国企业包括 SaaS 服务在内的云服务的渗透率低很多，整体市场还有很大的业务发展空间。中国企业正在进入互联网和数字化转型阶段，对云计算的接受程度不断提升，尤其是基于大数据、人工智能等带动的云计算消费将进一步提升公有云的市场需求和空间。现阶段，公有云用户绝大多数属于中小企业，有些企业出于对成本控制和 IT 管理便捷的考虑，选择上云。

（3）关键技术的成熟与应用，持续激活云计算市场热点

容器技术在2017年获得了突飞猛进的发展，基于对云原生应用的完美支持，容器技术在互联网和金融等行业获得了广泛认同。随着容器技术的成熟和接受度越来越高，其将更加广泛地被用户采用。随着区块链技术的兴起，多家银行已尝试使用区块链技术应用于扶贫、信贷、清算、供应链金融等领域。仅2018年一季度就有58起区块链投资事件，投资总额达6.81亿元，预计未来将有更多云计算企业推出与区块链相关的产品和服务。

近几年移动通信的快速发展，催生出边缘计算概念。边缘计算是云计算的一种形式，它将智能计算能力带向离数据源更近的地方，与云端计算良好协同，让设备变得更加智能。目前，百度云天工发布“智能边缘”，推出国内首款边缘计算产品。随着商业数字化概念的进一步深入，边缘计算模型将成为许多物联网计划的关键组成部分。

3. 行业重大事件及影响分析

（1）华为高调入局，兴业、招行发力金融云服务

2017年4月，华为高调宣布发力公有云市场，成立二级部门云业务部Cloud BU。8月，华为宣布Cloud BU升为一级部门，将获得更大的自主权，以减少来自其他部门的掣肘。2017年3月，兴业银行子公司兴业数金发布金融云服务，包括专属云、容灾云和备份云三项基础服务，以及区块链云服务、人工智能云服务和金融组建云服务。2017年6月底，招商银行子公司招银云创在杭州发布金融行业云，包括金融云容灾、金融云应用监控、金融云安全、金融云运维等服务，初期面向中小银行等传统银行，未来将覆盖所有金融行业。中国云计算巨大的市场规模，不断吸引着掘金人，云计算厂商的来源越来越广泛和多元化。

（2）各大云计算厂商争先发布新产品或新概念

2017年6月，腾讯云首次发布AI战略新品——AI即服务的智能云；7月青云宣布Qing Cloud将携手人工智能、IoT及区块链领域的前沿技术所

有者与领先的应用提供商共同发布“云+应用”联合解决方案；网易云举办了首届网易云创大会，在会上首次推出专属云产品，对私有云市场来说是一个不小的冲击；9 月，百度云发布 XPU（云计算加速芯片），FPGA/GPU 云服务器、ABC－STACK（技术栈）等代表 ABC 技术融合的新产品和服务框架，同时，还推出“ABC Inspire”技术标识，意图通过“AI”打开与其他厂商之间的差异化竞争；同月，IBM Woston Group 首席科学家周伯文博士正式入职京东，出任京东集团副总裁，负责 AI 研究与平台部相关业务；美团云宣布 AI 服务全线免费；10 月，阿里云宣布正式发布 Link 物联网平台，同时推出 AliOS 家族旗下面向 IoT 领域的轻量级物联网嵌入式操作系统 AliOS Things；12 月，浪潮正式发布了工业互联网平台——M81，加速实现智能制造。云计算市场的竞争越来越激烈，以百度云、网易云为代表的互联网厂商纷纷发挥自身优势，主打差异化竞争，传统 IT 厂商如浪潮也在积极变革，在市场上找准自己的位置，树立品牌形象，占据市场的一席之地。

（3）阿里成立达摩院，投千亿元研究前沿技术

2017 年 10 月，阿里宣布成立达摩院。阿里达摩院计划在三年内投资 1000 亿元人民币，涵盖量子计算、机器学习、基础算法、网络安全、视觉计算、自然语言处理、下一代人机交互、芯片技术、传感器技术、嵌入式系统等多个领域，建造一个以科技为核心的，汇聚全球顶尖科技巨擘及学者的交流中心。阿里还公布了十位顶尖研究人员名单，其中有三位中国两院院士、五位美国科学院院士。阿里期望通过对前沿技术的研究，对包含云计算在内的科技领域来一次大革新，并改变业界对“BAT 中阿里技术实力最弱”的固有印象。

4. 产业发展主要趋势

（1）云计算助力中小银行转型，银行上云是大势所趋

中国银监会发布《中国银行业信息科技“十三五”发展规划监管指导意见（征求意见稿）》，提出银行业金融机构要稳步开展云计算应用，到

“十三五”末期，面向互联网场景的重要信息系统全部迁移到云计算架构平台，其他系统迁移比例不低于60%。恒丰银行上云，以及更早的微众银行使用云计算技术构建业务系统等成功案例，也将对银行业上云起到示范作用。从自身需求来看，近年来资产回报率走低，加之新兴金融业态冲击，银行业转型压力越来越大，且银行需要应对的互联网金融或者说金融互联网应用场景越来越多，传统的集中式架构早已无法满足日益增长的IT能力需求。

而引入金融云技术可以降低成本，满足客户需求，提升运营效率。在政策推动下，相关监管规则和标准将落地和完善，针对银行业务的云计算技术、解决方案会更加成熟及安全，行业云是助力中小银行转型的理想、高效的部署模式，更多银行将基于业务需求启动上云进程。

（2）云MSP或将成为企业级云市场的下一个风口

随着企业越来越多地使用多个云厂商提供的云服务，也带来了一些云管理的问题，如有些应用需要在异构环境中迁移，而有些需要在多个异构云环境中部署，还有些需要跨云跨网络运行，有些则需要跨云进行灾备和恢复。为解决上述难题，云管理服务提供商（Cloud Managed Service Provider，以下简称云MSP）应运而生。神州数码即表示其云战略是以MSP云托管业务为核心，目标是成为中国最大的MSP云托管供应商。而各大公有云服务商，包括AWS、Azure、甲骨文和阿里云等也都在发展MSP作为自己的合作伙伴。在未来几年内，云MSP将更多地承担起连接公有云服务商与企业用户的作用，并且有望成为企业级公有云市场上最重要的生态角色，成为市场的下一个风口。

（3）工业互联网建设将加快工业企业上云速度

2017年11月，国务院印发《国务院关于深化“互联网+先进制造业”发展工业互联网的指导意见》，提出了三大体系（网络、平台、安全），两类应用（大型企业集成创新和中小企业应用普及）以及三类支撑（产业、生态、国际化）的建设，即“323”行动，2018年将是中国全面实施工业互联网建设的开局之年。支持工业互联网产业发展的利好政策频出，在工业互联网产业链中具有重要地位的三大细分领域分别为：工业软件、工业云平台、工业大数据，其中，工业互联网云平台领域的发展是工业互联网智能化的重要方向。工业互联网云平台是传统工业云平台的迭代升级，工业互联网持续高速发展将加快工业企业上云速度，企业级云服务市场前景广阔，推动云计算产业发展。

（四）物联网产业发展概况

1. 经济增长助力明显，全球市场稳定增长

物联网通过智能感知、识别技术与普适计算等通信感知技术，广泛应用于网络的融合中，也因此被称为继计算机、互联网之后世界信息产业发展的第三次驱动力。与互联网类似，物联网在生产生活中具有极强的渗透性，具备发展成为新经济增长点的巨大潜能，可为全球经济复苏提供技术动力。

2017 年，众多国家加大对物联网的重视力度，纷纷将其作为振兴经济、确立竞争优势的关键战略，全球物联网行业发展火热。2017 年，全球物联网市场规模达到 6420 亿美元，增速达到 16.73%（见图 7）。

图 7　2015～2017 年全球物联网市场规模与增长

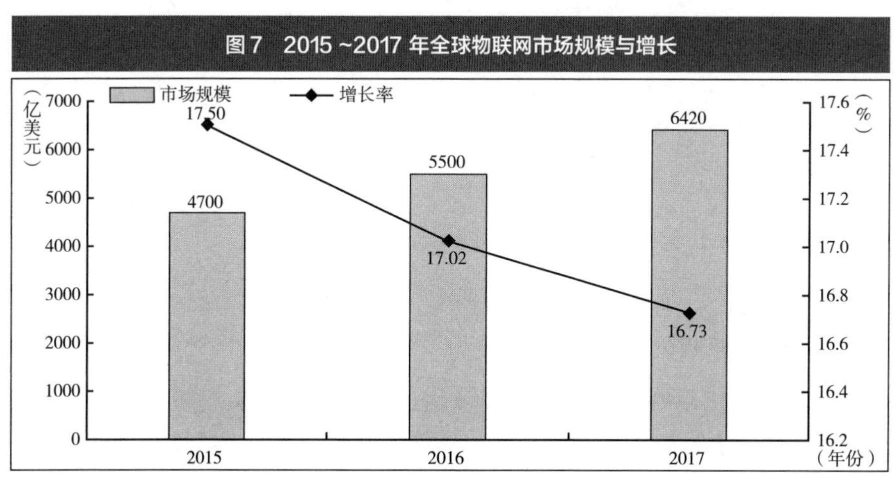

资料来源：2017～2018 年中国物联网产业市场研究年度报告。

2. 应用拉动趋势明显，工业物联网发展强势

物联网产业融合多项高新技术，在工业、农业、能源、物流等行业的提质增效、转型升级中作用明显。物联网与移动互联网融合推动家居、健康、养老、娱乐等民生应用创新空前活跃，在公共安全、城市交通、设施管理、管网监测等智慧城市领域的应用则显著提升了城市管理智能化水平。

2017 年，全球物联网市场中，以智能工业为代表的应用拉动尤其明显，市场占有率达到 24.2%；其次为智能安防，市场份额为 19.6%；其他市场依次为智慧电力、智慧交通、智能家居、智能医疗、智慧医疗等（见图 8）。

图 8　2017 年全球物联网市场应用结构

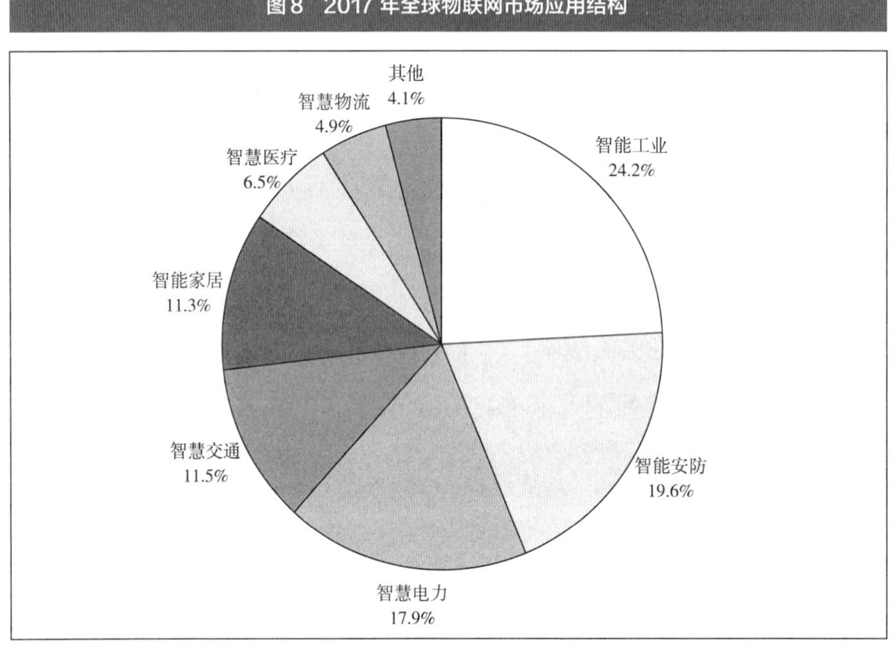

资料来源：2017 ~2018 年中国物联网产业市场研究年度报告。

3. 中国市场规模

目前，我国物联网产业已形成包括芯片和元器件、设备、软件平台、系统集成、电信运营、物联网服务在内的较为完整的产业链。随着行业标准完善、技术不断进步和国家政策的扶持，中国的物联网产业呈现蓬

勃生机。

2017 年，受益于国家“一带一路”倡议、工业互联网等一系列政策的助推，我国物联网产业获得了较快发展，整体市场规模达到 11735 亿元，较上年增长达 24.84%（见图 9）。

图9　2015～2017 年中国物联网市场规模与增长

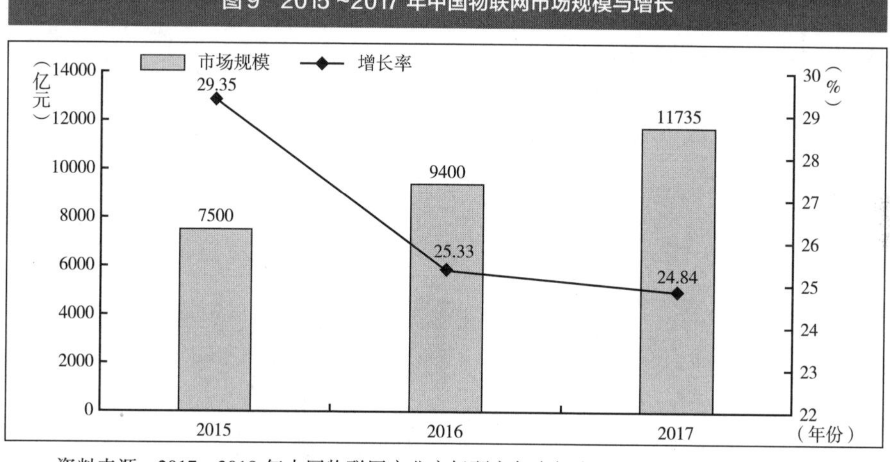

资料来源：2017～2018 年中国物联网产业市场研究年度报告。

4. 中国市场结构

（1）市场层级结构

物联网涵盖的范围较广，从物联网的体系架构进行拆分，可以分为五个层级，分别为感知层、传输层、平台层、应用层和支撑层。每个层级各有侧重，发展情况也不尽相同。

2017 年，在所有的层级中，占据最大规模的是传输层，市场规模为 3883.0 亿元，对应份额为 33.1%；其次为应用层，占据份额 24.5%，市场规模为 2874.1 亿元；感知层主要为硬件传感器等产品，目前发展仍然遇到较大的技术难题，2017 年份额为 19.0%，达到 2228.9 亿元的规模；平台层在 2017 年增速较快，市场份额达到 14.5%，市场规模为 1701.0 亿元；规模最小的是支撑层（1044.1 亿元），仅占据 8.9% 的份额（见图 10）。

图10　2017 年中国物联网市场层级结构

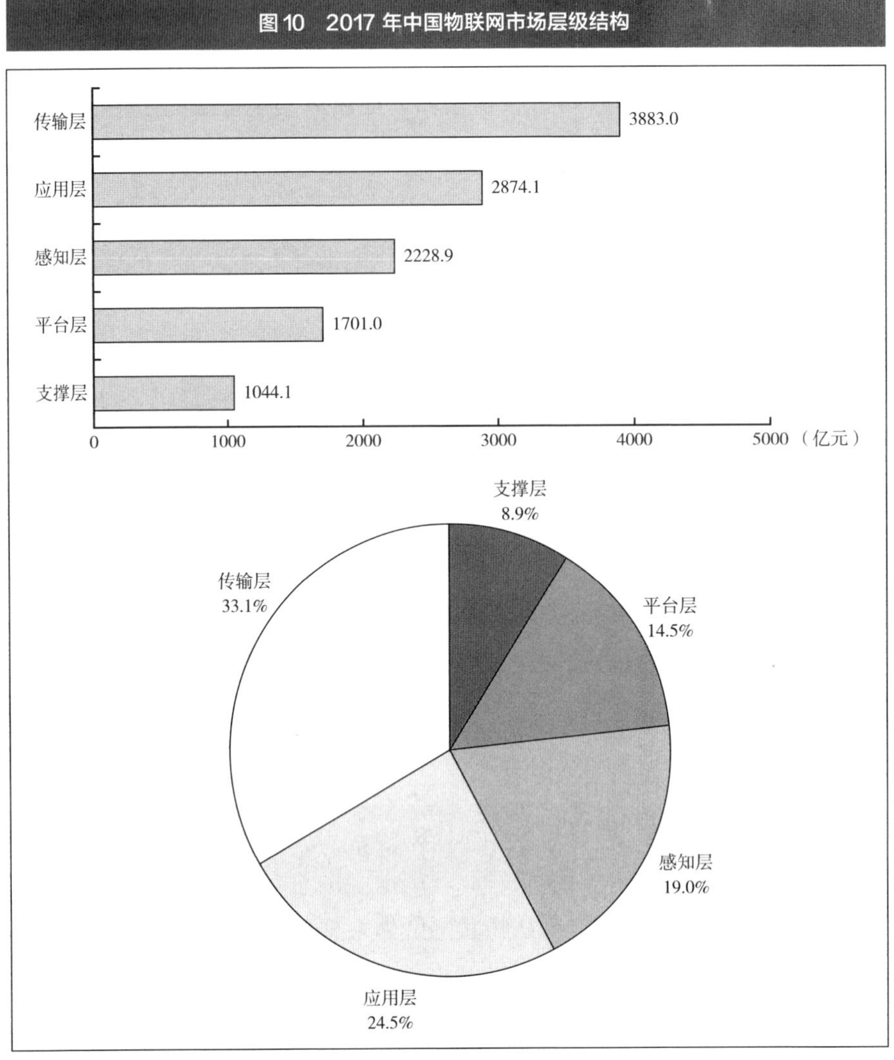

资料来源：2017 ~ 2018 年中国物联网产业市场研究年度报告。

（2）产品形式结构

物联网市场产品形式主要包括硬件、软件和服务。2017 年，市场规模最大的是硬件，达到 6148.2 亿元，市场份额为 52.4%；软件市场规模 3343.4 亿元，市场份额为 28.5%；服务市场规模 2239.6 亿元，市场份额 19.1%（见图 11）。

图 11　2017 年中国物联网市场产品形式结构

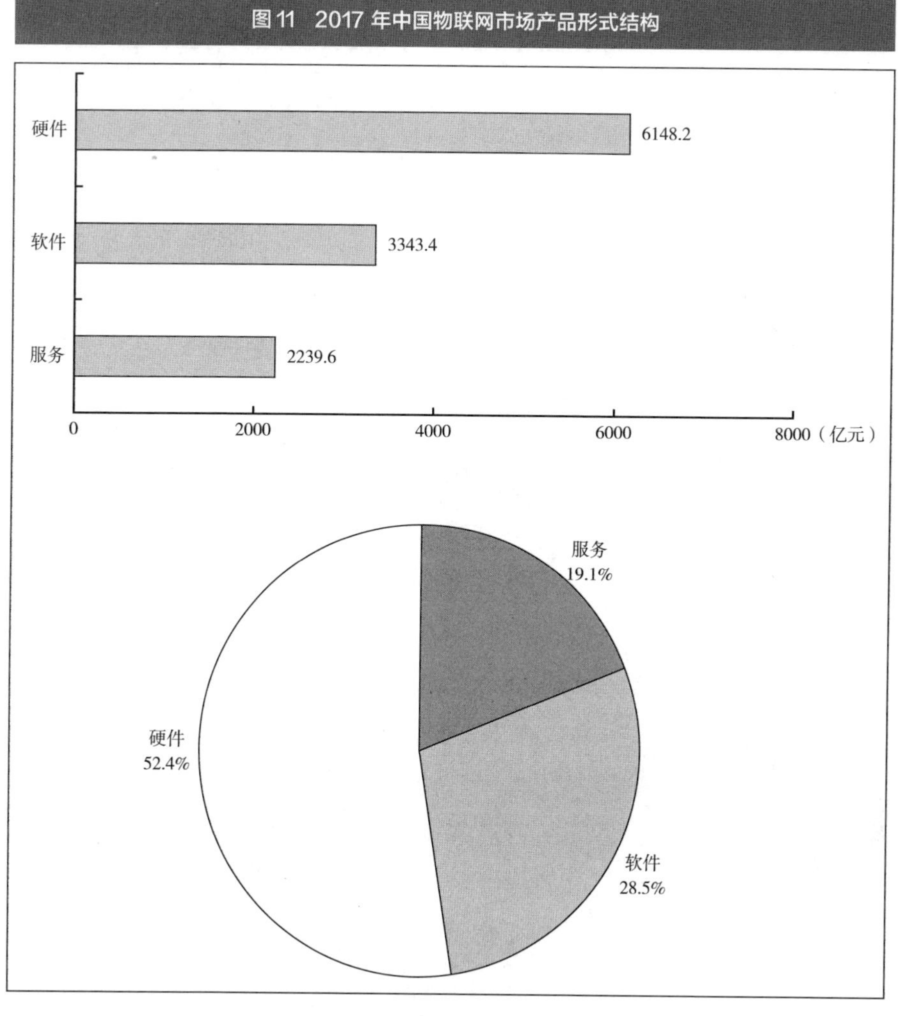

资料来源：2017 ~ 2018 年中国物联网产业市场研究年度报告。

（3）应用行业结构

2017 年，物联网在各个领域的应用不尽相同。其中，规模最大的为智能工业，市场规模为 2381. 4 亿元，市场份额为 20. 3%；其次为智能安防，市场规模达到 2240. 7 亿元，市场份额为 19. 1%；智慧电力位居第三，占据了 18. 5% 的市场份额；智慧交通整体规模 1560. 2 亿元，占据 13. 3% 的市场份额；其他几个领域应用分别为智慧物流、智慧医疗以及智慧家居等（见图 12）。

图 12　2017 年中国物联网市场应用行业结构

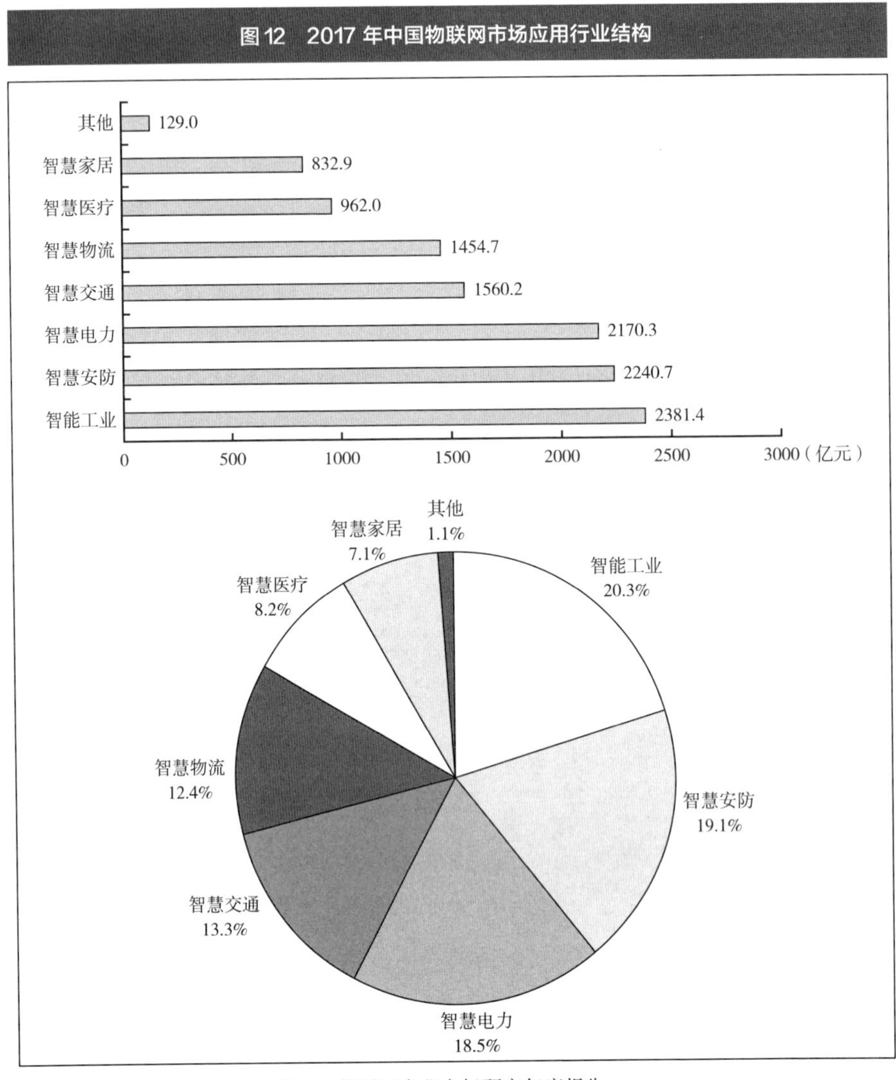

资料来源：2017～2018 年中国物联网产业市场研究年度报告。

5. 行业重大事件

（1）《政府工作报告》提出支持物联网应用迎来行业发展良机

《政府工作报告》“2017 年工作总体部署”中明确指出：大力改造提升传统产业；深入实施《中国制造 2025》，加快大数据、云计算、物联网应用，以新技术新业态新模式，推动传统产业生产、管理和营销模式变革；把发展智能制造作为主攻方向，推进国家智能制造示范区、制造业创新中心建设，深入实施工业强基、重大装备专项工程，大力发展先进制造业，推动中国制造向中高端迈进；完善制造强国建设政策体系，以多种方式支持技术改造，促进传统产业焕发新的蓬勃生机。从 2016 年的“促进”“广泛应用”到 2017 年的“深入实施”“加快”，用词的变化可以体现政府发展物联网产业的决心。

（2）NB-IoT 获得工信部和中国电信重点支持

2017 年，工信部办公厅发布《关于全面推进移动物联网（NB-IoT）建设发展的通知》，提出到 2017 年末，我国 NB-IoT 基站规模达到 40 万个，NB-IoT 的连接总数超过 2000 万；到 2020 年，我国 NB-IoT 基站规模达到 150 万个，NB-IoT 的连接总数超过 6 亿。

政府主管部门发文支持是产业发展的利好，但文件的最大意义是明确了主管部门对该产业发展的态度，以及提供了产业发展的环境。在政策框架下，我们更多地应看到企业市场化行为的力量。2017 年 5 月 17 日，中国电信集团宣布了五大举措，其中提到中国电信建成全球首个覆盖最广的商用新一代物联网（NB-IoT）网络，实现 31 万个基站升级。事实上，中国电信早在 6 月 20 日就已推出 NB-IoT 资费套餐，被称为“全球首个”NB-IoT 套餐，早于 6 月 26 日推出 NB-IoT 业务套餐的德国电信。据了解，中国电信的 NB-IoT 资费套餐按照“连接次数”计费，采用套餐模式，包年及生命周期；套餐规定有一定的连接数；超出套餐外的连接次数部分，另行收取一定的高频使用功能费。从宣布建成拥有 31 万个基站的全球覆盖最广的 NB-IoT 网络，到推出 NB-IoT 资费套餐，中国电信表达了其在追求 NB-IoT 网络完美覆盖的同时也在积极探索 NB-IoT 落地、可行的商业模式。

（3）共享单车成单一连接规模最大的物联网应用

2017 年 2 月 22 日，ofo 宣布与中国电信、华为达成全面合作，三方将共同研发基于新一代物联网 NB-IoT 技术的共享单车智能解决方案，中国电信将为 ofo 提供国内覆盖最广的无线网络资源，华为将为 ofo 提供 NB-IoT

芯片，并提供网络技术支持；5月15日，摩拜单车宣布与四川移动、华为达成战略合作，三方将在窄带物联网应用及NB-IoT创新等领域开展深度合作。这也标志着摩拜单车成为全球首家落地应用NB-IoT物联网技术的共享单车平台。有了NB-IoT，共享单车运营方可以通过网络形成骑行大数据，从而更加智能地调度车辆的投放，同时通过AI等不断优化，最终形成越来越精准的投放匹配。换言之，物联网技术和智能锁，将成为共享单车精细化运营的分水岭。

三、2018年中国智慧互联产业投资发展展望

当今世界，以大数据、云计算、人工智能、物联网、区块链等为代表的新一代信息技术推动产业变革的趋势加剧，并在经济和社会生活各个领域取得了广泛的应用。与此同时，由上述信息技术催生出来的以数字经济为代表的新一轮产业变革、商业模式变革，培育出来的新业态、新模式、新产品层出不穷。全球已进入数字经济主导的新时代，数字经济正在成为全球经济发展的新动能。未来几十年，是数字化改造提升旧动能、培育壮大新动能的发展关键期，是全面繁荣数字经济的战略机遇期。发展契机转瞬即逝，谁能抓住机遇，谁就能赢得发展先机。我国应准确把握发展大势，明确历史方位和发展方向，加强统筹谋划，借鉴国际经验，发挥大国大市场优势，保持战略定力，增强发展动力，深化改革，努力开拓数字经济发展新局面。

（一）产业发展趋势与展望

1. 数字经济新时代

当前，全球已进入第三次技术革命的深化阶段，迎来全新的数字经济

时代，中国也开始从数字经济领域的跟跑者向领跑者转变。2017 年 9 月，麦肯锡发布的《中国数字经济如何引领全球新趋势》报告指出，中国已拥有全球最活跃的数字化投资与创业生态系统；据毕马威预测，2017 年，数字经济在中国 GDP 中的占比将达到 36%，实现 29 万亿元人民币的贡献，到 2030 年时，这一比例将会达到 77%，超过 153 万亿元人民币的 GDP 贡献将来自数字经济。

2. 社会发展新矛盾

过去三十年间，我国在“人民群众日益增长的物质文化需求与社会生产力相对落后”这一主要矛盾驱动下，实现了经济规模的快速增长。而时隔三十余年后，2017 年 11 月，党的十九大报告指出“我国社会主要矛盾已经转化为人民日益增长的美好生活需要和不平衡不充分的发展之间的矛盾”。这一论断无疑将深刻影响未来数十年我国社会经济的发展走向，即追求更有质量、更有效率的可持续增长，以解决目前经济发展过程中不平衡、不充分的问题。

3. 经济增长新动能

2018 年 3 月，“两会”政府工作报告提出“发展壮大新动能”，“为数字中国建设加油助力”。国家对数字经济的定位不只局限于新兴产业层面，而是将其提升为驱动传统产业升级的国家战略。在此背景下，数字经济建设在全国范围内不断下沉，城市成为数字经济发展最适合的承载主体。

第一，数字经济包括数字产业化和产业数字化两大部分。数字经济的构成包括两大部分：一是数字产业化，也称为数字经济基础部分，即信息产业，具体业态包括电子信息制造业、信息通信业、软件服务业等；二是产业数字化，即使用部门因此而带来的产出增加和效率提升，也称为数字经济融合部分，包括传统产业由于应用数字技术所带来的生产数量和生产效率的提升，其新增产出便构成数字经济的重要组成部分。

第二，数字经济超越了信息产业部门的范围。20 世纪六七十年代以来，数字技术飞速进步促使信息产业崛起为经济中创新活跃、成长迅速的战略性新兴产业部门。但同时应充分认识到数字技术作为一种通用目的技术，可以成为重要的生产要素，广泛应用到经济社会各行各业，促进全要素生产率的提升，开辟经济增长新空间。这种数字技术的深入融合应用将全面改造经济面貌，塑造整个经济新形态，因此不应将数字经济只看作信息产业。

第三，数字经济是一种技术经济范式。数字技术具有基础性、广泛性、外溢性、互补性特征，将带来经济社会新一轮阶跃式发展和变迁，推动经济效率大幅提升，引发基础设施、关键投入、主导产业、管理方式、国家调节体制等经济社会最佳惯行方式的变革。如伴随互联网与电信技术的快速发展与融合，互联网企业、电信运营商和手机终端设备产业出现跨界竞争现象，移动互联网使互联网不再被办公场所限制，深刻改变了人类的工作与生活方式。数字经济技术范式具有三大特征：数字化的知识和信息是最重要的经济要素，数字技术有非常强烈的网络化特征，数字技术重塑了经济与社会。

第四，数字经济是一种经济社会形态。数字经济在基本特征、运行规律等维度出现根本性变革。对数字经济的认识，需要拓展范围、边界和视野，成为一种与工业经济、农业经济并列的经济社会形态；需要站在人类经济社会形态演化的历史长河中，全面审视其对经济社会的革命性、系统性和全局性影响。

第五，数字经济是信息经济、信息化发展的高级阶段。信息经济包括以数字化的知识和信息驱动的经济，以及以非数字化的知识和信息驱动的经济两大类。未来非实物生产要素的数字化是不可逆转的历史趋势，数字经济既是信息经济的子集，又是未来发展的方向。信息化是经济发展的一种重要手段，数字经济除了包括信息化外，还包括在信息化基础上产生的经济和社会形态的变革，是信息化发展的结果。

(二)技术发展趋势与展望

1. 5G 技术发展趋势与展望

(1)全球发展趋势

5G,即第五代移动电话行动通信标准,也称为第五代移动通信技术。当前,全球主要国家和地区纷纷提出5G 试验计划和商用时间表,力争引领全球5G 标准与产业发展。比如,美国移动运营商 Verizon 宣布完成了其5G 无线规范的制定,已进入预商用测试阶段;欧盟5G PPP 预计将于2018年启动5G 技术试验;日本计划在2020 年东京奥运会之前实现5G 商用;韩国计划于2018 年初开展5G 预商用试验,并于2020 年底前实现5G 商用。可以说,全球5G 时代即将来临。

2017 年,全球5G 移动通信时代的脚步越来越近,各国政府纷纷将5G建设及应用发展视为国家重要目标,各技术阵营的5G 电信运营商及设备业者亦蓄势待发,5G 市场战火一触即发。

2018 年,美国运营商将在部分城市开始5G 部署,Verizon 将在28GHz的毫米波频段开始针对固定无线接入场景的非3GPP 标准的5G 独立组网部署,随后将转向3GPP 标准的5G 部署;而 AT&T 则宣称将开始基于3GPP标准的5G NSA 的商用部署。而韩国 KT 在2018 年2 月的平昌冬奥会上展示了28GHz、基于非3GPP 标准的5G 系统的应用,随后也将转向3GPP 的5G NR 的 NSA 部署。各国具体措施见表4 所示。

表4 全球主要国家(地区)5G 技术发展对策

国家(地区)	主要对策
美国	早在2016 年中,美国政府就对5G 网络的无线电频率进行了分配,计划在2018 年实现全面商用,当时美国政府也向电信公司提供了资助,在四座城市进行5G 的先期试验 2017 年,美国运营商 Verizon 正式宣布将于2018 年下半年在美国部分地区部署5G 商用无线网和5G 核心网,由设备商爱立信提供5G 核心网、5G 无线接入网、传输网以及相关服务,这将加快基于3GPP 标准的5G 解决方案的商用进程

续表

国家（地区）	主要对策
俄罗斯	同样作为全球市场上颇具实力的国家，俄罗斯在5G方面的进程似乎没有想象中那么一帆风顺 相比其他国家，俄罗斯面临着高昂的5G建设成本，这对于本就投入巨大的5G产业而言，无疑雪上加霜，对此，俄罗斯两家大型电信运营商MegaFon和Rostelecom正试图通过联合双方力量来共同克服在俄罗斯市场建设5G网络所面临的巨大成本挑战，双方合作的第一步是成立一个工作组，两家运营商将使用3.4GHz~3.6GHz和26GHz频段频谱探索推出5G技术的“选择”
中国	对于5G发展，中国也给予了高度关注，在政府大力推动下，中国5G产业正迎来更多政策红利，关键技术加速突破 事实上，在推进5G方面，中国已处于领跑地位，就目前而言，中国5G研发已进入第二阶段试验，预计中国在2020年将部署超过1万个5G商用基站
日本	2020年东京奥运会以及残奥会成为日本发展5G的重要助力，为配合2020年东京奥运会和残奥会的举办，日本各运营商将在东京都中心等部分地区启动5G的商业利用，随后逐渐扩大区域，日本三大移动运营商NTT DoCoMo、KDDI和软银计划将于2020年在一部分地区启动5G服务，预计在2023年左右将5G的商业利用范围扩大至日本全国，而总投资额或达5万亿日元之多
欧盟	作为欧洲地区规模最大的区域性经济合作组织，欧盟不会允许自己在这场全球5G盛宴中缺席，在2017年7月初步协议的基础上，欧盟确立了5G发展路线图，该路线图列出了主要活动及时间框架，通过路线图，欧盟就协调5G频谱的技术使用和目的以及向电信运营商分配的计划达成了一致，欧盟电信委员会的成员国代表同意到2025年将在欧洲各城市推出5G计划
韩国	相比全球其他国家计划在2020年实现5G商用化的目标，韩国似乎想更早一点开展实践行动，2017年4月，韩国第二大电信商韩国电信运营商(KT)和爱立信以及其他技术合作伙伴宣布已经就2017年进行5G试验网的部署和优化的步骤及细节达成共识，包括技术联合开发计划等，2018年平昌冬季奥运会期间，韩国实现了5G首秀，由韩国电信运营商KT联手爱立信(基站设备等)、三星(终端设备等)、思科(数据设备等)、英特尔(芯片等)、高通(芯片等)等产业链各环节公司全程提供的5G网络服务，成为全球首个5G大范围的准商用服务
巴西	当美国、中国、日本、欧盟、韩国等国家（地区）各自发力5G之际，巴西采取了不同的方针政策，2017年中，巴西科学、技术、创新和通信部(MCTIC)指出，已经同上述国家、共同体的科技人员签订了技术发展合作协议，以期共同发展5G网络，实际上，巴西是全球第六个参与到5G信息技术开发的国家，到目前为止，巴西在全球信息和通信技术发展上已经取得了不小的成就，这也说明巴西目前已经有能力进行5G网络的投资、开发以及深层次的研究
澳大利亚	澳大利亚也紧跟着全球5G发展的步伐，澳大利亚电信公司表示将加速推动全球5G网络标准的建立和澳大利亚网络系统的升级，并计划于2018年澳大利亚举行的英联邦运动会期间试用，此外，澳电信公司正在同谷歌、微软和高通等多家顶级科技公司沟通，希望参与和推动全球5G网络标准的制定和技术开发，对拟议中的5G标准做出修改，以保证新标准适用于澳大利亚

（2）市场规模预测

根据中国信通院《5G经济社会影响白皮书》预测，2030年，5G带动的直接产出和间接产出将分别达到6.3万亿元和10.6万亿元。在直接产出方面，按照2020年5G正式商用算起，预计当年将带动约4840亿元的直接产出，2025年、2030年将分别增长到3.3万亿元、6.3万亿元，十年间的年均复合增长率为29%。在间接产出方面，2020年、2025年、2030年，5G将分别带动1.2万亿元、6.3万亿元和10.6万亿元间接产出，年均复合增长率为24%。

从产业结构来看，拉动产出增长的动力随5G商用进程的深化而相继转换。在5G商用初期，运营商大规模开展网络建设，5G网络设备投资带来的设备制造商收入将成为5G直接经济产出的主要来源。预计2020年，网络设备和终端设备收入合计约4500亿元，占直接经济总产出的94%。在5G商用中期，来自用户和其他行业的终端设备支出及电信服务支出持续增长，预计到2025年，上述两项支出分别达到1.4万亿元和0.7万亿元，占直接经济总产出的64%。在5G商用中后期，互联网企业与5G相关的信息服务收入增长显著，成为直接产出的主要来源，预计2030年，互联网信息服务收入达到2.6万亿元，占直接经济总产出的42%。

从设备环节来看，5G商用中后期各垂直行业将成为网络设备支出的主要力量。在5G商用初期，运营商开展5G网络大规模建设，预计2020年，电信运营商在5G网络设备上的投资超过2200亿元，各行业在5G设备各方面的支出超过540亿元。

随着网络部署持续完善，运营商网络设备支出预计自2024年起开始回落。同时随着5G向垂直行业应用的渗透融合，各行业在5G设备上的支出将稳步增长，成为带动相关设备制造企业收入增长的主要力量。2030年，预计各行业各领域在5G设备上的支出超过5200亿元，在设备制造企业总收入中的占比接近69%。

（3）技术推动分析

国内外在5G技术方面均实现了突破，如毫米波、无人车以及无人机的自动驾驶、关键的应用芯片、接入单元等。在全球经济交流合作的今天，各方尤其是以华为领先的5G技术有力地推动了我国5G产业的整体发展。

与国外相比，中国在5G布局上似乎更成熟。2009年中国便已开展相关研究，并在之后几年展示了5G原型机基站。

2013年11月6日，华为宣布将在2018年前投资6亿美元，对5G的技术进行研发与创新，并预言2020年用户即可享受5G移动网络；2016年5月31日，第一届全球5G大会在北京召开，中国开始向5G核心地位迈进；2016年11月17日，3GPP（第三代合作伙伴计划，类似于国际通信标准化机构）第87次会议就5G短码方案进行讨论，最终华为方案胜出，中国方案入选5G标准。

目前，工信部已经启动5G技术研发试验的第三阶段工作，侧重于商用前夕对产品的研发、验证和产业协同，预计在2018年6月出台5G商用或接近商用产品。

（4）市场需求分析

5G将主要满足三大场景网络需求：eMBB，mMTC和URLLC。其中，eMBB对应的是3D/超高清视频等大流量移动宽带业务；mMTC对应的是大规模物联网业务；URLLC对应的是如无人驾驶、工业自动化等需要低时延、高可靠连接的业务。5G是各行业发展创新的底层技术，想象空间无疑最大。

在需求方，5G与以往无线通信技术最大的区别是服务的对象不再是单一的人，而是实现了万物互联。工业4.0、智能制造、医疗等行业运作都会随着5G技术的成熟而得到进一步发展。可以说，5G承担的是改变整个社会、行业的使命。

我国正在迅速进入智能社会，包括产业互联网、人工智能、AR/VR等应用在迅速普及，它们的规模化应用需要新一代网络来承载，4G在移动的情况下可以观看视频，而5G着重解决的是物体与物体、物体与周边环境之间的高密度、低时延连接等问题，比如建设自动驾驶城市就需要依托5G网络实现车辆、信号灯、道路感应线圈、智能总控平台间的无缝连接和互动，且时延需要在毫秒级别。

5G 最为重要的3 个应用场景是大带宽、万物互联和低时延。网络延迟低和带宽作为5G 的最大撒手锏，可以将10 毫秒的4G 网络延迟提升到5G 的1 毫秒。虽然在下载文件、玩游戏等方面，上述网络延迟差距很难感觉出来，但在无人驾驶（要求毫秒级的互动操作响应）等方面，差距堪称“致命”。

以正在试行的谷歌自动驾驶车为例，它1 秒需要采集1G 的各类数据。当前谷歌自动驾驶车为单机版，由车辆在本机上处理数据，未来量产的车极可能为联网版本，将数据采集到平台，再由平台处理后回传控制，对时延要求非常高，即使时延是0.1 秒，汽车也会开出去很长距离，有可能产生事故，此时5G 的低时延就显得非常必要。

（5）产业发展前景预测

物联网时代，一个家庭往往会有超过100 样东西需要连接网络，所以需要新一代网络能够对整体网络频谱实现更高效的利用，能连接更多终端系统。由于5G 技术刚刚爆发，所以在一段时间内，4G 和5G 会并存；进入物联网时代后，IP 地址的需求会大幅增加，IPv6 的加快商用正逢其时。

目前我国正在加快推进IPv6 部署，5 ~ 10 年内将建成全球最大商用网络。预计到2025 年末，我国IPv6 网络规模、用户规模、流量规模将位居世界第一位，网络、应用、终端全面支持IPv6，完成向下一代互联网的平滑演进升级，形成全球领先的下一代互联网技术产业体系。

全球移动通信系统协会（GSMA）表示，2020 年全球将有第一批国家正式应用5G，而中国必将是其中之一。在移动通信领域，中国不仅是一个领先国家，还是一个创新驱动型国家。

2. 区块链技术发展趋势与展望

（1）全球区块链市场规模迅速扩张

区块链应用价值获得认同，政策规划纷纷出台。全球各国政府认识到区块链技术的巨大应用前景，开始从国家发展层面考虑区块链的发展道路，“区块链”成为全球各大监管机构、金融机构及商业机构争相研究讨论的对象。随着各国积极推动区块链技术及其应用发展，区块链开始在各国得到迅速普及和发展。2017 年，全球区块链市场规模达到 31.4 亿美元，同比增长 115.1%。

（2）欧洲和中国领跑全球区块链发展

2017 年，作为世界金融中心的美国在区块链创新领域的表现差强人意。美国在区块链行业发展的滞后并非由于当地企业创新能力下降，而是受到了监管体制的限制。相反，在自身开源文化的推动下，欧洲在各个方面均引领了世界区块链行业的发展，不论是个人还是企业机构都积极参与到区块链项目中。调查显示，欧洲区块链创业公司主要集中在伦敦、阿姆斯特丹、巴塞罗那、柏林和瑞士等地。而中国政府一直通过颁布相关政策促进区块链产业的发展，区块链行业发展迅速，出现了大量的创业公司，同时也形成了诸多区块链发展联盟。在医疗、保险、能源、供应链等垂直领域里，美国的区块链行业发展已经明显落后于欧洲和中国等领先国家（地区）。

（3）区块链国际标准化进程逐步开启

2017 年，随着区块链技术和应用的发展，国际标准化组织等启动区块链标准化相关工作，各大区块链联盟也纷纷加速推进区块链标准的制定进程。2016 年 9 月，ISO 成立专注于区块链领域的标准技术委员会 ISO/TC307。2017 年 4 月，该委员会举行第一次会议，成立术语工作组，参考架构、分类和本体研究工作组，用例研究组，安全和隐私研究组，身份认证研究组，智能合约研究组 6 个工作组和研究组。截至 2017 年，ISO/TC307 已有全权成员国 16 个，观察国 17 个。此外，ISO/IEC JTC1、W3C、机构贸易交流国际证券协会的欧洲分部等组织都对区块链标准化及其重点方向提出建议，区块链标准化已经引起国际上的广泛关注和重视。

（4）区块链专利成为竞争的重要领域

随着参与主体的增多，区块链的竞争将越来越激烈，竞争是全方位的，包括技术、模式、专利等多维度。2017 年，企业在区块链专利上的竞争更加激烈。自 2014 年以来，区块链专利申请数量出现爆发式增长。区块链专利主要分布在北美洲的美国、欧洲的英国、亚洲的中国和韩国，可以预见，未来的区块链专利争夺将日趋激烈。2017 年，专利申请数量排名前 100 名的企业中，中国入榜企业占比 49%，其次为美国，占比 33%，其中阿里巴巴排名第一，美国银行排名第二。

（5）市场规模预测

未来几年，资本的大量涌入和国家层面的重视将进一步加速行业发展，区块链可能会跳过泡沫化低谷期，超预期地迎来快速爬升期，中国的区块链市场将保持高速发展。预计到 2018 年，中国区块链市场规模将达到 0. 99 亿元，同比增长 210. 6%；到 2020 年市场规模将达到 12. 56 亿元。

（6）市场结构预测

1）联盟链的重要性不断加强

从区块链产品来看，首先，企业会采用私有链来改造升级现有系统，等技术达到一定水平后推广到行业应用，形成联盟链。因此，未来几年中国区块链市场结构中的联盟链占比将不断提升。预计到 2018 年，私有链市场规模将占整体区块链市场规模的 65. 1%，联盟链则占 32. 8%；而到 2020 年，私有链市场规模将占整体区块链市场规模的 51. 1%，联盟链则占 46. 2%，形成私有链和联盟链“齐头并存”的市场结构。

2）区块链 2. 0 应用仍将是主流场景

从区块链的应用领域来看，赛迪顾问认为区块链 2. 0 以金融领域仍将是未来 5 年内中国区块链市场最主流的应用场景。预计未来几年一部分区块链 3. 0 应用将如雨后春笋般出现，但大部分项目将会被时代淘汰。因此，预计 2018 年，区块链 2. 0 应用市场规模将占整体区块链市场规模的 78. 9%，区块链 3. 0 应用则占 19. 0%；而到 2020 年，区块链 2. 0 应用市场规模将占整体区块链市场规模的70.1%，区块链3.0应用则占27.1%。

（7）驱动因素分析

1）各地政府积极推进区块链发展

区块链日益受到中国政府的重视和关注，各地政府纷纷出台有关区块链的政策指导意见及通知文件。截至2017年底，国内共有浙江、江苏、贵州、福建、广东、山东、江西、内蒙古、重庆等9个省、自治区和直辖市就区块链发布了指导意见，多个省份甚至将区块链列入本省“十三五”战略发展规划。另外，国务院在2017年发布的4个文件中提及区块链。从文件发布的数量上看，以浙江、江苏和贵州三省最多，数量分别是5个、4个、3个。从支持力度上看，贵州贵阳、浙江杭州、山东青岛、广东深圳和重庆四地将区块链放在较为重要的位置，并出台了专门的政策扶持文件。

2）重点企业纷纷成立区块链联盟

微众银行、平安银行、招银网络、恒生电子、京东金融、腾讯、华为等诸多重点企业纷纷成立各种区块链联盟，如中国分布式总账基础协议联盟、金融区块链合作联盟、前海国际区块链联盟等，致力于研究和了解全球区块链技术的最新动态，深入探索区块链多种技术路线的变化，特别是对于加密算法、私有链、联盟链、侧链技术以及闪电网络技术等区块链核心技术进行深入的研究和分析。同时，整合及协调区块链技术研究资源，形成区块链技术研究和应用研究的合力与协调机制，提高成员单位在区块链技术领域的研发能力，建立区块链技术及其应用推广的集约高效生态环境，加快区块链技术成果产业化进程，促进区块链技术在我国社会经济建设各个领域的推广应用。

3）区块链技术成熟度不断提升

随着企业投资以及政府关注的增加，区块链成为2017年科技领域最具活力的技术，其技术成熟度不断提升。区块链正在快速达成多点并进的应用场景。其中既有国家推进的数字货币计划应用，也有各地方政府积极推进的产业化应用，而众多大型集团企业和互联网巨头推出的区块链技术解决方案也在源源不断涌现。比如，基于区块链技术的金融、供应链、文化娱乐、智能制造、社会公益、教育就业等项目日益受到关注。应用型技术的不断成熟和投入试用，为区块链技术的未来发展增添了大量想象空间，而且根据个性化场景产生的市场变异，打通了与主流商业空间的通道，为区块链发展提供了良好的条件。

（三）投资发展趋势与展望

1. “物联网＋先进制造”驱动工业物联网飞速发展

智能制造是伴随着信息技术的发展而逐步发展起来的。智能制造技术引起发达国家的关注，美国、德国、日本等国纷纷建立智能制造研究项目基金以及制定重返制造业的发展战略，把智能制造作为制造业的主攻方向。目前，我国正在加快发展先进制造业，推动互联网、大数据、人工智能和实体经济深度融合成为国家战略。而随着智能制造超越概念层面，深入企业工厂正在执行的项目之中，制造商和它们的解决方案提供者将通过改进支持这些项目的工业物联网技术，形成未来工业物联网发展的核心驱动力。

2. 绿色生产推动工业物联网协调发展

工业领域构成的产业生态正在逐步跳出传统生产的旧模式，建立起依托节能、智能及绿色三大优势的主动服务体系和行业新生态。工业物联网解决方案有助于打通工业流程中的生产、管理、运营环节，构建一个高效节能的、绿色环保的、环境舒适的人性化生产环境。因此，以工业物联网思维管理发展新型生产产业为抓手，以绿色环保产业生态创新为方向，引领智慧环保关键技术革新及设备产品升级，促使工业物联网与新型产业生态的共同发展。

3. 消费需求带动工业物联网全面发展

工业应用需求增长是工业物联网发展的主要动能。工业物联网与现有的互联网整合，实现了人类社会与物理系统的整合。在这个整合的网络当中，存在能力超级强大的中心计算机群，能够对整合网络内的人员、机器、设备和基础设施实施实时的管理和控制。工业物联网具有规模性、广泛参与性、管理性、技术性等属性，在政府主导以及企业的应用需求下，将在工业领域全面展开。

4. 大数据、云计算与人工智能技术趋向融合

大数据、云计算与人工智能技术呈融合化发展，以提供更加高效的大数据整体解决方案。云计算为大数据提供弹性可扩展的基础设施支撑环境以及数据服务的高效模式，大数据则为云计算提供新的商业价值，大数据技术与云计算技术必有更完美的结合。人工智能则持续增强大数据分析的精度和效率。2018 年将是人工智能、大数据和云计算等技术与产业深度结合的元年，更多落地的大数据解决方案将以云计算的形式实施。

产业篇

智能芯片产业发展及展望

余 凯　李星宇　郑 魁

余　凯：博士，地平线创始人兼 CEO

李星宇：地平线市场拓展兼战略规划副总裁

郑　魁：地平线市场拓展战略规划总监

要点提示

- 2017 年 3 月人工智能首次被写入政府工作报告，同年 7 月国务院发布《新一代人工智能发展规划》，将人工智能和智能芯片的发展上升到国家战略和国家安全的层面。智能芯片作为战略性高新技术产业，关系到国家经济、军事、科技等层面，更关系到居民财产安全。

- 到 2021 年全球智能芯片市场规模将达到 111 亿美元，相比 2016 年的 36 亿美元，年复合增长率达到 25%，呈爆发式增长。

- 《中国人工智能创新应用白皮书》显示，汽车行业是受人工智能影响最大的行业之一。到 2030 年，人工智能在自动驾驶上的技术突破将给我国带来约 5000 亿元的价值增益。从技术上看，自动驾驶处理器体现了我国在人工智能基础理论创新和软件算法创新方面的最高水平，是人工智能产业的“珠穆朗玛”。

- 从计算效能来看，基于应用场景驱动，计算构架与算法协同设计的芯片开发将是未来的发展趋势。人工智能最重要的还是要将技术与应用场景相结合，无法落地的技术很难得到资本青睐和市场认可，而有闭环、垄断性的数据，并且其技术能够与实际应用场景相结合的公司有望产生难以替代的商业价值。

一、智能芯片产业发展现状

（一）智能芯片产业规模与投资现状

人工智能是使用机器代替人类实现认知、分析、决策等功能的综合学科。人工智能的崛起主要得益于算法、数据和计算能力三方面的突破，芯片为复杂的计算任务提供了有力的支撑，是人工智能技术发展过程中的关键环节。同时智能芯片作为战略性高新技术产业，关系到国家经济、军事、科技以及居民财产安全。

从政策层面来看，从2013年开始，国家决心发展集成电路产业，出台《集成电路产业推进纲要》。2017年3月，人工智能首次被写入《政府工作报告》，同年7月国务院发布《新一代人工智能发展规划》，将人工智能和智能芯片的发展上升到国家战略和国家安全的层面。2017年12月，工信部发布《促进新一代人工智能产业发展三年行动计划（2018～2020）》。2018年3月5日，十三届全国人大一次会议再次将人工智能发展写入《政府工作报告》。2018年3月30日，财政部联合税务总局、发改委、工信部发布《关于集成电路生产企业有关企业所得税政策问题的通知》，提出一系列政策优惠。

从全球来看，2012～2017年GPU的开发者数量增加了15倍，CUDA软件的下载量增加了5倍，从侧面反映了过去几年面向人工智能硬件应用生态的快速发展。同时由于人工智能生态的快速发展，又需要更多的硬件处理能力和开发者，图1显示了对人工智能硬件投资的加速（主要是云计算公司和风险投资机构），其中来自云计算公司的投资在2020年将达到760亿美元。

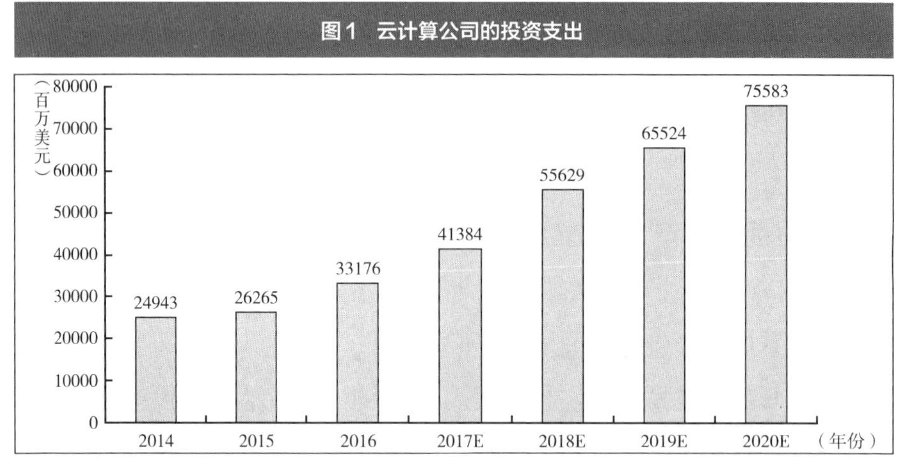

图1 云计算公司的投资支出

数据来源：高盛全球投资研究报告。

在国内，包括国家大基金、地方政府基金在内的集成电路产业基金总额已经超过4600亿元。过去三年里，在政策、资本的双重驱动下，中国集成电路产业发生近百起并购整合，涌现出以地平线科技、寒武纪为代表的智能芯片公司，另外Intel、高通、德州仪器等国际芯片巨头也已经在中国提高了资本和技术的投入。

随着人工智能在安防、医疗、金融、家居、教育、汽车等多个场景的迅速落地。据前瞻产业研究院预测，到2021年全球智能芯片市场规模将达到111亿美元，相比2016年的36亿美元，年复合增长率达到25%，呈爆发式增长。目前人工智能仍处于产业化的早期阶段，整体来看技术的发展将先于应用层面的发展，技术层面仍存在瓶颈，尤其是关键的智能芯片技术仍需要突破。但各国都站在同一条起跑线上，依托中国人口红利的海量数据、资本加持、巨大的应用场景和市场需求，中国AI芯片有望“弯道超车”。

（二）智能芯片分类

智能芯片，特别是针对深度学习的智能芯片是针对人工智能算法进行器件、电路或体系结构定制的芯片。一项深度学习工程的搭建，可分为训练和推理两个环节。

训练环节通过大量的数据输入，或通过非监督学习方法，训练出一个复杂的深度神经网络模型。训练过程由于涉及海量的训练数据和复杂的深度神经网络结构以及较高的精度，所需要的计算规模和内存非常庞大。通常需要在云端 GPU 集群训练很长时间。

推理环节利用训练好的模型，针对新的输入数据“推断”出各种结论，如通过汽车前向摄像头识别各种交通标志、车道线等。虽然推断环节的计算量相比训练环节少，对精度要求也更低，但因为推理的结果通常提供给终端用户，所以推理环节的性能对用户体验有直接的影响。根据应用场景的需要，推理过程可以部署在云端，也可以部署在设备端。比如，以亚马逊 Alexa 为代表的智能家具应用，需要通过云端提供服务；而智能安防摄像头、自动驾驶、机器人/无人机等对网络环境、响应时间要求较高的应用场景，则须在设备端执行推理，此时对设备端智能芯片的计算能力、功耗均提出了较高要求。

图 2 是市场研究顾问公司 Compass Intelligence 最新公布的 2018 年全球智能芯片榜单。国外科技巨头凭借在半导体行业的传统优势和海量数据在云端优势明显。可以看到，华为（第 12 位），瑞芯微（第 20 位），寒武纪（第 23 位），地平线（第 24 位）等中国芯片公司也登上榜单。

1. 云端智能芯片

云端智能芯片一般承担训练和推理的任务，随着神经网络深度层数的增加及训练数据量的加大，智能芯片的处理能力、内存在持续增强。在该领域，智能芯片的发展基本被以 Nvidia，Google 为代表的头部玩家主导。

Nvidia

目前 GPU 已经主导了云端训练的智能芯片市场，Nvidia 凭借完善的 CUDA 生态和强悍的 GPU 性能，牢牢把持着这个市场。据报道，Nvidia 2018

图2 Compass Intelligence 全球智能芯片榜单

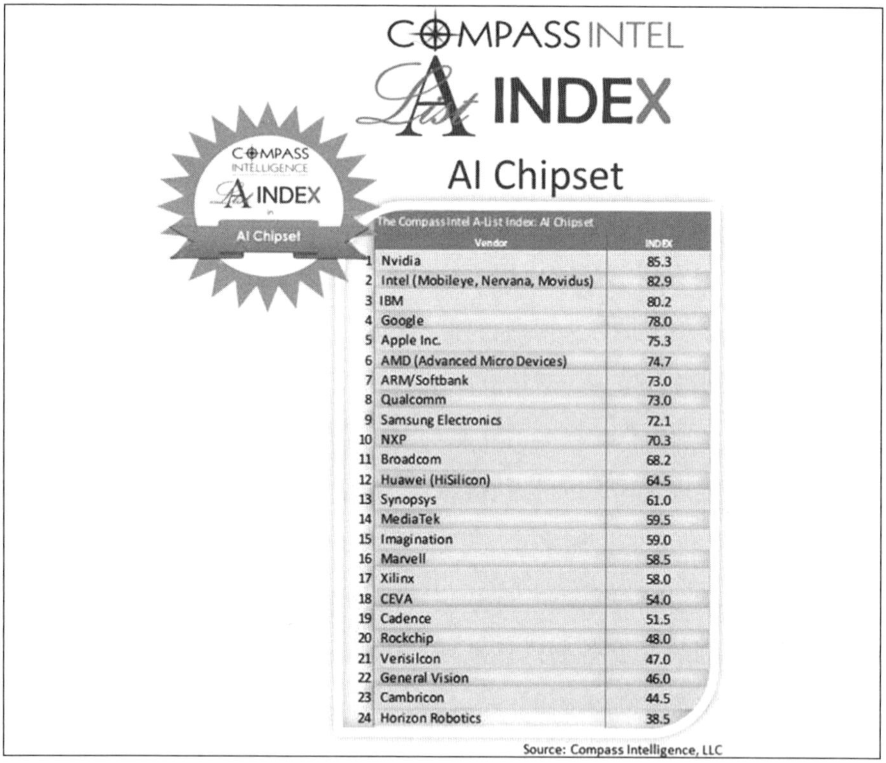

COMPASS INTEL
A-List INDEX
AI Chipset

The Compass Intel A-List Index: AI Chipset

	Vendor	INDEX
1	Nvidia	85.3
2	Intel (Mobileye, Nervana, Movidus)	82.9
3	IBM	80.2
4	Google	78.0
5	Apple Inc.	75.3
6	AMD (Advanced Micro Devices)	74.7
7	ARM/Softbank	73.0
8	Qualcomm	73.0
9	Samsung Electronics	72.1
10	NXP	70.3
11	Broadcom	68.2
12	Huawei (HiSilicon)	64.5
13	Synopsys	61.0
14	MediaTek	59.5
15	Imagination	59.0
16	Marvell	58.5
17	Xilinx	58.0
18	CEVA	54.0
19	Cadence	51.5
20	Rockchip	48.0
21	Verisilcon	47.0
22	General Vision	46.0
23	Cambricon	44.5
24	Horizon Robotics	38.5

Source: Compass Intelligence, LLC

财年全年收入创下97.1亿美元的纪录，较上一财年的69.1亿美元增长约41%。在Top 500超算榜单中，Nvidia GPU加速系统新增34个，总数达到87个，再创历史新高。

业绩创新高的一个原因是其在GTC 2017发布了最新的Volta架构V100 GPU。表1显示了V100的训练性能以及推理性能相对上代P100均有了非常大的提升，其中训练性能提升达到了12倍。在训练过程中会有大量的数据读取需求，V100的高带宽显存带宽达到了900GB每秒，相比P100也有了1.2倍的提升。对于多GPU训练，GPU之间的通信带宽以及延迟起到了决定性的作用，对此V100相比P100也有了1.9倍的提升。以ResNet－50网络的训练性能为例，V100比P100提高了2.4倍，而推理的性能提高了3.7倍。

表1 Pascal 架构和 Volta 架构的性能对比

	P100	V100	Ratio
Training Acceleration Ops	10 TFLOPS	125 TFLOPS	12x
Inference Acceleration Ops	21 TFLOPS	125 TFLOPS	6x
FP64/FP32	5/10 TFLOPS	7.8/15.7 TFLOPS	1.5x
Delivered HBM2 Bandwidth	545 GB/s	855 GB/s	1.5x
NVLink Bandwidth	160 GB/s	300 GB/s	1.9x
L2 Cache	4 MB	6 MB	1.5x
L1 Cache	1.3 MB	10 MB	7.7x

Google

TPU 是 Google 研发的一款针对深度学习加速的 ASIC 芯片，第一代 TPU 仅能用于推断，并在 AlphaGo 人机大战中提供了巨大的算力支撑。在 Google I/O 2018 开发者大会上，Google 正式发布了第三代 AI 人工智能/机器学习专用处理器 TPU 3.0。

相比传统 GPU 图形芯片，它使用 8 位低精度计算以节省晶体管，对精度影响很小但可以大幅节约功耗、加快速度，同时还有脉动阵列设计，优化矩阵乘法与卷积运算，并使用更大的偏上内存，减少对系统内存的依赖。TPU 3.0 的计算能力最高可达 100PFlops（每秒 1000 万亿次浮点计算），相当于 TPU 2.0 的 8 倍还多。

目前 Google 并没有急于推进 TPU 芯片的商业化。Google 对 TPU 芯片的整体规划是，基于自家开源、目前在深度学习框架领域排名第一的 TensorFlow，结合 Google 云服务推出 TensorFlow Cloud，通过 TensorFlow 加 TPU 云加速的模式为 AI 开发者提供服务。或许 Google 并不会考虑直接出售 TPU 芯片。一旦 Google 将来能为 AI 开发者提供相比购买 GPU 更低成本的 TPU 云加速服务，再借助 TensorFlow 生态，毫无疑问会对 Nvidia 构成重大威胁。

2. 设备节点端智能芯片

在设备端上，智能芯片主要完成推理的任务。由于受设备使用场景限制，对处理芯片的大小、性能、功耗、成本都有较高要求，同时伴随算法的快速迭代，各芯片厂商的产品定位、软硬件架构均有较大差异。

ARM

作为传统的处理器 IP 厂商，ARM 于 2018 年 2 月公布了 Project Trillium 项目，希望提供一个端上人工智能的通用 ARM IP 套件。在这个项目里，ARM 本身的 CPU、GPU、机器学习处理器和目标检测处理器，加上合作伙伴的 DSP、FPGA 等加速器 IP 会是整个项目中最基本的硬件支持。

在中间的软件产品层，Project Trillium 提供了专门针对 ARM 硬件优化的软件库，其中包括了 ARM NN、CMSIS - NN、Compute Library 和 Object Detection Libraries。

在应用方面，该项目会对 TensorFlow、Caffe、Caffe2、Mxnet 和 Android NNAPI 等主流框架给予支持。

可见，通用性是 ARM 在智能芯片领域的战略核心。凭借 ARM 在嵌入式行业强大的影响力和完善的生态环境，以及丰富的开发工具，同时利用其在 Android 社区的影响力，会使一些传统的中小半导体公司快速具备开发智能芯片的能力。正如 ARM 资深市场营销总监 Ian Smythe 表述："ARM Project Trillium 提供了相应的接入硬件、软件的框架，并相应地为 CPU 和 GPU 提供了针对机器学习的加速，这样开发人员就能更好地基于 ARM 的所有硬件去进行开发，还能非常方便地获得这些开发框架和一些工具系统。"这意味着开发者如果要开发一个手机应用，不需要担心这个手机硬件本身的适配性能问题，只需要关心手机应用的性能。

值得注意的是，ARM 机器学习处理器的性能最高可以达到 4.6 TOPs，最优能耗比大于 3TOP/W，且在实际应用中，结合系统及应用优化，其性能还会继续提升。

地平线

地平线成立于2015年7月，创始人余凯博士曾经创办中国第一家基于深度学习的人工智能研发机构——百度IDL。2017年底，地平线发布了中国首款嵌入式人工智能视觉芯片，包括面向智能驾驶的“征程1.0”处理器（见图3）和面向智能摄像头的“旭日1.0”处理器。该类芯片完全由中国企业自主研发，具有高性能、低功耗、低延时等特点，可直接嵌入终端设备，为我国智能驾驶、智能城市发展提供了基础支撑。

图3　地平线“征程”处理器

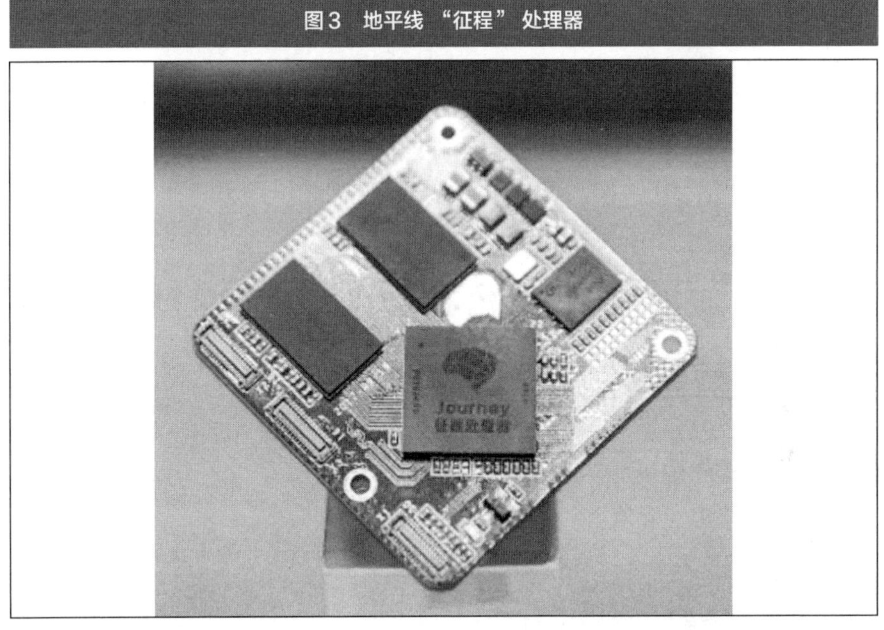

“征程1.0”处理器具备同时对行人、机动车、非机动车、交通指示牌等多类目标进行精准实时检测与识别的处理能力。基于该芯片研发的智能驾驶平台支持260种交通标志牌的检测，对红绿灯、当前车道和相邻车道可行驶区域的识别准确率大于95%。

“旭日1.0”处理器具备在前端实现大规模人脸识别检测跟踪、视频结构化的处理能力，能应用于智能城市、智能商业等场景。结合该芯片形成的人脸抓拍识别系统单帧最高能抓拍120张人脸，功耗仅为1.5瓦。

寒武纪

2016 年 3 月，北京中科寒武纪科技有限公司注册成立，先后推出了“寒武纪 1 号”芯片、寒武纪 1A 处理器等产品，后者是目前最早量产、出货量最多的 AI 芯片。在 2017 年华为海思的第一款人工智能手机芯片麒麟 970 上就集成了神经网络处理器。

寒武纪科技主要负责研发生产智能芯片，公司最主要的产品为 2016 年发布的寒武纪 1A 处理器（Cambricon - 1A）。这是一款可以深度学习的神经网络专用处理器，面向智能手机、无人机、安防监控、可穿戴设备以及智能驾驶等各类终端设备，在运行主流智能算法时性能功耗比全面超越传统处理器。

2018 年上半年，寒武纪发布了最新一代终端 IP 产品——Cambricon 1M 和云端智能芯片 MLU100。

深鉴科技

深鉴科技于 2016 年 3 月成立，由清华电子系背景的汪玉、韩松、姚颂、单羿一同创办，深鉴自研的智能芯片“听涛”与“观海”将于 2018 年三季度上市。“听涛”更加侧重低功耗、嵌入式场景；“观海”则能够提供更高性能，并且会采用新一代架构。性能上，“听涛”采用 28 纳米制程亚里士多德架构，峰值可达 4.1TOPS，功耗是 1.1 瓦。

（三）中国智能芯片发展状况

近年来，中国在人工智能应用方面的进展令人印象深刻，表现为四个核心优势：政府高度支持、风险投资活跃、占优势的人才资源和海量数据。

据调研机构 CB Insights 统计，2017 年全球人工智能初创企业融资额达 152 亿美元，其中中国公司达 73 亿美元，占全部融资额的 48%，超过美国的 38%，成为全球第一。

早在 2015 年，中国发表的有关深度学习的被引用论文数量甚至已经超过美国。2018 年召开的人工智能业界顶尖会议 AAAI 2018，最佳论文再次由中国留学生摘取。

2018 年更被认为是中国人工智能产业爆发的元年，初创公司融资额迭创新高，行业应用四处开发。但在一片火热的行业发展背后，却潜藏着巨大的隐患：目前我国的人工智能产业绝大部分都是应用创新，在人工智能技术最核心的处理器和操作系统方面，国外公司依然牢牢占据主导地位。比如自动驾驶是国家确定的四大人工智能关键应用领域之一，无论是传统车企还是新型造车势力都紧锣密鼓地开发自己的智能驾驶平台。遗憾的是，Nvidia 和 Mobileye 仍然是自动驾驶处理器市场最大的供应商。

2014 年，习近平主席在中科院院士大会上发表讲话时，着重提到人工智能的迅猛发展，并指出："机器人革命"有望成为第三次工业革命的一个切入点和重要增长点，是衡量一个国家科技创新和高端制造业水平的重要标志。人工智能是战略性的核心技术，中央政府对此有非常深刻的认知。习主席进一步指出，"只有把核心技术掌握在自己手中，才能真正掌握竞争和发展的主动权，才能从根本上保障国家经济安全、国防安全和其他安全。不能总是用别人的昨天来装扮自己的明天。我们没有别的选择，非走自主创新道路不可"。

而信息产业的核心就是处理器和操作系统，人工智能大规模产业化的关键，首先在于人工智能处理器的突破，而人工智能处理器的制高点必然来自最具规模效应和最具技术挑战性的行业应用。地平线和寒武纪作为国内智能芯片最具代表性的两家企业，已经在自动驾驶处理器和云端推理处理器这两个最具挑战性的行业应用中崭露锋芒。

地平线

在 2018 年彭博社对奥迪的采访中，奥迪驻北京发言人约翰娜·巴斯（Johanna Barth）表示，奥迪已经为中国（自动驾驶）项目挑选地平线公司作为合作伙伴。此次奥迪选择地平线作为其在最重要的中国市场的合作伙伴，是中国公司在自动驾驶核心技术方面里程碑式的突破。

寒武纪

2018 年 5 月 3 日，寒武纪发布国内首款云端人工智能芯片 Cambricon MLU100，意味开启云端战略，构建端 - 云一体化的 AI 体系。Cambricon MLU100 云端智能芯片采用寒武纪最新的 MLUv01 架构和 TSMC 16 纳米的先进工艺，可工作在平衡模式（1GHz 主频）和高性能模式（1.3GHz 主频）下，平衡模式下的等效理论峰值速度达每秒 128 万亿次定点运算，高性能模式下的等效理论峰值速度更可达每秒 166.4 万亿次定点运算，但典型板级功耗仅为 80 瓦，峰值功耗不超过 110 瓦。

二　智能芯片产业发展展望

1. 云端智能芯片需求快速增长

据国外研究机构预测，在云端人工智能服务器需求方面，预计未来将会以 25% 的速率递增，尤其是用于推理的服务器的需求占比增加更快。

从长远来看，截至 2025 年，人工智能数据中心硬件将有千亿美元的市场。其中，人工智能计算单元的规模在 2025 年将达到约 550 亿美元，其中 FPGA 和 ASIC 的市场增长将会是最快的（见图 4）。

图 4　云端智能芯片市场发展预测（FPGA, ASIC, GPU, CPU）

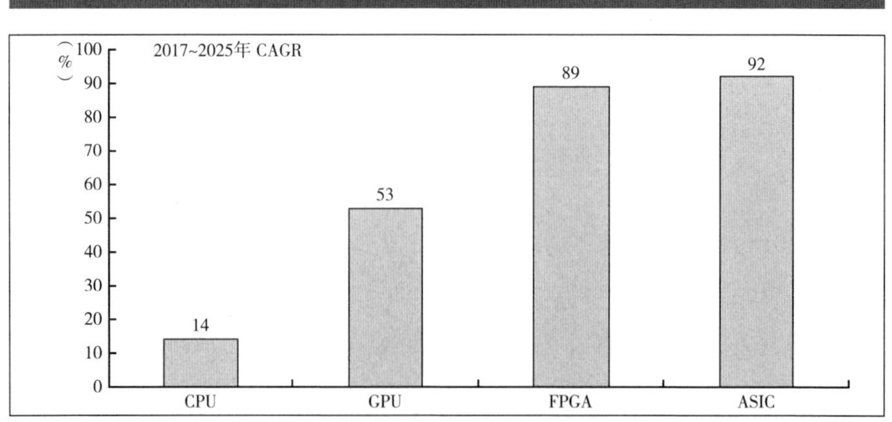

2. 更多企业参与设备节点端智能芯片开发

在设备节点端，随着人工智能技术的成熟和大量企业介入硬件市场，2018年的人工智能将加速普及。IDC预测，人工智能硬件收入将在未来五年内以超过60%的复合年增长率（CAGR）增长。

在人工智能的三大赛道，即语音、图像和自动驾驶方面，将会有更多企业参与芯片的研发，其中既有一些新兴的芯片企业，也有传统的芯片企业。比如自然语音处理厂商云知声从自己的传统语音业务出发，开发了自己的芯片UniOne语音AI芯片，用于物联网IOT设备。

相比语音市场，安防更是一个AI芯片扎堆的大产业，将自己的芯片置入摄像头是一个不错的场景，也是一笔很好的生意。包括云天励飞、海康威视、旷视科技等厂商都在大力开发安防领域的AI嵌入式芯片，并完成了一定的商业化部署。

3. 以场景驱动，计算架构和芯片协同创新

随着半导体工艺制程逼近其物理极限，摩尔定律已经难以为继。对于智能芯片，我们需要重新思考如何继续推进计算的发展。

智能芯片的本质并不是硬件，而是软硬结合的载体。人工智能芯片的发展，并不是单纯由工艺和晶体管密度驱动，而是由计算架构与算法的配合驱动，使其实际的计算效率不断提升，并且要根据应用场景的不同选择最适合的算法，从而往专用处理器的方向发展，追求极致效能。

与通用芯片相比，专用芯片的效率在相同的工艺制程下，可以轻易地获得超过10~100倍的性能提升、10倍的功耗下降和10倍的成本下降，有效平衡对高性能和低功耗的要求，从而获得碾压式的商业竞争优势。

可以说，应用场景决定算法，算法定义芯片，软硬件协同设计，这便是人工智能时代的新摩尔定律。谁理解了应用场景并掌握了算法，谁就掌握了核心优势。

无论是Mobileye还是英伟达，相对于它们的竞争对手，有一个共同点：它们充分地结合了算法和计算，进行协同设计，由此提供了完整的解决方案。在这一点上，其他竞争对手与这两家的差距甚大。

算法的迭代比芯片快，应用的迭代比算法快。在人工智能应用的高速发展下，如果一个公司在做应用的时候，依赖别人的算法和处理器，那一定不是最快的。而正如自动驾驶技术本身就是一场生死时速的竞争，因为终局很可能会是赢者通吃。所以如果要率先“撞线”，从应用到芯片一起做无疑是企业的最优选择。

深鉴科技的联合创始人韩松在不同场合曾多次提及软硬件协同设计对人工智能处理器的重要性，其在 FPGA 领域顶级会议 FPGA 2017 上的有关 ESE 硬件架构的最佳论文就是最好的证明。该项工作聚焦于使用 LSTM 进行语音识别的场景，结合深度压缩（Deep Compression）、专用编译器以及 ESE 专用处理器架构，在中端的 FPGA 上即可取得比 Pascal Titan X GPU 高 3 倍的性能，并将功耗大大降低。

4. 自动驾驶处理器将成为人工智能产业技术和商业制高点

尽管普遍的预测是自动驾驶要到 2025 年才能产生规模化的影响，但其所辐射的经济影响力之大显然超过了过去一个世纪汽车行业的任何一项革新。美国交通部的数据显示，到 2025 年，智能驾驶的软硬件销售（不含整车）将达到 262 亿美元，但其社会效益将放大到 1 万亿美元，这其中包括了缓解交通拥堵、节省燃料、减少事故以及提高生产效率。

可以说，每 1 美元的自动驾驶处理器销售，将带来 40 美元的社会效益。这就是基础技术的作用，有着极强的产业放大效应。中国人工智能学会与罗兰贝格联合发布的《中国人工智能创新应用白皮书》显示，汽车行业是受人工智能影响最大的行业之一。在中国，到 2030 年，人工智能在自动驾驶上的技术突破将带来约 5000 亿元的价值增益。

资本市场充分看好该市场，英伟达的市值自三年前至今，已经增加了一个数量级，达到 1500 亿美元；Intel 在 2017 年收购了 Mobileye 之后市值也上涨了接近 50%，达 2400 亿美元。

从技术角度来看，自动驾驶汽车是机器人应用的集大成者，其工作场景最为复杂、技术难度最高。从工业机器人到各类服务机器人，在人工智能的助力下，机器人市场的规模不可限量，来自麦肯锡全球研究院（McKinsey Global Institute）的一份报告显示，到2030年，全球8亿人口的工作岗位将被机器人取代。

从整个自动驾驶产业链的格局来看，在三个主要部分——传感器、处理器和控制器中，产业集中度最高的其实是处理器。在传感器领域，无论是摄像头还是激光雷达，都有几十家以上的供应商。但在处理器领域，真正得到认可的就是英伟达和Mobileye两家。相比众多涌现出来的新造车企业，高集中度的格局折射出的是自动驾驶处理器的开发难度之高。总体来看，自动驾驶处理器面临四个方面的关键挑战：计算能力、低功耗、可靠性和安全性。

（1）计算能力

对于自动驾驶应用而言，为了处理海量的数据，并且达到实时性的要求，所需要的计算能力似乎永远是不够的。目前人工智能芯片业界的算力最高纪录是英伟达最新推出的Pegasus，计算能力达到320TOPS（万亿次运算/秒），其目标正是自动驾驶。

（2）功耗

计算能力和低功耗永远是一对矛盾。英伟达的Pegasus算力最高，但功耗也达到了恐怖的500瓦。高功耗会有以下影响：芯片的工作寿命将显著缩短，对于需要可靠运行长达十年以上的汽车来说是巨大的隐患；需要非常复杂的散热系统来保证芯片的工作温度范围不会超过其极限，带来更加不稳定因素；高功耗对于电动汽车的续航里程带来了新的负担。所以低功耗对于自动驾驶系统而言至关重要。

（3）可靠性

为了严格保证整车品质和可靠性，汽车电子始终追求的是实现零缺陷（Zero Defect）的目标。目前AEC－Q100已经成为汽车电子的通用标准。汽车级芯片只有符合此规范要求，才能确保其可靠地应用于汽车工作环境，其中涉及以下几个指标。

• 缺陷率：一般用 PPM（百万分之一）来表示，手机芯片一般是几千个 PPM 甚至更高，而汽车级芯片要低于 10PPM，缺陷率差了三个数量级。

• 工作温度要求：手机一般要求 0℃ ~70℃ 即可，而汽车级芯片要扩展到 -40℃ ~125℃。

• 工作寿命：手机一般要求 3 年的工作寿命，而汽车级芯片需要可靠地工作 10 年以上。

• 应力测试：手机芯片没有直接要求，而汽车级芯片有一套非常完善的测试标准，用于满足对振动、冲击的测试要求。

此外，要想成为合格的汽车级芯片供应商，还要符合供应链品质管理标准 ISO/TS 16949 规范，以达到零缺陷（Zero Defect）的目标。在供货周期方面要至少满足十年的供货期，甚至要达到 15 年，这对公司的长期运营能力以及管理水平的要求，都是消费级芯片供应商无法相比的。而这仅仅是开始。对于自动驾驶系统来说，任何故障或者失效都是不可接受的。为了确保在功能上的可靠性，自动驾驶系统需要在各个方面都有可靠的冗余备份系统，在主系统失灵的情况下，能够被监管系统发现，并由备份系统接手控制。

（4）安全性

ASIL（汽车安全完整性等级）是业界广泛遵从的安全等级规范，它分为四级，从最低的 A 级到最高的 D 级。这是一个系统级的概念。通常，如果一个系统涉及控制，比如刹车系统、转向助力系统等，那么它需要达到最高的 ASIL - D 等级，对应的芯片则需要达到 B 或者 C 级。为了达到这一要求，自动驾驶汽车在整个系统上都需要有备份，甚至连执行器都是如此。在过去，汽车电子系统比较简单，安全等级容易达到。但自动驾驶系统需要高度复杂、高性能的计算系统，事情就变得异常严峻，为了达到 ASIL - B 等级，需要一整套完整的安全开发流程，从设计原则、计算构架、软件到文档等。这不是简单的一次性测试，而是贯穿于芯片的整个开发周期之中。

为了通过整个 AEC－Q100 的测试，并满足 ASIL－B 的安全等级要求，芯片公司往往需要一年半甚至更长时间来进行芯片的可靠性和安全性认证。

同时，我们还要确保整个计算系统中的数据是高度安全的，不被篡改、破坏或者窃取。

自动驾驶面对的是跟上百个道路上的移动主体的博弈，这里面不仅包括车辆，还包括行为非常复杂的行人，比如中国式过马路（红绿灯是不管用的，行人随时会过马路，而且边走边看车的行驶情况，行人的下一步决策依赖于你的决策），再比如换道，打了转向灯，还得看旁边的车让不让，如果不让再接着开，这是一个不断博弈的过程，也是一种互动式的决策过程。

所以自动驾驶面临的是一个开放的环境、不完备的规则、不全面的感知信息、多智能体的博弈场景，而且还不能出错。决策算法的决策搜索空间比围棋要大得多，难度是非常大的，其对算力的要求比感知更大，就是因为这个原因。

面对如此多的挑战，自动驾驶技术的突破依赖于人工智能在感知和决策等基础理论和算法方面的创新。而对应的计算任务所需的计算模式、计算复杂度、实时性和功耗指标，都要求基于自动驾驶处理器开发软硬件完美结合的系统级设计。可以说，支持自动驾驶软件系统是核心目标，而硬件处理器架构是关键路径，两者必须紧密配合。这就意味着，自动驾驶处理器也体现了我国在人工智能基础理论创新和软件算法创新方面的最高水平。

此外，从国家战略的角度来看，如果说人工智能是中美双雄争霸的主战场，自动驾驶就是这个战场的决定性战役。自动驾驶处理器对于自动驾驶的意义，就好像发动机之于航空业的意义。中国要想赢得自动驾驶和人工智能技术的战略制高点，就需要有自己的自动驾驶处理器，让中国人在这个领域有自己的话语权，不再受制于人，也不再让自主品牌在 Mobileye 和英伟达之间做艰难的选择。

我们需要有像自动驾驶处理器这样的硬科技的突破，否则科技领袖的地位是很难树立起来的，国家安全更无从谈起。

三、2018年产业化趋势与投资趋势

1. 通用芯片赛道变得拥挤

来自北京国际工程咨询公司的一份调查表明，目前已经公布了人工智能芯片开发计划的中国公司达39家，而更多的初创公司正在这波大潮之下涌现。通用芯片的“赛道”变得拥挤，大多数芯片对通用模型均有加速能力，其中图像处理等基本应用场景门槛被进一步拉低。随着ARM AI IP的推广，这种趋势更加明显。

2. 算法与芯片协同设计

从计算效能来看，基于应用场景驱动，计算构架与算法协同设计的芯片开发将是未来的发展趋势。过去那种先出芯片，由场景应用和算法来适应芯片的方式在人工智能时代已经显现弊端。

总体来说，人工智能最重要的还是要将技术与应用场景相结合，无法落地的技术很难得到资本青睐和市场认可，而有闭环、垄断性的数据，并且其技术能够与实际应用场景相结合的公司有望产生难以被替代的商业价值。

3. 细分行业格局逐渐显现

在细分的行业应用上，一些领跑的芯片公司凭借自身对行业的深刻理解，已经逐渐显露优势。比如云知声的语音芯片，地平线的自动驾驶芯片等。这些公司在努力构建自身技术壁垒的同时，直接对标国际最先进厂商技术，并积极推进所在行业人工智能在中国的发展，配合推进国家战略。例如，不久前，地平线入选了新一代人工智能战略咨询委员会，同时入选的人工智能公司有BAT和讯飞，地平线是其中唯一致力于做自动驾驶处理器的公司。

从投资角度来看，应该理性地看待整个芯片产业的问题，抓住人工智能主导行业的关键点，从长期战略的角度来看待智能芯片发展。例如，一家企业技术及相关产品具有良好的市场发展前景，所在细分领域市场规模足够大，该企业在相关智能芯片细分领域市场占有率名列前茅，或者该企业技术领先、研发实力强，尤其在算法和芯片设计方面有深厚积累，又或者与战略合作企业在技术、市场等方面优势互补，具有协同效应。

半导体产业发展及展望

张新宇　宋　达　高博睿

张新宇：美国亚利桑那州立大学材料科学博士，北京建广资产管理有限公司董事总经理

宋　达：英国伦敦大学投资与金融硕士，北京建广资产管理有限公司投资副总监

高博睿：美国罗切斯特大学金融硕士，北京建广资产管理有限公司投资经理

要点提示

- 作为电子行业的最上游，半导体技术支撑现代技术体系。

- 半导体行业是典型的资金密集型、技术密集型以及人力密集型行业，十分考验一个国家的整体经济以及科技实力。中国目前在前端设计、中端晶圆制造领域与发达国家差距明显。

- 半导体行业“弯道超车”需要投入大量的人力及物力。不仅投资规模大、投资风险高且投资回报周期长。

- 受到电子设备硅含量提高以及如物联网、5G、AI和汽车电子在内的下游新兴应用的驱动，未来半导体行业将继续保持高速增长。

一、半导体是电子产业链的核心，未来信息科技的基石

（一）半导体发展简史

1. 半导体理论基础：二进制算法

18 世纪初，德国数学家莱布尼兹在巴黎博物馆参观时，一台由法国数学家帕斯卡于 16 世纪发明的十进制机械计算器引起了他的强烈兴趣。通过不懈的研究，莱布尼兹发表《二进算数》，建立了二进制表示法及运算方式，并发明了由 1 与 0 组成的二进制计算器（见图 1）。二进制算术法是超越时代的智慧结晶，该算术法的发明直接奠定了数百年后第三次世界工业革命——信息化革命的理论基础。

图 1　莱布尼兹机械计算器

资料来源：互联网，建广资产整理。

2. 第一代半导体：真空管

20 世纪初，英国工程师弗莱明发明了真空二极管（Diode），而后美国

发明家德福雷斯特在二极管的基础上发明了真空三极管（Triode）。众所周知，计算机发出的核心存储和处理数据指令均是由半导体元器件（或含更复杂电路的集成电路芯片）来完成的，而计算机中的元器件，正是利用真空管单向导电性产生的正反电流的开与关（1 与 0）来计算描述事物状态，与莱布尼茨发明的二进制算法不谋而合。通过真空管控制电路的通断而形成的逻辑电路，非常适宜高速逻辑及算术运算。第二次世界大战期间，人工计算已不能满足大量数据处理的要求，美国军方为了快速计算弹道火力表，划拨巨款研发出人类第一台计算机——ENIAC（见图 2）。ENIAC 采用整合大量真空管实现 1 与 0 的运算，总共使用了 18800 个真空管，有半个教室大，与六只大象一样重。原来计算一条导弹弹道需要人工计算 20 分钟，ENIAC 只需要 30 秒，极大地缓解了计算速度远远落后于实际需求的现实问题。

图 2　世界第一台计算机 ENIAC

资料来源：互联网，建广资产整理。

3. 第二代半导体：晶体管

虽然真空管的发明使人类的计算速度大幅提高，但真空管的阳极需要数百伏的高压才能驱动其正常工作。巨大的体积、惊人的耗电量以及高损坏率使得人类对性能更高、更集成且更稳定的半导体技术的需求愈加强烈。

20 世纪中期，美国贝尔实验室的三位伟大的科学家肖克利（William Shockley）、巴顿（John Bardeen）与布拉顿（Walter Brattain）通过在半导体材料里掺入不同元素发明了晶体管（Bipolar Transistor，见图 3）。晶体管不仅可以实现真空管的功能，其体积、寿命以及制作工艺相比其前辈都有极大地提高。此外晶体管作为固态半导体，相比以气体为主的真空管更稳定也更易于控制，而后逐渐成为半导体行业的主流。

图3　世界第一颗晶体管

资料来源：互联网，建广资产整理。

4. 第三代半导体：集成电路

真空管、晶体管属于分立器件。随着半导体工艺的发展，德州仪器（TI）公司的基尔比（Jack Kilby）成功研发出世界第一颗集成电路芯片（Integrated Circuit，见图 4）并因此获得诺贝尔物理学奖。所谓集成电路，是将三极管、二极管、电阻、电容与其他电感元件焊接至印刷电路板（PCB），制作成一小块或几小块半导体晶片，形成所需电路的微型结构。集成电路使所有电子元件在结构上组成一个有机整体，是电子元件向着小型化、低功耗、智能化和高可靠性方面的一次革命性升级。

图 4　世界第一颗集成电路芯片

资料来源：互联网，建广资产整理。

5. 第四代半导体：大规模集成电路

20 世纪 60 年代，英特尔公司创始人戈登摩尔（Gordon Moore）还在仙童半导体公司任职工程师。当他在准备一篇计算机存储器发展趋势的报告时，惊奇地发现集成电路芯片上的电路数目每隔 18 个月就翻一番，由此提出了性能提高一倍且价格下降一半的芯片制程发展规律——摩尔定律。芯片的制程是用来描述集成电路尺寸大小的一个重要参数，每一次工艺的升级所带来的技术优势都是十分明显的：晶体管尺寸越小、沟道长度越小则集成度越高，故每提升一个工艺节点，半导体芯片不仅可以降低单位成本价格，还可以提高芯片工作频率、降低工作电压，从而可以在降低功耗的同时提升性能。

在摩尔定律指导下，半个世纪以来各大半导体公司在为保持其产品竞争力并赢得这场没有尽头的工艺技术革新战役之中，又研发出 FET（场效应晶体管，Field-Effect Transistor）。FET 中有一种叫作 MOSFET（金属氧化物半导体场效应晶体管）的晶体管，该产品结构简单，可将 IC 的集成密度大幅提高。基于 10 微米 FET 集成电路技术，英特尔公司于 1971 年通过集成 2300 个 MOSFET 推出 4004 微处理器（见图 5），标志着第四代大规模集成电路半导体的诞生。经过一代又一代的工程师的不懈努力，工艺节点已经从 10 微米缩小到如今的 7 纳米，而集成电路产品已从大规模发展到超大规模（含千万至十亿颗元器件）、巨大规模集成电路（超过十亿颗元器件）（见图 6）。

图5 英特尔 4004 CPU

资料来源：网络图片，建广资产整理。

图6　现代大规模集成电路

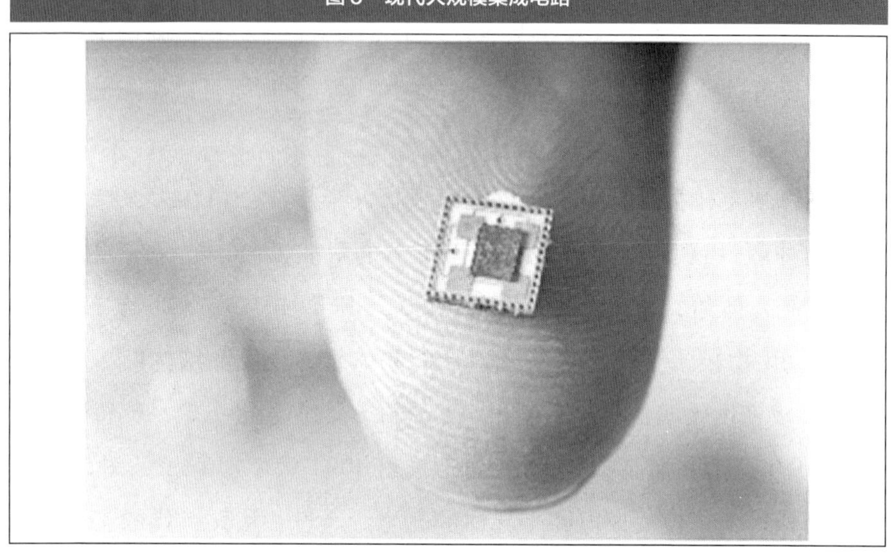

资料来源：网络图片，建广资产整理。

（二）半导体行业特点

1. 半导体支撑现代技术生态体系

半导体作为电子行业产业链的最上游，是现代技术生态体系的核心。如果没有功率器件厂商英飞凌、逻辑电路厂商英特尔、存储器厂商镁光、通信芯片厂商高通及各家传感器厂商，我们日常应用的操作系统（PC微软、移动安卓等）、汽车电子（博世等）以及各类模式创新（滴滴打车）等行业可能很难有所作为，而我们的生活品质也很难有所提高。随着未来人工智能、万物互联以及区块链等智能化、自动化概念的爆发，各类应用以及操作模式将会发生质的改变，而作为底层基础层应用的功率控制、通信、存储以及逻辑计算类半导体产品将发挥更加巨大的协同作用。

具体来说，半导体主要分为半导体分立器件与集成电路（见图7）。分立器件主要分为三种，通过电力电子技术实现电能处理与转换的分立器件/功率半导体（DS）、实现半导体光电子转换的光电子器件（OT）以及将物理量转换为电讯号的传感器（Sensor）。根据 WSTS 数据，集成电路、传感器、分立器件以及光电子器件分别占市场规模的 83%、3%、5% 以及 9%。

图7　半导体产品分类

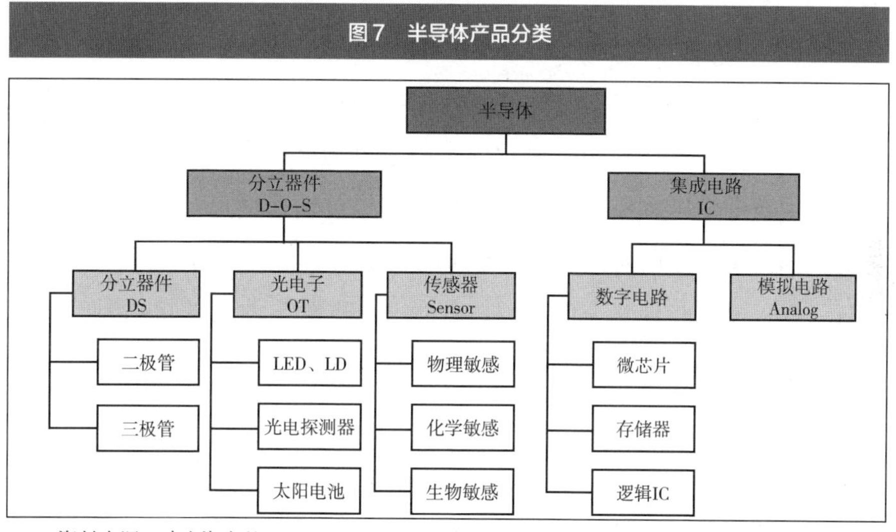

资料来源：建广资产整理。

（1）分立器件/功率器件（DS）

分立器件是以电力电子技术为基础而实现电能处理与转换的元器件。半导体分立器件主要产品包括半导体二极管、三极管等，其主要功能为功率控制、交直流转换、电流开关等。半导体分立器件应用领域包罗万象，任何需要电力驱动的电子设备、产品均需要功率半导体。

根据 Gartner 数据，全球最大的分立器件终端应用市场是汽车行业，市占率达 40%；其后是消费电子行业、工业，分别各占 20% 及 27%。英飞凌预计相比现有内燃机汽车所需的功率器件数目，随着未来内燃机向新能源汽车转换（5 倍以上新增半导体需求）以及人工驾驶汽车向智能无人驾驶汽车升级（4 倍以上新增半导体需求），将会催生大量半导体增量需求，在未来数年推动该细分领域快速向前发展。

（2）光电子（OT）

光电子半导体是实现半导体光电及电光转换的一种重要分立器件，其应用领域较为广泛，例如发光二极管（LED）可应用于半导体照明及光电显示，激光收发器（LD）可用于光通信，太阳电池可应用于新能源发电等。

根据2016年WSTS数据，光电子市场规模在320亿美元左右，其中照明及图像显示市场占比最高，分别占据40%及35%的市场份额。由于近年来我国对半导体照明及显示的重视，市场趋于饱和。受到下游应用市场对大数据的巨大需求驱动，传统电信号传输速度已达到瓶颈，数据中心数据处理能力已超过数据传输速度。在此环境下，Market and Markets预计未来以激光收发器为代表的光通信市场将由万物互联IoT为驱动力，并由下游数据中心和高性能计算机市场需求为主导，在未来3年进入高速发展期。

（3）传感器（Sensor）

半导体传感器是利用包括硅基以及Ⅲ～Ⅴ族化合物在内的各类半导体材料易受各类外界条件影响的这一功能性特征用于数据收集与处理的半导体芯片产品，具体来说是将收集到的自然数据处理结果转化为电信号后进行简单预处理或直接转由其他芯片进行信息处理。半导体传感器的分类主要有三种，分别是物理敏感类、化学敏感类以及生物敏感类。

1）物理敏感类（听觉、视觉）

将物理量转换为电信号的器件，类似于人类的听觉与视觉。按敏感对象可分为光敏、热敏、力敏、磁敏等，可构成遥控、光控、声控、工业自动化机器人和全自动化装置。

2）化学敏感类（嗅觉、味觉）

将化学量转换成电信号的器件，类似于人类的嗅觉与味觉。这类器件基于离子作用过程，按敏感对象可分为气体、湿度、离子等传感器，该种芯片的研发难度较为复杂但其应用前景广阔。

3）生物敏感类

将生物量转换为电信号的器件，通过测量膜的选择作用以达到生物酶的生化反应和免疫反应检测目的。生物敏感传感器的主要材料为蛋白质，利用生物学效应检测氧化反应、细胞呼吸功能等。

传感器是信息时代的感知层，不仅是海量数据以及传递信息的入口，亦是万物互联 IoT 与人工智能等类人思考成为现实的重要基础技术。可以预见该技术将是半导体市场上最有前景的技术之一，未来发展前景广阔。近年来全球传感器市场一直保持高速增长，预计未来消费电子、汽车电子、工业电子可作为应重点关注的下游应用领域，其中身份识别、自动驾驶等细分领域将成为智能传感器市场的主要推动力。

（4）集成电路

集成电路是当今最为重要的半导体细分领域，拥有在半导体整体市场总规模超过 80% 的占有率。集成电路按功能及结构不同可分为数字与模拟，其中数字集成电路又可分为微芯片、存储器以及逻辑 IC。以智能手机为例，高通骁龙芯片 CPU 为逻辑 IC、手机基带芯片和射频线片为微芯片，4G 手机运行内存 RAM 为 DRAM 存储器，64G 存储空间为 NAND Flash 闪存存储器；而音频以及视频多媒体芯片为模拟集成电路。

1）模拟集成电路

模拟集成电路又称线性电路，用于产生、放大和处理各种模拟信号（随时间变化的信号）。自然界中大部分物理量均为模拟量，所以一切感知图像、声音、触感、温度与湿度均在模拟电路范围内。此外一些我们无法感知，但客观存在的模拟信号处理芯片，比如微波、电信号处理芯片也被归类到模拟集成电路之中，具体应用包括音频控制、指纹识别芯片以及电源管理芯片等。

2）数字集成电路

数字集成电路的主要功能是将信息数字化（0 与 1），继而放大和处理各种数字信号（时间与幅度上离散取值的信号）来实现各种功能。数字集成电路的主要功能有三种，第一种是以计算机 CPU 为代表的中央处理器

（逻辑 IC）、第二种是以射频基带为代表的射频芯片（微处理器，即微芯片），第三种是以闪存为代表的存储类芯片（存储器）。

半导体产品的分类及市场应用详见表 1。

表 1　半导体产品分类及应用

分类	定义	代表器件	应用领域
分立器件	与集成电路相对，指普通的电阻、电容、晶体管等电子元件，是最小的元件，内部没有集成	半导体晶体二极管、半导体三极管及半导体特殊器件	LED 面板、消费电子、汽车电子计算机及外设、网络通信等
光电子器件	利用半导体光 – 电子（或电 – 光子）转换效应制成的各种功能器件	发光二极管（LED）和激光二极管（LD）、光电探测器或光电接收器、太阳电池	手机摄像头、数码相机、指纹识别、医学检测和透视、夜视眼镜、微光摄像机、光电瞄具、红外探测、红外制导、红外遥感、导弹探测等
敏感器件	是传感器的重要组成部分，能敏锐地感受某种物理、化学、生物的信息并将其转变为电信息的特种电子元件	热敏电阻器、压敏电阻器、光敏电阻器、力敏电阻器、磁敏电阻器、气敏电阻器、湿敏电阻器	工业自动化、遥测、工业机器人、家用电器、环境污染监测、医疗保健、医药工程和生物工程等
集成电路	指通过一系列特定平面制造工艺，将晶体管、二极管等有源器件和电阻、电容等元器件，按照一定电路互联关系，“集成”在一块半导体单晶片上，并封装在一个保护外壳内，能执行特定功能的复杂电子系统	双极型集成电路代表类型有 TTL、ECL、HTL、LST – TL、STTL 等，单极型集成电路代表类型有 CMOS、NMOS、PMOS 等	智能手机、平板电脑、工业机器人等工/民用电子设备和军事、通信、遥控等

资料来源：建广资产整理。

2. 半导体行业投资规模大、商业风险高

（1）技术迭代速度快导致同业竞争激烈

1）工艺制程竞争

自 20 世纪摩尔定律被发现后，半导体制程的发展一直沿着该定律稳步向前发展，制程从 0.5 微米一路发展到现在的 10 纳米、7 纳米，直到今天，摩尔定律从未被打破。无法达成摩尔定律迭代要求的公司因为成本及性能等多种原因逐渐被淘汰，而技术领头羊则可以占据大部分市场份额。所以各大半导体厂商均投入巨大资源进行工艺节点的研究开发，以保持其市场竞争力（见图8）。

图8 工艺节点及可以达到的公司

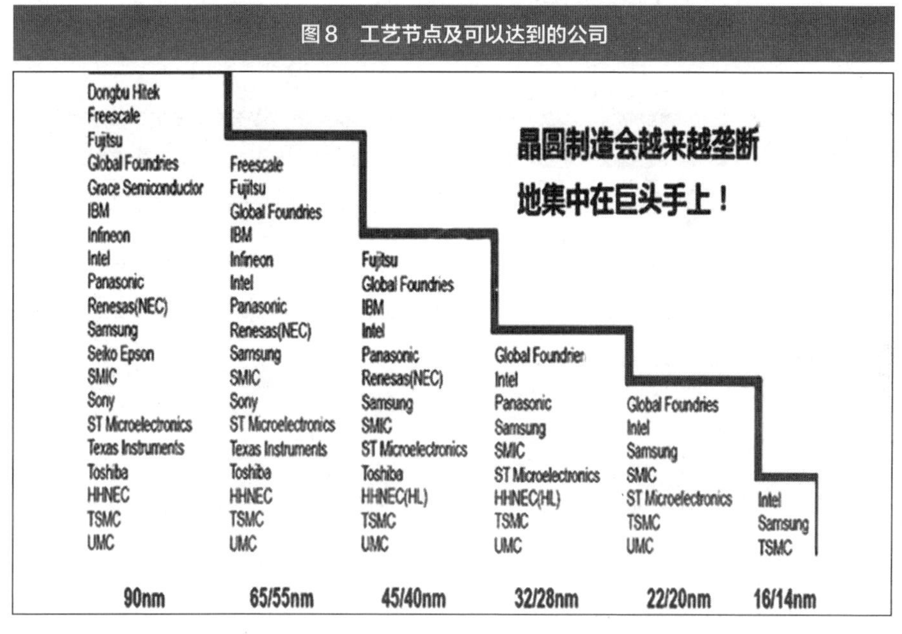

资料来源：互联网资料，建广资产整理。

由于光刻机无法满足高端半导体工艺制程上的精度问题（如20纳米及以下）以及半导体工序之间有较强的互相关联与影响的效应，工艺制程每上升一个节点，所带来的是工艺数量及复杂度的大幅提升，因此一家公司要提升其工艺水准不仅要投入更多的经济资源，其研发工程师在调试设备以及研究工艺Know-How时也需投入更多的时间。举例分析，65纳米的平面工艺大约需要600道工序，45纳米需要约800道工序，28纳米需要1300余道工序而14纳米的制造工序将高达1700余道。目前可以生产14纳米或更小芯片的公司在全世界只有三家，即英特尔、三星以及台积电，而市场中排名前四的公司（外加格罗方德）寡头垄断世界芯片市场90%以上的份额①。

① 根据建广资产内部资料。

以台积电制程演变为例，其晶圆制造能力全球领先，苹果旗舰手机iPhone X的A11 SoC系统芯片就是由台积电代工生产。从图9中可以看出台积电工艺创新时间不断缩短，2017年台积电10纳米芯片已经量产，7纳米芯片将于2018年量产，全面领先竞争对手。

图9 台积电公司工艺制程演变

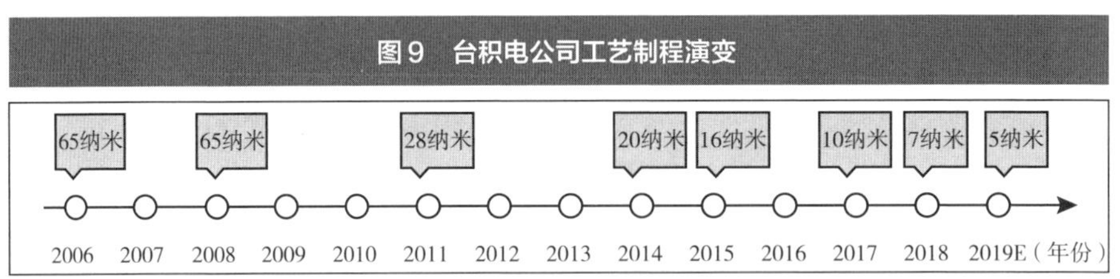

资料来源：台积电官网。

2）晶圆尺寸竞争

晶圆片是半导体芯片制造的最重要的原材料，在晶圆制造成本中占比接近30%。由于晶圆直径尺寸越大，边缘芯片面积越小，从而可以提高生产成品率及设备重复利用率。晶圆尺寸越大，单位面积上的芯片数量越多[①]，进而带动生产效率的提高，最终达到降低单位芯片生产成本的目的。当前主流硅片的尺寸主要有三种，分别为12英寸（300毫米）、8英寸（200毫米）以及6英寸（150毫米）。行业预计18英寸（450毫米）硅片将于2019年或2020年开始逐步投产。由于高端芯片（工艺制程低于28纳米，如CPU、GPU等）附加值较高，各大厂商在生产高端芯片时多应用12英寸的硅晶圆以降低成本、提高效率（见图10）。根据IEX资料，2018年12英寸、8英寸以及6英寸硅片的市场份额分别为67%、25.7%以及7.2%，预计到2020年12寸硅晶圆市场占有率将提高到68.4%，而8英寸及6英寸硅片市占率将分别小幅下降到25.3%及6.2%。

① 12英寸的晶圆产出的芯片数量是8英寸晶圆产出芯片数量的2.25倍。

图 10 硅片尺寸与芯片制程

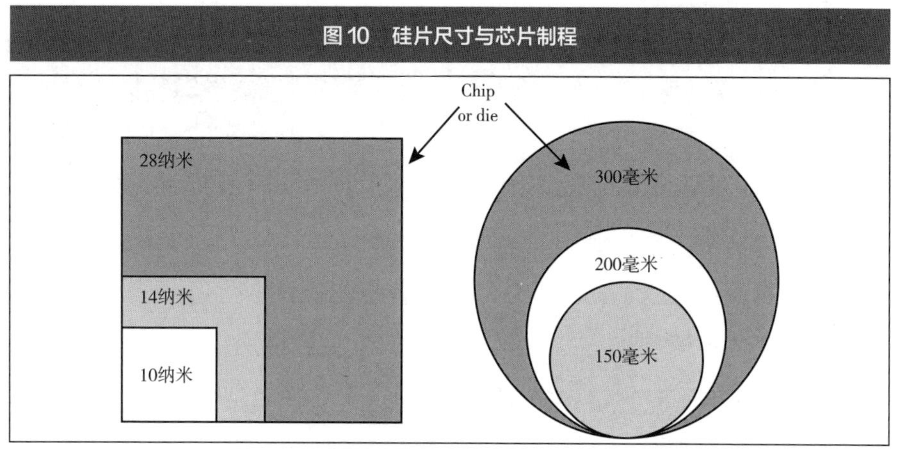

资料来源：现代微电子封装材料及封装技术。

当前硅片供应市场呈现寡头垄断态势，日本、中国台湾、德国的 5 大厂商囊括了约 90% 以上的世界半导体硅片市场份额。

（2）先期及维护投资成本高

由于硅晶圆的生产强调规模效应（单位晶圆芯片产出率），随着集成度的提高，单位晶体管的价格大幅下降，这也是摩尔定律的经济学效应。伴随芯片精度提高，生产流程工序及研发成本也成倍增加。如果企业无法跟上摩尔定律的步伐，则成本无法降低，加大企业倒闭风险。随着工艺节点的不断演进，不仅技术复杂度大幅增高，先期投入及维护成本亦成倍增加（见表 2）。

以制造工序为例，一条 12 英寸 32 纳米/28 纳米规模生产线需投入 40 亿美元，12 英寸 14 纳米生产线投资则高达 100 亿美元。[①] 此外，每个技术节点都会淘汰一批旧设备、添置大量新设备，新设备的价格越来越高，根据 ASML 的报价，一台用于生产 7 纳米的深紫外 EUV 光刻机高达 10 亿元人民币，这尚且不包括日后高昂的设备维护费用。

① 周子学：《中国集成电路产业投融资研究》，电子工业出版社，2015。

表2　半导体技术费用				
制程技术费用	90～65 纳米	32 纳米	22 纳米	14 纳米
芯片设计费用（百万美元）	15～20	60～70	100～150	200～300
建厂费用（十亿美元）	2.5～3.0	3.5～4.0	4.5～6.00	7.0～10.0
工艺研发费用（百万美元）	200～400	600～800	1000～1300	1700～2500

资料来源：《中国半导体产业发展文集》。

（3）回报周期过长

相比下游电子行业及其他消费类行业，半导体行业投资回报周期过长。半导体产品通过认证、投产以及批量销售前基本处于亏损状态。受行业宏观行情、产品生命周期以及公司治理情况影响略微不同，但一般均在3～5年或以上。

从历史来看，没有一家晶圆厂可以在设立后的5年内实现盈利。在晶圆代工领域处于世界第一的台积电熬了6年才实现盈利，而台联电则用了9年。此外，集成电路设备厂商也存在类似情况，投入生产线验证需要2年，而从投入到产出则至少需要5年方能实现盈利。

（4）规模效应显著、IP护城河深，大者恒大

鉴于发展集成电路前期需要对厂房、设备以及人员投入巨资，追求以提高市占率的方式堆高收入规模，而对收入的追求也超越利润率成为半导体公司重要的盈利手段。只有提高产量才能将高昂的前期固定成本摊销至每一颗芯片中，从而在激烈的市场竞争中存活下来。所以半导体厂商在每一个环节都追求数量，如设计企业专注于出货量、制造企业专注于月均产量、IP核企业专注于专利数量，单一追求高利润率无法维持公司的有效运转。

此外各大半导体巨头例如存储器厂商三星及镁光、LED厂商爱思强、手机芯片厂商高通以及IP厂商ARM均通过申请IP或以交叉IP授权的形式积累了大量IP护城河，对其产品进行严密的专利保护，新玩家及中小玩家很难进入市场与之竞争或有所突破。

为了提高市占率并获取关键技术，近年来，半导体行业兼收并购案例层出不穷，大公司的市场优势愈发明显。预计未来随着人力成本与流片成本提高、产品上市生命周期缩短等原因，半导体行业将进行新一轮洗牌，中小半导体企业将面临退出市场或被大公司收购的命运抉择。

二、全球半导体产业转移及产业链变迁

1. 垂直整合——美国

20 世纪 50 年代，半导体行业起源于美国，而后进入高速发展期。半导体产业的最初形态为垂直整合，即大型系统厂商内部设立半导体制造部门，专注满足于自身产品的需求。例如摩托罗拉公司是世界最早的无线通信公司，其拥有一个规模庞大的半导体部门，生产大量元器件应用于车载无线电、移动电话以及航空航天通信等领域。1999 年，由于摩托罗拉公司内部规定自产半导体只能应用于资产终端产品这一封闭性政策，包括诺基亚、爱立信在内的通信设备产商纷纷转投其最大竞争对手德州仪器公司采购芯片，摩托罗拉的市场占有率无法支撑起各类支出，在数字通信芯片的战役中败下阵来，遭遇业务危机。为挽救危局，不得已将其半导体部门独立出售。在此次交易中，元器件事业部剥离后成立了安森美半导体（On Semiconductor），该公司继承了摩托罗拉模拟集成电路产品线；而数字集成电路、射频以及传感器业务部被剥离后成立飞思卡尔公司（Freescale，现恩智浦公司）。

2. IDM 模式——日本，韩国

IDM 模式翻译为垂直一体化模式（Integrated Device Manufacture），即负责从芯片设计、制造到封装测试的一体化生产模式。战后日本经济的崛起，存储产业中心从欧美转移至日本，诞生了如索尼、东芝在内的知名半导体厂商。20 世纪 90 年代，随着个人电脑的需求爆发，韩国把握住 6 英

寸晶圆厂向8英寸晶圆厂交替的契机，成立了诸如三星、海力士等半导体厂商，一举取代日本成为世界存储产业的领头羊。截至目前，这两家公司依然占据存储器市场的头两把交椅。

垂直一体化模式与垂直整合模式的不同点在于半导体公司可向外部公司供应芯片，顺应世界半导体的市场潮流。垂直分工模式可以通过整合内部资源及技术优势，缩短从研发到量产的时间节点，更有效地优化规模经济效应，提高产品利润率，通过高周转弱化巨大的前期投入带来的影响。

3. 垂直分工/代工模式——中国台湾

目前全球半导体最大的几家半导体公司如英特尔、三星、德州仪器以及意法半导体等均为IDM厂商，其中个别IDM企业如三星的业务触角甚至已延伸至下游电子终端领域。这一模式一直是半导体行业的主流，使得整个行业垄断在少数几家半导体大厂手中，直到一个叫张仲谋的中国人彻底改变了这一情况。

1958年，张仲谋进入德州仪器工作，成为德州仪器的第一位中国员工。张仲谋带领几个工程师攻克了IBM项目，一举成名并被提拔为副总裁，管理TI一半的员工，巅峰时业务覆盖全球市场的50%。由于IDM模式在晶圆代工环节需要在前期投入大量资本，这对于新进者来说是不可跨越的门槛。1987年，带着对半导体垂直分工（即由不同的专业化公司分别完成设计、制造和封装工作）的大胆设想，张仲谋在TI任职21年后毅然辞职返回中国台湾并设立台湾积体电路公司（简称台积电）。台积电的成立拉开了专注晶圆代工时代的序幕，彻底解决了设计芯片需要花费大量成本建设工厂的问题。由于投入成本得到解决，设计公司不再需要投入大量前期成本而可专注于芯片设计开发，一批知名无晶圆厂设计公司（Fabless）如高通、英伟达纷纷成立。传统IDM厂商英特尔、三星等亦看到这一业务增长点，开始利用其盈余产能开展晶圆代工业务，垂直分工模式逐渐成为主流，半导体市场逐渐形成设计（Fabless）→制造（Foundry）→封测

（OSAT）三大专业化分工模式。

图 11 是 2010 年全球销售排名前 20 的企业与 2017 年全球销售排名前 20 的企业对比。纵观过往七年时间，虽然市场前两名依然由 IDM 大厂占据，专注于价值链某一环节的垂直分工企业在全球前 20 强中的地位明显增加。设计公司、代工厂、封测厂的数量由 2010 年的 5 家上升至 2017 年的 9 家。2010 年在全球前 20 强中所有专注于价值链某一环节的公司在 2017 年依然存在于前 20 强，且绝大多数排名有所上升。但反观跌出前 20 名的企业则均非专注于价值链某一环节的企业。这一趋势充分说明，垂直分工模式已成为半导体行业的发展趋势，甚至已成为主流。预计未来更多专业型巨头将会产生，在各家半导体厂商深耕细作的同时将会利用更加优化的协作方式共同推动半导体行业的持续蓬勃发展。

图 11　前 20 名半导体公司对比（2010 年 V. S. 2017 年）

2010年销售前20名半导体公司			2017年销售前20名半导体公司		
2010 排名	公司名称	总部	2017 排名	公司名称	总部
1	英特尔公司	美国	1	三星	韩国
2	三星	韩国	2	英特尔公司	美国
3	东芝	日本	3	台积电*	中国台湾
4	台积电*	中国台湾	4	高通**	美国
5	德州仪器	美国	5	镁光	美国
6	瑞萨科技	日本	6	博通**	美国
7	海力士	韩国	7	海力士	韩国
8	意法	欧洲	8	德州仪器	美国
9	镁光	美国	9	恩智浦	欧洲
10	高通**	美国	10	联发科**	中国台湾
11	尔必达	日本	11	日月光***	中国台湾
12	博通**	美国	12	英飞凌	欧洲
13	AMD**	美国	13	意法	欧洲
14	英飞凌	欧洲	14	英伟达**	美国
15	索尼	日本	15	瑞萨科技	欧洲
16	恩智浦	欧洲	16	ADI	美国
17	飞思卡尔	美国	17	联华电子*	日本
18	富士通	日本	18	AMD**	日本
19	联华电子*	中国台湾	19	On Semi	美国
20	松下	日本	20	艾克尔科技***	美国

*晶圆代工厂，**无晶圆厂，***封测

资料来源：Factset，建广资产整理。

三、全球半导体市场呈周期性波动向上

（一）全球半导体行业宏观数据向好

根据 WSTS 数据显示，2017 年全球半导体销售额同比增长 21.6%，首次突破 4000 亿美元，创七年增长之最。2018 年一季度全球半导体销售额增长 22.7%，达到 376 亿美元，再创新高，目前已实现连续 18 个月环比增长（见图 12）。其中美国半导体销售额激增 40.6%，创有史以来最大增幅；其次是欧洲及中国市场，分别增长 19.9% 及 18.3%。

图 12　近年来全球半导体销售及同比增长率

资料来源：WSTS。

此次销售规模增长的主要驱动力为存储器电路（Memory），该细分市场销售额为 1229.18 亿美元，占半导体市场总值的 30.1%，同比增长 60.1%，并超越历年比例最大的逻辑电路（1014 亿美元），再一次印证存储器是集成电路产业的“温度计”及“风向标”。

根据研究机构 Gartner 预计，2018 年，半导体市场仍将保持持续增长，虽然相比2017年成长趋于缓慢，但仍可达到7.5%的增速并达到4510亿美元的新高。之后三年将呈现略微上扬的趋势（见图13）。

图13　2014～2021年全球半导体市场预测

资料来源：Gartner。

根据IC Insights数据预测，在2017～2022年模拟芯片、逻辑芯片、存储芯片和微元件（微芯片）四大集成电路产品中，模拟芯片市场增速最高，达到6.6%，而微元件/芯片市场增速仅为3.0%，整体集成电路市场年复合增长率为5.1%（见图14）。

图14　2017～2022年集成电路四大产品增长率预测

资料来源：IC Insight。

（二）半导体周期性波动向上，突破4000亿美元

1. 半导体周期性波动向上

从全球半导体销售额变动及增长趋势来看，全球半导体行业以 4 ~6 年为一个周期呈现规律性波动（见图 15）。如表 3 所示，该行业尤其受经济周期与宏观经济、下游应用需求以及自身产能库存等因素影响。

图 15　历年半导体行业发展驱动因素总结

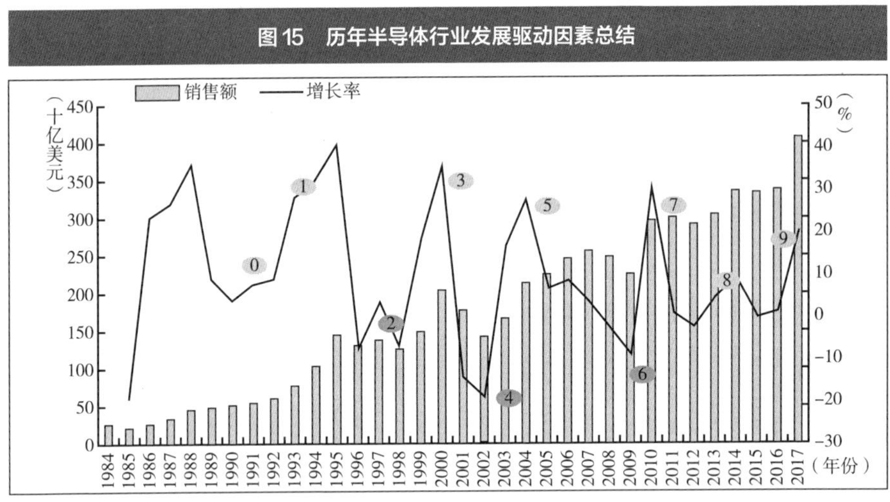

资料来源：WSTS。

表 3　历年半导体行业发展驱动因素列表

年份	销售额（十亿美元）	驱动因素
1995	144	个人电脑商业化
1998	126	亚洲金融危机
2000	204	手机规模化普及、通信网络建设
2002	142	互联网泡沫破灭
2004	213	消费电子上市（MP3 等）
2007	256	笔记本替代台式机，智能手机与液晶电视推广
2008 ~2009	226	金融危机，需求下滑和去库存双重影响
2010	298	需求复苏，单机价值量提升，存储芯片增长
2014	336	存储芯片增长
2017	409	存储芯片增长

资料来源：WSTS。

2. BB 值持续走高，预计高增长持续

BB 值为半导体设备制造商订单额与销售额之比，是半导体行业景气度的重要先行指标。该指标不仅反映了半导体行业的投资情况，还体现了下游厂商的需求程度。该值大于 1 说明半导体订单额高于当月出货额，未来设备销售额的增长可期。自 2016 年初以来，全球半导体设备制造商的订单需求十分旺盛，直接反映了半导体行业下游需求高企的景气态势（见图 16）。

图 16　2013 ~2018 年全球半导体市场趋势

资料来源：Wind，建广资产整理。

四、我国半导体市场自给率低，提高国产化比例势在必行

根据 Wind 终端数据，中国集成电路市场销售规模接近全球 1/3，是世界第一大半导体销售市场。2010 ~2016 年，全球半导体市场规模年均复合增长率为 6.3%，而中国年均复合增长率为 21.5%，随着 5G、消费电子、汽车电子等下游产业的进一步兴起，预计中国半导体产业规模将进一步扩大。

虽然我国半导体市场规模占世界市场比重较高，但是受限于高端产品

技术空白和产能瓶颈，我国半导体芯片自给率很低，仅为10%左右（见图17）。我国计算机系统中国产 CPU、MPU，通用电子系统中的 FPGFA/EPLD 和 DSP 等核心集成电路的市场占有率几乎为零（见表4），这对国家的

图17　中国集成电路销售额与自给率

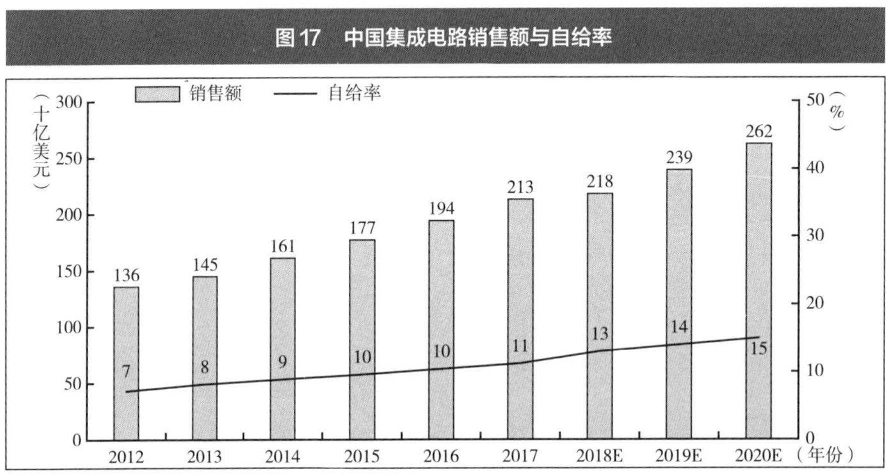

资料来源：Wind，《2017 年中国集成电路产业现状分析》，建广资产整理。

表4　我国关键芯片市占率

系统	设备	核心集成电路	国产芯片占有率(%)
计算机系统	服务器	MPU	0
	个人电脑	MPU	0
	工业应用	MPU	2
通用电子系统	可编程逻辑设备	FPGA/EPLD	0
	数字信号处理设备	DSP	0
通信设备	移动通信终端	Application Processor	18
		Communication Processor	22
		Embedded MPU	0
		Embedded DSP	0
	核心网络设备	NPU	15
内存设备	半导体存储器	DRAM	0
		NAND FLASH	0
		NOR FLASH	5
		Image Processor	5
显示及视频系统	高清电视/智能电视	Display Processor	5
		Display Driver	0

资料来源：Wind，《2017 年中国集成电路产业现状分析》，建广资产整理。

国防安全和企业供应链安全都是非常不利的。例如中兴此次在中美贸易战中损失惨重就是因为核心集成电路缺失的问题。

虽然相对于欧美国家，我国半导体产业起步较晚，与海外龙头企业相比，我国半导体企业无论从技术储备还是人才梯队建设上都存在较大的差距，但凭借我国政府的政策支持以及庞大的下游市场需求拉动，我国半导体产业定将扮演第四次集成电路转移承接者的角色。

五、新兴应用驱动力催生半导体景气周期持续

1. 电子产品中半导体元件含量提升

根据 IC Insights 预测，为了追求更强大的性能以及便携性，电子产品中半导体所占比例将由 2016 年的 25.1% 提高到 2017 年的 28.1%，预计到 2021 年半导体占整机比重将提升到 28.9%（见图 18）。

图 18　电子系统内半导体含量比

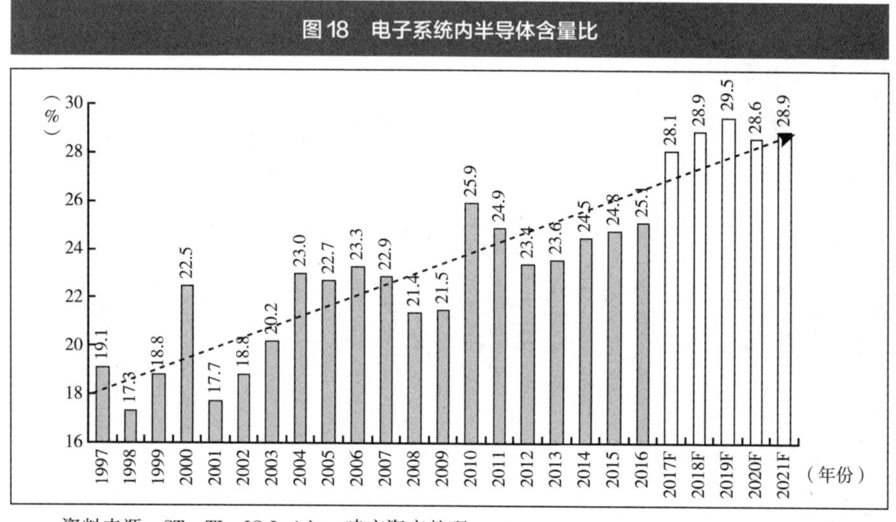

资料来源：ST、TI、IC Insight，建广资产整理。

此外，包括新能源汽车在内的新兴应用亦会提升对半导体产品的需求。根据 Strategy Analytics 2015 数据，传统汽车的平均电子器件成本约在

315 美元，而混合动力汽车与纯电动汽车电子器件含量则高达 700 美元，电子器件价值增加了 1 倍（见图 19）。预计未来随着消费者提高其对汽车在舒适度、安全性、低碳化以及智能化等方面的要求，所需汽车电子的数量将进一步提高，从而直接推动半导体行业的发展。

图 19　传统燃油汽车、混合动力汽车以及纯电动汽车电子元器件价值比

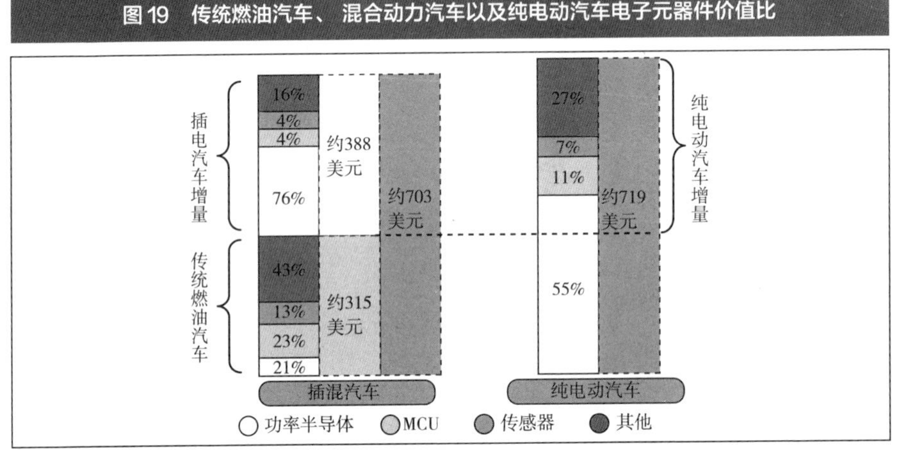

资料来源：Strategy Analytics。

2. 创新应用驱动

根据 SIA 数据，2016 年全球半导体下游终端需求主要由通信类（含智能手机）驱动，销售占比为 31.5%；其次是 PC/平板、消费电子以及汽车电子，分别占据 29.5%、13.5% 以及 11.6% 的市场份额（见图 20）。

展望未来，半导体除了由传统 3C 及 PC 驱动外，物联网、5G、AI、汽车电子等多项新应用将成为半导体行业的长效驱动力。

（1）物联网 IoT

物联网（Internet of Things，IoT）是指通过集成无线射频、传感、定位、通信技术使“人物”与“物物”之间进行沟通交互，实现智能识别、定位、跟踪、数据收集和管理。当前互联网是物联网的一部分，其最大的功能是基于因特网技术，通过手机、电脑等媒介将世界各地的人们连接起来，可以无障碍地进行沟通与交流，也被称为“人人”沟通。人与人之间的

图20　2016年半导体下游终端需求结构

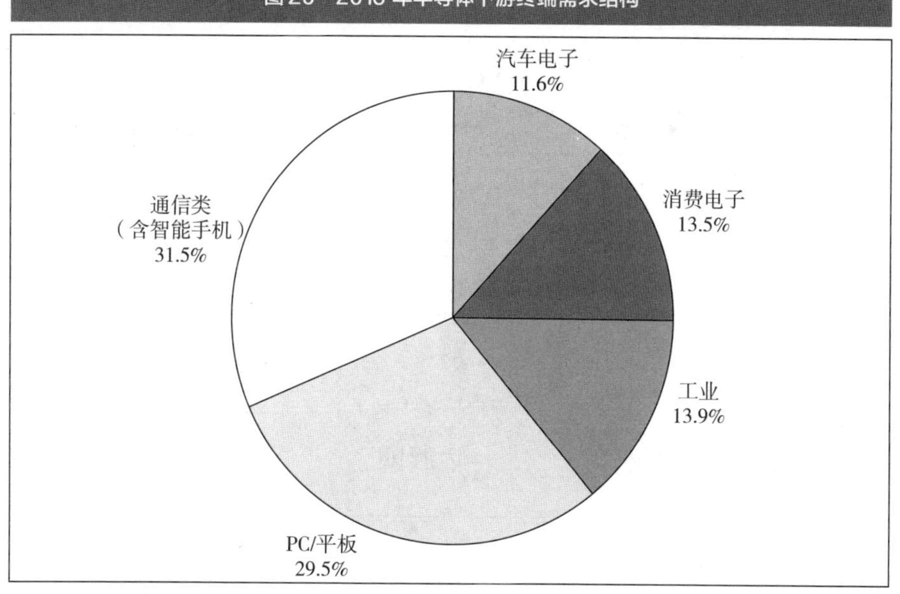

资料来源：SIA。

沟通所产生的数据只是大自然数据中的一部分，而物联网是通过各类信息技术（如5G，NB-IoT等）实现“物与物”（例如智能水表与电厂——智能电网）与“人与物”（例如人与家用电器——智能家居）之间的交流以及信息获取，填补除“人人”数据外的数据缺失。目前很多领先的电子及互联网厂商如美国亚马逊及苹果公司正在积极布局物联网市场，现已推出了数款智能家居以及智能车载系统。

如果说互联网设备是1个单位，则物联网通过设备交互所形成的设备矩阵可使其接入的设备达到互联网的数十倍之多（见图21），而这些设备均需要各类半导体芯片来实现包括功率控制、射频接收以及简单的数据处理等在内的各种“智能化”功能。

根据Gartner数据，2017年全球物联网市场规模达到1.69万亿美元，较2016年增长22%。在新一轮物联网技术革命和下游产业变革推动下，预计物联网产业发展将保持20%左右的增速，到2020年，全球物联网产

图21 物联网接入设备示意

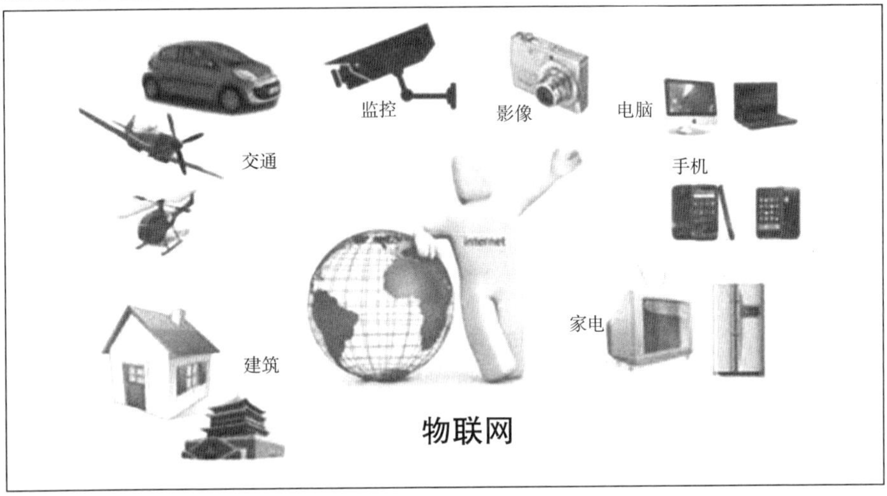

资料来源：网络，建广资产整理。

业规模将达到2.93万亿美元，年均复合增长率将达到20.3%。物联网下游应用市场在未来数年的爆发式增长将会极大地推动半导体市场的销售规模。

（2）5G通信

相比3G转4G网络，4G转5G网络的变革将更加全面。与前几代移动网络依赖于单一技术驱动不同，5G通信市场更多的是由下游应用市场驱动，依赖于一整套不同的关键技术，作为物联网、智能汽车等新兴智慧互联行业的主要应用技术，5G网络的传输速度及稳定性将是4G网络的数十倍，故而对低延时、大容量数据传输具有极高的硬件要求。

5G时代将从质与量两个维度刺激半导体市场的发展，首先频段和载波聚合技术会增加射频元件的使用数量；其次新技术提高了射频部分元器件的设计难度，带来元器件单机价值量提升。此外由于工作功率及频率的大幅提升，第二代硅基半导体由于在耐高温以及电流密度等方面已不能满足5G通信的基本要求，预计5G的爆发将伴随着第三代化合物半导体如氮化镓、碳化硅晶体管的兴起，率先带动整个半导体生产材料的革新。

据中国信息通信研究院预测，5G 商用部署后，2025 年中国的 5G 连接数将达到 4.28 亿个，占全球连接总数的 39%。智能手机使用的 RF 前端模块与组件市场在 2016 年产值为 101 亿美元，到了 2022 年，预计将成长至 227 亿美元。

（3）汽车电子

随着全球能源、环境、交通等问题日渐凸显及消费者对汽车的舒适性、便利性、安全性以及娱乐功能等要求的日益提高，汽车正逐渐向电动化、轻量化、联网化、智能化发展，这些变革将使得汽车半导体芯片含量显著提升。整车半导体芯片含量提升主要来源于两个方面，一是电动化带来功率半导体、MCU、传感器等增加；二是智能化和网联化带来车载摄像头、雷达、芯片等增加。在智能化带来的增量方面，自动驾驶级别每提升一级，传感器的需求数量将相应地增加，直到 L4/L5 级别（高度自动驾驶/完全自动驾驶），车辆全身传感器将多达十几个以上。

以特斯拉 Model X 汽车为例，该车光电驱动模块中有 120 颗功率器件协同工作，而其自动驾驶系统 Autopilot 2.0 传感器包含 12 个超声波传感器，8 个摄像头以及 1 个雷达。未来 5 年，随着汽车自动化级别的逐步提高，在雷达和摄像头模块的驱动下，ADAS/AD 自动驾驶相关半导体市场将加速增长。根据知名半导体厂商英飞凌预计，到 2025 年，L3 级别自动驾驶车辆（条件自动驾驶）的单车半导体成本平均为 580 美元；到 2030 年前后，L4/L5 级别自动驾驶车辆的单车半导体成本平均将达到 860 美元。

（4）人工智能 AI

自发明蒸汽机，而从农业社会过渡到工业社会后的 300 余年里，人类相继发明了电能与电子信息技术，使机器逐渐取代人工操作，标志着人类正式进入全自动化半信息化社会。人类生产力水平达到前所未有的高度的同时，伴随的是人口红利丧失以及产能过剩时代的来临。人工智能概念的终极目标是推动当今社会从全自动化半信息化演化到全自动全信息化融合社会，彻底解决人类需求与供给平衡这一经济学基本问题，由人工智能替代所有当今人类的体力及脑力劳动。

当前市场中的人工智能属于“弱”人工智能，指在相对狭隘的特定环境中完成特定任务所需要的一定学习、感知、记忆和决策能力，但目前的人工智能尚不具有结合情感、认真、推理以及迁移学习的功能。由于不具有迁移学习的能力，当前的人工智能就需要海量数据的收集以及分析能力，所以人工智能的发展离不开对高性能的存储器、处理器以及数据通信芯片的需求。

《2016～2017 中国物联网发展年度报告》数据显示，2016 年全球人工智能芯片市场规模达到 23.88 亿美元，预计到 2020 年将达到 146.16 亿美元，增长迅猛且发展空间巨大（见图 22）。

图 22　2016～2020 年全球人工智能芯片市场规模预测

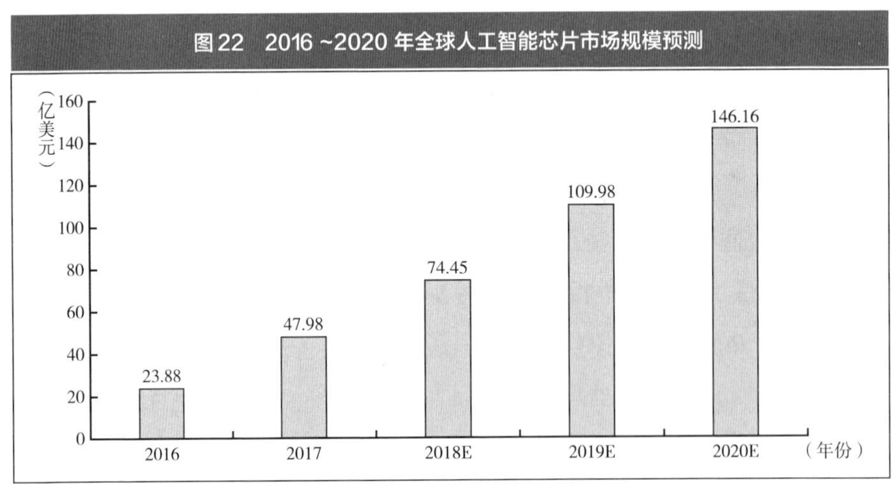

资料来源：《2016～2017 中国物联网发展年度报告》。

云计算与大数据产业发展及展望

于帅　朱昱　宋子豪

于　帅：建投华科投资股份有限公司副总裁

朱　昱：建投华科投资股份有限公司投资经理

宋子豪：建投华科投资股份有限公司投资经理

要点提示

- 自2013年以来，大数据与云计算产业蓬勃发展，以大数据和云计算为支撑的人工智能、物联网等领域方兴未艾，网络+数据拥有了改变世界的能力。时至今日，中国的大数据和云计算产业在经历了炒作期后向着成熟与规范迈进，业内并购案例预计将会逐渐增多，在资本的帮助下行业资源将会得到进一步整合。

- 国务院在2015年8月印发了《促进大数据发展行动纲要》，从国家战略层面对大数据产业的发展表达了支持，明确了政府在大数据产业发展中的作用，设定了各级政府开放数据资源的时间表，对培育新兴业态，促进经济转型起到了重要作用。

- 大数据行业内部的灰色数据产业问题已经得到监管机构的重视，行业乱象也得到了一定程度的清理，大数据立法已经提上日程，未来只有手握海量数据和有效算法的公司才能在行业中持续健康发展，数据获取和数据分析能力将是各家竞争的焦点。

一、大数据的定义及产业链构成

（一）大数据定义

传统意义上的“数据”，是指“有根据的数字”，数字之所以产生，是因为人类在实践过程中发现，仅仅用语言、文字和图形描述这个世界是不准确的。数据最早来源于测量，而不是随意产生的。除了测量，新数据还可以由老数据计算衍生而来。进入信息时代后，“数据”二字的内涵开始不断扩大：不仅指“有根据的数字”，还统指统一保存在电脑中的信息，包括文本、图片、视频等。数据也逐渐成为信息的代名词，其不仅是对世界的测量，更是对世界的一种记录。所以信息时代的数据又多了一个来源：记录。

进入信息时代之后，数据作为信息的代名词，两者可以交替使用。现代意义上的数据的范畴，比信息还要大。随着内涵的扩大，以及数据库的发明，还出现了另一个重要现象，那就是数据的总量在不断地增加，而且增加的速度不断加快。20 世纪 80 年代，美国就有人提出了“大数据”的概念。但这个时候还没有进入数据大爆炸的时代。所以当时的“大数据”只体现为价值“大”。随着信息技术的进步，软件的重要性将下降，数据的重要性将上升，因此“大数据”概念也变得越来越重要。21 世纪前十年，尤其是 2005 年社交媒体产生之后，数据便开始爆炸式增长。这个时候“大”的含义就变成了：容量大、价值大。

关于大数据，有很多种定义。Gartner 给出了这样的定义：“大数据”是需要新处理模式才能具有更强的决策力、洞察发现力和流程优化能力的海量、高增长率和多样化的信息资产。麦肯锡全球研究所对“大数据”给出的定义是：一种规模大到在获取、存储、管理、分析方面大大超出了传统数据库软件工具能力范围的数据集合，具有海量的数据规模、快速的数据流转、多样的数据类型和价值密度低四大特征。国际数据公司（IDC）

则从大数据的 4 个特征来定义，即海量的数据规模（Volume）、快速的数据流转和动态的数据体系（Velocity）、多样的数据类型（Variety）、巨大的数据价值（Value）。细化来看，大数据主要有以下特征。

1. 大容量

伴随着各种随身设备、物联网和云计算、云存储等技术的发展，人和物的所有轨迹都可以被记录，数据因此被大量生产出来。

移动互联网的核心网络节点是人，不再是网页，人人都成为数据制造者，短信、微博、照片、录像都是其数据产品。数据来自无数自动化传感器、自动记录设施、生产监测、环境监测、交通监测、安防监测等；也来自自动流程记录，刷卡机、收款机、电子不停车收费系统，互联网点击、电话拨号等设施以及各种办事流程登记等。

大量自动或人工产生的数据通过互联网聚集到特定地点，包括电信运营商、互联网运营商、政府、银行、商场、企业、交通枢纽等机构，形成了“大数据之海”。

2. 多样性

在大数据时代，数据格式变得越来越多样，涵盖了文本、音频、图片、视频、模拟信号等不同的类型；数据来源也越来越多样，不仅产生于组织内部运作的各个环节，也来自组织外部。

3. 速度快

一是数据产生得快。有的数据是爆发式产生，例如，欧洲核子研究中心的大型强子对撞机在工作状态下每秒产生 PB 级的数据；有的数据是涓涓细流式产生，但是由于用户众多，短时间内产生的数据量依然非常庞大，例如，点击流、日志、射频识别数据、GPS 位置信息。

二是数据处理得快。正如水处理系统可以从水库调出水进行处理，也可以处理直接涌进来的新水流。大数据也有批处理（“静止数据”转变为“正使用数据”）和流处理（“动态数据”转变为“正使用数据”）两种范式，以实现快速的数据处理。

4. 真实性

数据的重要性在于对决策的支持，数据的规模并不能决定其能否为决策提供帮助，数据的真实性和高质量才是获得真知和思路的最重要因素，是制定成功决策最坚实的基础。追求高数据质量是一项重要的大数据要求和挑战，但即使最优秀的数据清理方法也无法消除某些数据固有的不可预测性，例如人的感情和诚实性、天气形势、经济因素以及未来发展。

（二）大数据产业链构成

大数据产业链主要围绕大数据的生成与采集、存储与计算、分析与处理、应用与服务各层级。从各层级的价值实现来看，均离不开技术创新，不仅要挑战传统的数据存储架构、网络传输能力、服务器计算能力，同时也引起数据库、数据仓库、数据挖掘、商业智能、人工智能、内容/知识管理等领域的技术变革（见图1）。

图1　大数据产业链构成

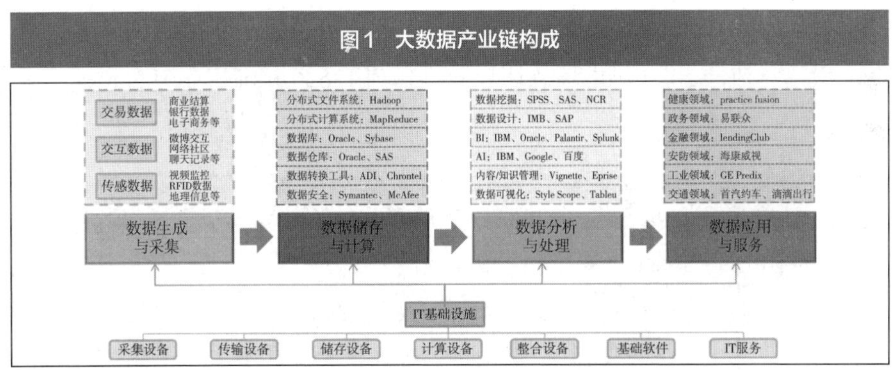

大数据处理系统一般需要经过4个关键环节，包括数据准备、数据存储与管理、计算处理和数据分析。数据准备：在进行存储和处理之前，需要对数据进行清洗、整理，传统数据处理体系中称为ETL（Extracting，Transforming，Loading）过程。数据存储与管理：大数据存储系统不但需要以极低的成本存储海量数据，还要应对多样化的非结构化数据管理需求，具备数据格式上的可拓展属性。计算处理：大量数据处理要消耗许多计算资源，对于传统单机或者并行计算技术来说，速度、可扩展性和成本都难以适应大数据计算、分析的新要求。分而治之的分布式计算成为大数据的主流计算框架，但在一些特定场景下的实时性还需要大幅度提升。数据分析：数据分析环节需要从繁多复杂的数据中发现规律并提取新的知识，是大数据价值挖掘的关键。

二、我国大数据产业市场规模及主要驱动因素

（一）大数据产业市场规模

我国大数据产业依然保持快速发展，各地发展大数据的积极性较高，行业应用得到快速推广，市场规模扩张明显。2017 年我国大数据产业规模为 4700 亿元，同比增长 40%。其中，大数据硬件产品的产值约 234 亿元，同比增长 39%。在国家政策的推动下，我国大数据行业市场规模势必实现高速增长，预计 2020 年市场总体规模将达到 13626 亿元，年复合增速将达 51.8%（见图 2、图 3）。

图2　2014～2020 年中国大数据市场规模及增速

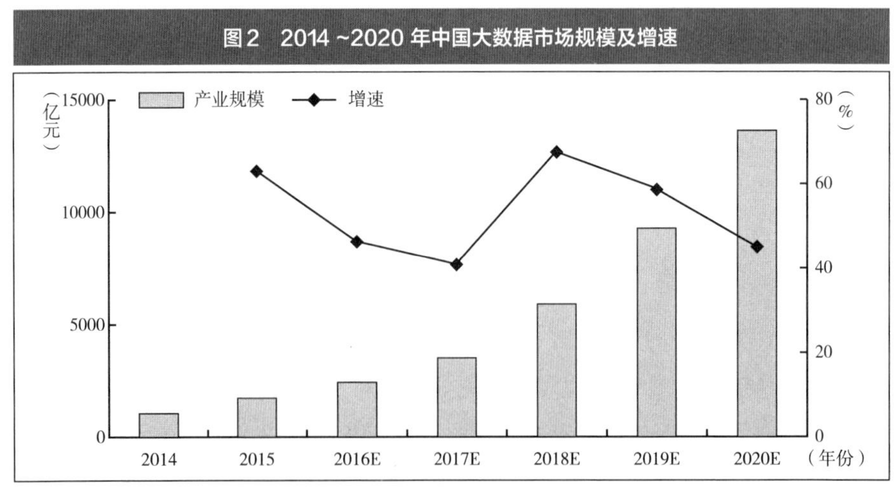

资料来源：中国信托业协会，中建投信托博士后工作站。

图3 全球和中国的大数据市场均处于高速成长期

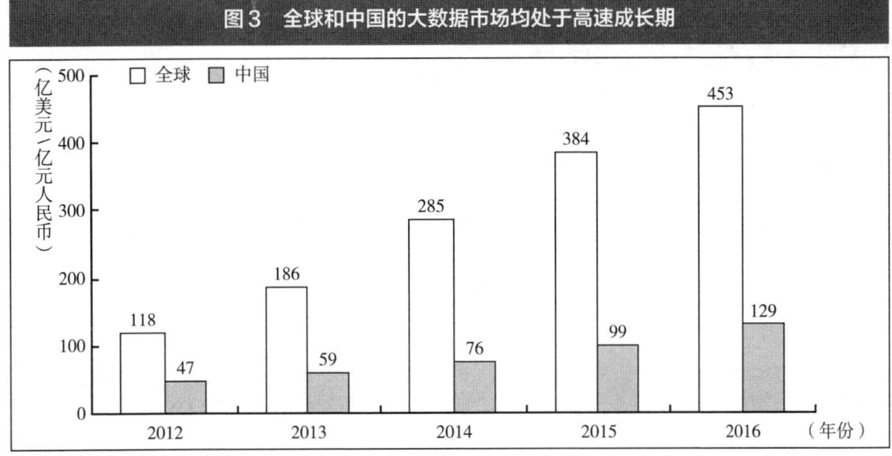

资料来源：Wikibon，易观国际。

（二）大数据产业主要驱动因素

（1）政府政策的引导。政府在行政管理中积累了大量的数据。《促进大数据发展行动纲要》明确，2018 年底前，建成国家政府数据统一开放平台。政府数据的开放共享，是推动大数据产业发展最重要的驱动力。

（2）金融资本的驱动。大数据产业必然要求数据量大、用户量大，在数据与用户未能达到引爆市场之前，需要大体量资金的支持，因此，金融资本是大数据产业快速发展的驱动力。例如滴滴打车，2012 年 12 月，刚成立半年就获得了 300 万美元的融资，2013 年 4 月完成 B 轮融资，获得腾讯 1500 万美元投资。后期更是有大体量资金介入，这些是其快速获得打车软件 59.4% 的市场份额的重要原因。

（3）新技术发展的推动。一些先进信息技术的发展，快速积累了用户和数据，推动了大数据产业的发展。过去十年，Hadoop 技术的发展非常迅猛。根据大数据的“四 V”特征，Hadoop 在大数据处理上表现出的处理量、性能、挖掘能力的提升和碎片化处理能力，使其得到越来越广泛的应用。

（三）大数据产业竞争格局

从大数据产业链竞争态势来看，大数据产业链整体布局完整，但局部环节竞争差异化明显，产业链中游竞争集中度较高，基本被国外企业垄断，产业链下游竞争集中度较低，尚未形成垄断，是国内新兴企业最有机会的领域（见图4）。

图4 大数据产业链竞争

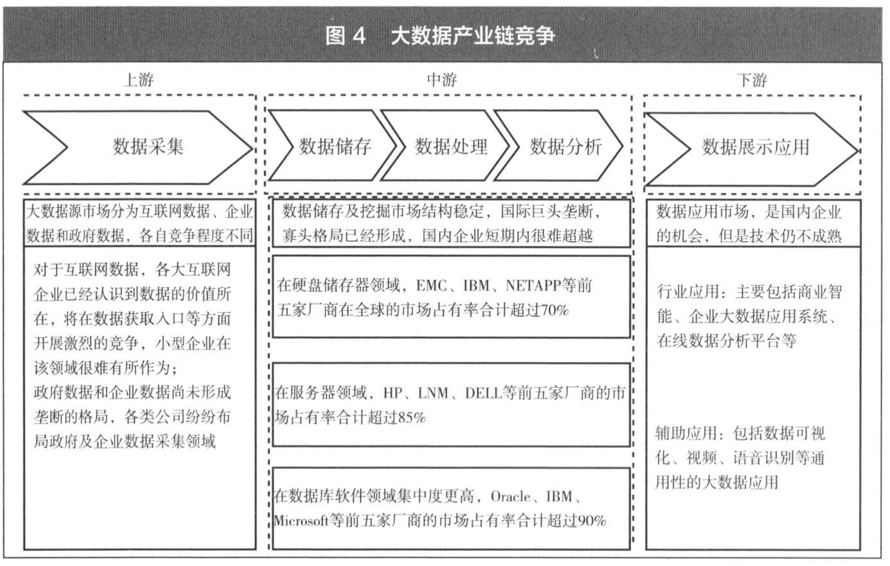

从市场结构来看，我国大数据企业竞争格局总体呈现数据资源型企业、技术拥有型企业和应用服务型企业“三分天下”局面。

数据资源型企业，即先天拥有或者以汇聚数据资源为目标的企业，这类企业占据一定先发优势，能够利用手中的数据资源，或挖掘数据来提升企业竞争力，或主导数据交易平台机制的形成，多数已在自身行业积累了丰富数据资源，或者力图汇聚开放网络数据的企业以及互联网企业为代表，其中典型者如数据堂、星图数据、腾讯、百度、阿里巴巴等。

技术拥有型企业是以技术开发见长的，即专注开发数据采集、存储、分析以及可视化工具的企业，包括软件企业、硬件企业和解决方案商，代表企业有星环科技、永洪科技、南大通用、华为、用友、联想、浪潮、曙光等。

应用服务型企业是指为客户提供云服务和数据服务的应用服务型企业，这类企业广泛对接各个行业，专注于产品的便捷化和易维护性，同时要针对不同行业客户的需求提供差异化的服务，代表企业有百分点、明略数据、Talking Data 等。

（四）2017年大数据产业投融资回顾

2010 年以来，在大数据领域成功融资的企业数量逐年增加，2014 年进入爆发期，环比上升 193.55%，2015 年以来持续稳步增长，2016 年获得融资的企业数量达到 400 多家，2017 年更有超过 500 家企业获得融资，大数据领域持续获得资本市场的高度青睐。

经过前几年的发展，我国大数据产业格局日趋成熟，处在 A 轮（及之前）融资阶段的初创型企业占比有所减少，越来越多的企业走向了 B 轮甚至 C 轮的融资（见图 5）。而这些进行 B 轮或 C 轮融资的企业，由于在行业知识、技术架构等方面日趋成熟，经受过市场的检验，赢得了投资人的信任，融资估值也日趋增高。

图 5　大数据各融资阶段表现

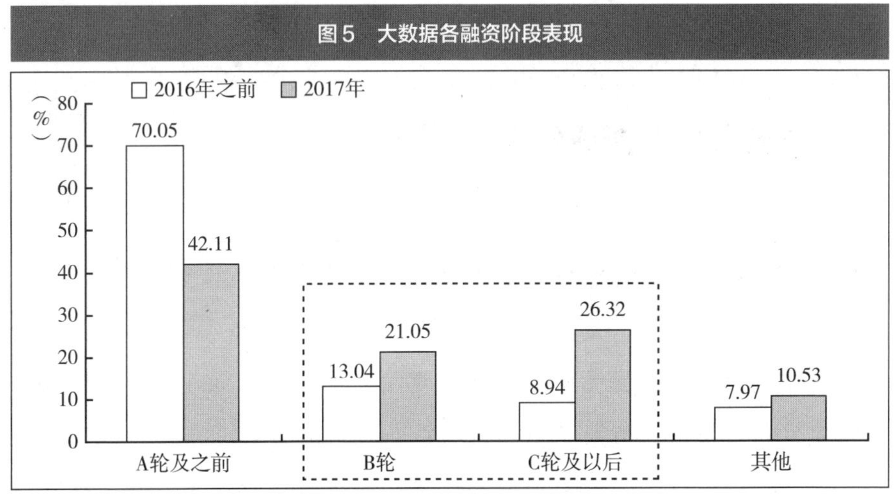

从产业链条来看，2016 年之前，数据应用类企业占据半壁江山，其中，行业化应用（如金融大数据、旅游大数据、交通大数据等）和垂直化应用（如智能营销、业务性能管理、移动开发者服务等）占比分别为 27.68%、19.72%，数据挖掘与分析占比达到 30.28%。进入 2017 年，数据应用类受资本青睐的趋势更加明显，超过 88% 的融资投向这几个领域（见图 6）。作为大数据产业中最核心，同时也是最具价值的环节，数据应用将成为大数据产业下一阶段发展的重点。

图 6　大数据各融资类型对比

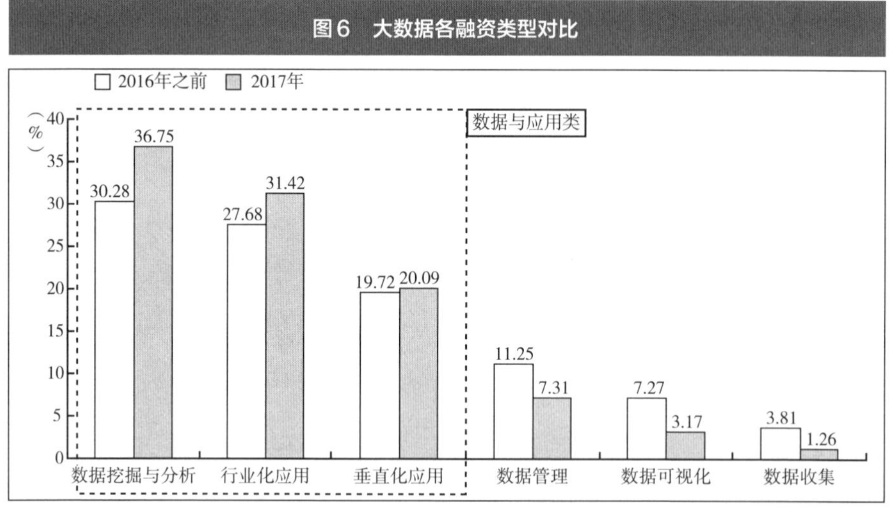

三、中国大数据产业2017年发展特点

（一）顶层设计日趋完善，继续巩固大数据国家战略地位

国内政策环境持续优化，整体行业发展将迎来“黄金期”。继 2015 年国家发布《促进大数据发展行动纲要》后，2016 年“十三五”规划纲要中首次明确提出实施国家大数据战略，把大数据放在基础性战略资源

的高度。全面实施促进大数据发展行动，加快推动数据资源共享开放和开发应用，助力产业转型升级和社会治理创新。与此相匹配的是国家发改委和工信部连续出台了多部大数据发展配套政策和专项规划，明确提出了促进大数据产业发展的主要任务、重大工程和保障措施；另有一些部委也出台大量相关政策促进大数据在其具体领域的落地。2017 年，在党的十九大报告中专门提出“推动互联网、大数据、人工智能和实体经济深度融合”，明确指出我国大数据发展重点方向。同时，2017 年底，十九届中共中央政治局就实施国家大数据战略进行了集体学习，习近平总书记深刻分析了我国大数据发展的现状和趋势，对我国实施国家大数据战略提出具体指示。随着国家大数据战略推进实施以及配套政策的贯彻落实，大数据产业发展环境将得到进一步优化，大数据的新技术、新业态、新模式将不断涌现，社会经济各领域对大数据服务的需求将进一步增强。

（二）金融、电信、政务、电子商务异军突起，大数据技术应用走向成熟

随着《促进大数据发展行动纲要》的深入实施以及《大数据产业发展规划（2016～2020 年）》的发布，大数据行业应用进一步深化。以基础环境、数据汇集为评估因素，2017 年，我国行业大数据发展总指数为 305. 15，平均指数为 30. 51，发展水平由高至低的行业依次为：金融、电信、政务、交通、商贸、医疗、工业、教育、旅游、农业，各自发展水平与 2016 年相比均有所提高。

行业大数据评估指数排名中，金融、电信、政务依旧为前三甲，金融蝉联第一，指数为 45. 35，高于平均指数 14. 84，紧随其后的电信、政务大数据发展水平也很高，指数分别是 41. 69 和 39. 44。

基础环境方面，随着我国信息化基础设施建设的不断完善，产业供给

能力的稳步提升，各行业大数据发展的基础环境持续优化，总指数为74.58，比2016年提高了12.14，平均指数为7.46，高于平均指数的行业为政务、医疗、交通、电信、金融，总计占比为63%；低于平均指数的行业为商贸、工业、教育、旅游、农业，总计占比为37%。2017年，随着我国政务大数据相关政策不断发布，政务大数据基础环境稳居榜首。从增量来看，医疗、工业大数据的基础环境指数增量明显。其中，医疗增量为2.34，原因一是由于国家积极推进健康医疗大数据发展，最新提出“1+7+X”总体规划；二是由于福州、厦门等地健康医疗大数据试点工程进展顺利。值得注意的是，2017年，工业领域软件和信息技术服务应用需求进一步释放，工业技术软件化、工业App以及工业互联网平台等工作逐步展开，加上国务院《关于深化“互联网+先进制造业”发展工业互联网的指导意见》的印发实施，工业大数据基础环境增量高达2.36。

数据汇集方面，以数据采集率、数据集聚能力和数据流通水平作为评估因素，2017年行业大数据的数据汇集能力显著提升，指数为105.73，比2016年提高25.10，平均指数为10.57。受行业信息化及业务数字化发展程度影响，行业数据汇集能力两极差异化明显，金融电信等服务业数据汇集能力较强，工业农业等生产业数据汇集能力较弱（见图7）。

（三）大数据技术成为攻关焦点，相关布局在国内逐渐兴起

随着国内大数据概念和相关技术的成熟，大数据技术逐渐渗透到越来越多的行业和领域，包括“BATJ”在内的头部公司和高科技创业公司也提前在大数据方面进行了布局。

硬件方面，作为大数据技术应用基础的数据中心业务在2017年得到迅猛的发展。科智咨询2018年5月的报告显示，2017年中国IDC市场规模达到946.1亿元，同比增长32.4%。随着大数据产业对海量数据需求的扩大，2018年整体市场规模预计将超过1200亿元。为了适应物联网时代更

图 7 大数据行业分布格局

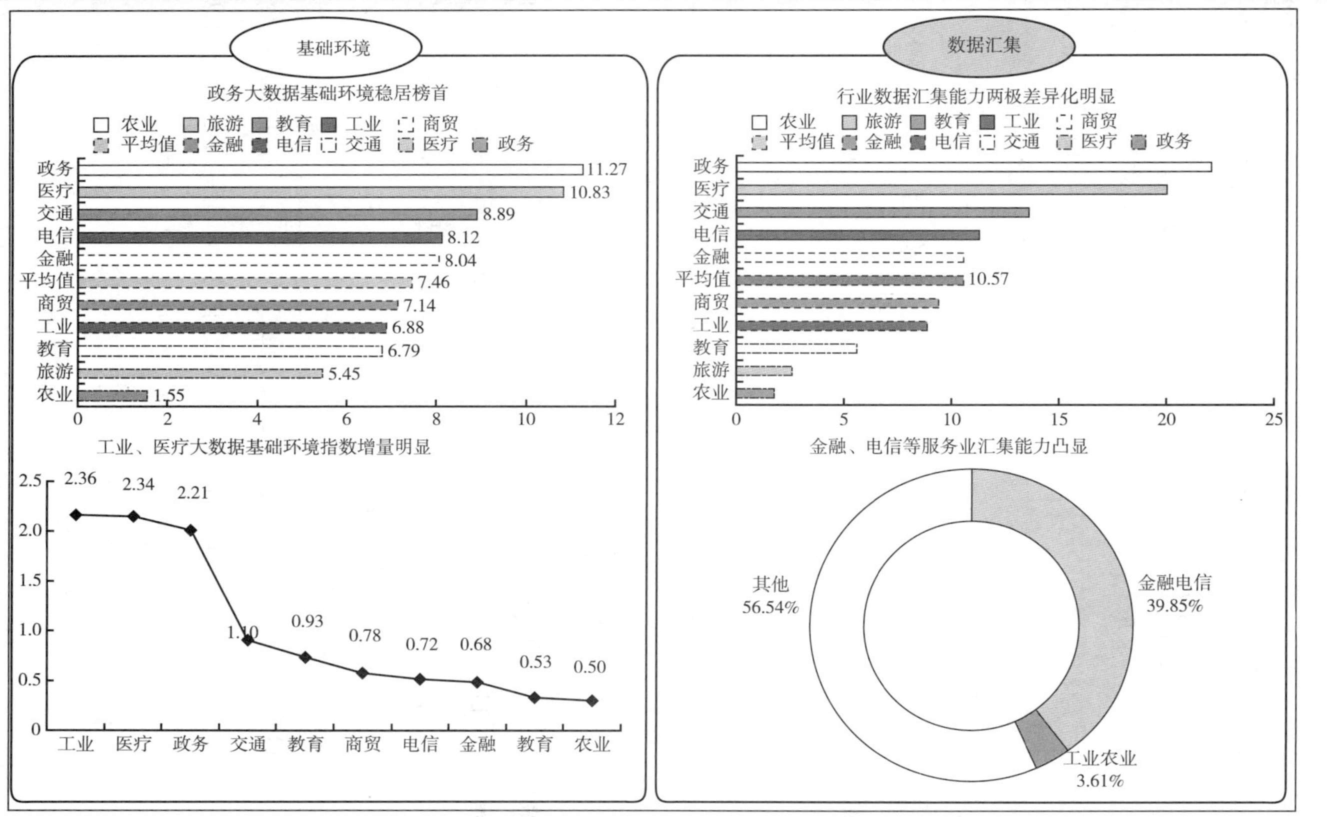

加庞大的数据量，各主要IDC厂商均在2018年进行机柜的扩充和提升，其中光环新网现有机柜23000个，预计2018年将达到30000个，鹏博士的机柜将从2017年末的28000个增加到2020年的50000个，世纪互联将在2018年新增机柜4000~5000个。根据腾讯董事会主席马化腾在2017年6月腾讯“云+未来”峰会上的预测，2018年云形态的数据中心比例将会超过传统形态的数据中心，因此腾讯云加大了在云计算IDC领域的布局力度，在全球布局20个大区，超过700个CDN节点，服务器总数超过50多万台。而阿里为了应对“双11”等特殊的流量高峰和其金融领域大数据安全分析的需要，在全球4大洲60多个国家和地区筹备了超过1200个CDN节点，10个飞天数据中心覆盖全球17个区域，成为亚洲第一的云计算平台。

数据的智能分析方面，无论是国家队的科大讯飞、还是商汤、旷世等后起之秀，都以大数据产业为基础积极布局自然语言处理、图像处理、机器视觉等前沿领域，并取得了令人瞩目的成就。以科大讯飞为例，通过向所有有兴趣开发人工智能应用的合作伙伴开放其自身的人工智能平台，科大讯飞积累了20万家合作伙伴和它们所提供的8.9亿人的海量行为数据，囊括了手机输入法、手机语音助手、手机导航等不同功能的文字或语音数据，每日的人机交互频次高达30亿次。通过人工智能技术对其平台大数据进行综合分析，科大讯飞便能够以接近2000个标签对用户进行最大限度的细分并实现精准营销。

开源技术方面，中国也在逐渐向美国等强国看齐。根据Git Hub 2017年数据，阿里巴巴、腾讯和百度对开源技术的贡献分别排在全球第9、第14和第15位，相比此前的排名上升了不少。同时，中国赛迪研究院等官方机构也意识到开源社区和开源软件对提升我国在大数据行业竞争力的重要作用，针对开源软件的发展提出了能够落地的建议。除了政策的大力支持和中国互联网行业实力的逐渐壮大，中国的大数据产业还将受益于Hadoop、Spark等领域关键技术的实力提升。

（四）监管力度持续加大，国内大数据行业面临重新洗牌

技术往往是把双刃剑。随着大数据技术的普及，行业初期未引起足够重视的问题终于引致一系列乱象，其中最严重的当数数据安全问题和数据可用性问题。根据中国互联网协会发布报告，2016 年我国网民因个人信息泄露而导致的直接与间接经济损失约为 915 亿元。近年来随着移动互联网的普及，对公民信息收集和利用的情况无所不在，信息泄露风险与日俱增。大数据时代，用户数据全部储存在云端，传统的信息安全防护措施和监管手段已经无法有效保证用户信息的安全，因此国家要在政策上给予整个行业以规范和引导。2017 年 6 月 1 日《网络安全法》的正式实施预示着行业规范正式拉开序幕，行业内部针对某些大数据创业公司利用“灰色数据”牟利的现象进行了集中整治。所谓“灰色数据”是指各个 App 或平台在用户不知情的情况下收集并用于商业目的进行售卖的个人隐私信息等数据。国内知名的 BAT 类大型互联网企业在买入外部数据时均会由法务专家进行严格的风险审查，十分注意个人隐私的保护和法律规范，防止外部数据对自身平台产生的数据造成“污染”。然而，一些创业公司为了在资本寒冬中谋得一线生机，不惜将用户的交易数据，甚至个人信息出售给利益相关方。很多公司披着大数据的外衣，但并没有渠道获得大量的高质量数据，也并无能力从数据中提取出对 B 端客户或 C 端用户有用的信息，仅仅是通过倒卖数据赚取差价。另外一些创业公司则以低价收购数据，利用价格战的方式将合法获取数据的“良币”从市场中驱逐出去。因此，2017 年 5 月，陆续有十余家大数据公司被列入调查名单，其中几家的估值达到几十亿元人民币。考虑到《促进大数据发展行动纲要》中提到的 2020 年底前实现信用、交通、医疗、卫生等全领域政府数据向社会开放，预计 2018 年对大数据行业的治理力度将会有增无减。大浪淘沙，最终真正留下的将是那些既能合法获取大量高质量原始数据，又能通过独有的算法进行分析，并能够最大化数据价值的公司。

四、中国大数据产业发展趋势

（一）数据开放度将得到进一步深化

根据《促进大数据发展行动纲要》的规划，政府将在2020年完全开放政府数据，而当前距2020年仅剩1年多的时间，基于目前大数据产业的发展现状，要实现这一目标可谓时间紧，任务重。早在2016年1月，国家发改委便印发了《关于组织实施促进大数据发展重大工程的通知》，重点支持大数据共享开放，提出建立完善的公共数据开放制度和建立统一的公共数据共享开放平台体系，探索构建国家数据中心体系，从而优化公共资源配置和提升公共服务水平，建立基础数据统一平台以推进部门信息共享，从而推进政府自身管理改革与经济社会转型。数据开放将遵循以下准则。首先是全面开放，“以公开为常态，不公开为例外”，将政府所掌握的各项信息进行开放与共享。其次是协同共享，有研究指出，大数据开放越来越多地涉及在不同系统、不同层级的政府部门之间进行实时的数据传输，因此需要建立一个数据共享与互相操作框架，政务大数据共享要求利用协同分析技术实现数据收集与反馈系统的集成。最后，也是最重要的一点是隐私保护原则，在政务大数据开放与共享中涉及三类隐私问题，即政府隐私、商业隐私和公民个人隐私，公民享有的隐私权是基本人格权利，公民个人作为相对政府部门、商业部门而言的“弱者”，其隐私权保护尤其需要得到关注。

在所有行业中，制造业是实体经济的主体，大数据所引领的智能制造对中国的产业转型升级具有重要意义。因此，国家将会继续深入推进“两化融合”，研究制定工业大数据发展路线图，支持开发一批工业大数据分析技术和产品，建设一批工业大数据平台，组织开展行业应用试点示范。

（二）大数据产业相关政策的立法进程将有所加快

在2017年的中国国际大数据产业博览会上，各方专家共同发出了加快推进大数据在国家层面立法的呼声。近年来，中国大数据产业快速发展，进入了大数据时代，但围绕大数据采集、交易、安全等问题，目前尚没有较统一的标准和规则，也缺少完善的法律支撑。全国“两会”期间，代表们热议大数据发展的同时也认为，应有完善的法律规范，大数据产业才能得到持续健康发展。全国人大代表、中央网络安全和信息化领导小组办公室原副主任任贤良表示：中国是世界互联网大国，网民规模达7.5亿人，网站有500多万家，每天都在产生巨量数据，其中不乏个人数据、企业数据甚至国家数据，在这些数据的流动、交易、安全应用等问题上，亟须国家层面立法规范和保障。中国信通院政策与经济研究所所长鲁春丛，中国社科院研究员李爱军等知名学者均对大数据立法表达了自己的观点，新华网、网易新闻、新浪等多家媒体平台也对大数据立法的紧迫性进行了大量的相关报道。

早在2012年3月，美国奥巴马政府便提出了“大数据研发计划”，并设立了2亿美元的启动资金，以加强海量数据收集、分析萃取能力。欧盟正在力推《数据价值链战略计划》，为320万人增加就业机会。日本积极谋划利用大数据改造国家治理体系，对冲经济下行风险。联合国推出的“全球脉动”项目，希望利用大数据预测某些地区的失业率或疾病暴发等现象，以提前指导援助项目。全球主要发达国家和重要国际组织都已在大数据技术的应用和规范方面迈出了坚实的步伐。

在各界的呼吁下，2017年5月1日，全国首部政府数据共享开放的地方性法规《贵阳市政府数据共享开放条例》正式实施，这标志着我国的数据立法从准备阶段过渡到实施阶段，中国在探索大数据制度创新的道路上，以敢为人先的勇气，迈出了坚定的步伐。贵州的地方立法先行可以看作积极的尝试，为国家层面的立法探路——在地方法规实施的过程中发现问题，并进行相应的修订，最终建立一套相对完善的标准和理论。

（三）大数据技术将与更多传统实体产业实现融合

随着大数据技术自身的发展，大数据与实体经济的有机融合也在加快推进，大数据从概念炒作期逐步走向成熟应用期。2017 年 12 月，中共中央政治局就实施国家大数据战略进行第二次集体学习。其间，中共中央总书记习近平在主持学习时强调，推动实施国家大数据战略，加快完善数字基础设施，推进数据资源整合和开放共享，保障数据安全，加快建设数字中国。其中推动数字经济和实体经济的融合发展被重点提出，强调了互联网、大数据及人工智能与实体经济的融合。国家大数据战略为大数据未来的产业发展定下了基调，对于中国数字经济发展、政府数据治理水平提升以及建设现代化经济体系，都有积极意义。

在产业层面，业界基本已经达成共识，数据将成为未来的“钻石”级资产，是数字时代最重要的生产资料，在未来“中国制造 2025”以及“工业 4.0”的产业升级和更新换代中，数据将像水电一样起到基础资源的作用。以蒙牛 6 期工厂为例，整个工厂所有设备的生产和运行完全依赖于厂房中央的智能数据控制中心，而控制中心软件层面的基础正是大数据的深度机器学习控制算法。大数据和其衍生出的深度学习、人工智能等技术将是未来推动传统制造业、生产加工行业、农牧业等基础行业实现智能化、数字化和网络化最重要的推动力。麦肯锡的最新报告称，2014 ~ 2025 年，中国经济增长和生产力提高的 1/5 将来源于数字化。随着国家政策的推动和产业端的主动升级改造，中国的数字化进程将得到进一步加速，未来必将改写全球大数据产业格局。

（四）数据分析能力将成为我国大数据企业的下一个突破点

目前国内的众多大数据初创企业均拥有一定的数据分析能力，也有公司有能力从正规渠道获取“干净”数据，然而既有数据又有分析能力的公司并不多。数据分析能力的高低，决定了价值发现过程的成败与好坏，能否对“脏数据”进行快速，彻底的“清洗”，能否将复杂的数据转化为单一的或者便于处理的类型，能否进行快速分析并得到有用的结论，这些基本上构成了一家大数据企业的核心及竞争力。可以说，没有数据分析，“大数据”只是一堆 IT 库存，成本高而收益为零。因此，谁能将数据清洗、挖掘，数据分析进行高度系统的整合，从复杂的自然信息中提取出对人类有用的商业信息，谁就能在未来新一波数据驱动的经济增长浪潮中脱颖而出。

（五）大数据产业的并购事件将开始增多

随着大数据和其衍生的人工智能技术的不断发展，大数据公司如雨后春笋般冒出，众多软硬件厂商和初创公司都想在这一过程中分一杯羹。

早在 2016 年，大数据便已经成为市场追捧的对象，在这一年中，A 股大数据概念公司有 91 家，上半年 82 家净利润为正。根据易观国际预测，中国大数据市场预计到 2020 年前后进入成熟期。多份资料预测，中国的大数据市场产业将达万亿元规模。对于众多上市公司而言，大数据无疑是未来几年可预期的主要增长点，而且最直接的切入方式无疑是并购。在 2013 年前后，捷成股份、太极股份、紫光股份、荣科科技、用友软件（现为用友网络）、科华恒盛等上市公司均完成了主业的切换。而截至 2016 年，已经有超过 30 家上市公司通过并购进入了大数据行业。随着行业的成熟和风险的相对下降，未来将会有更多的大数据公司被行业巨头所并购和整合。以 2018 年 1 月的大数据并购市场行情为例，仅 1 月间便有包括超融合服务商数千万焱融云 Pre－A 轮融资，原百度研究院院长林元庆创立人工智能公司 Aibee 的 1.65 亿元天使轮融资，智能医药研发公司晶泰科技 1500 万美元 B 轮融资等十余笔交易完成。2018～2020 年将是大数据企业迈向成熟的 3 年。随着竞争的加剧，将会出现更多的破产和收购案例，众多的小公司将不断被巨头吞并，只有手中同时握有海量数据端口和最高效的数据算法的企业才能在行业的整合中存活并最终引领时代潮流。

五、云计算行业发展现状

（一）市场规模及主要驱动因素

（1）2017 年云计算市场规模

近年来，云计算产业市场规模呈迅速增长趋势。根据 Gartner 预测，2017 年全球云计算市场规模将达到 800 亿美元以上（见图 8）。同时，根据前瞻数据库数据，预计 2017 年中国云计算市场规模将超过 690 亿元（见图 9）。

图 8　全球云计算市场规模及增速

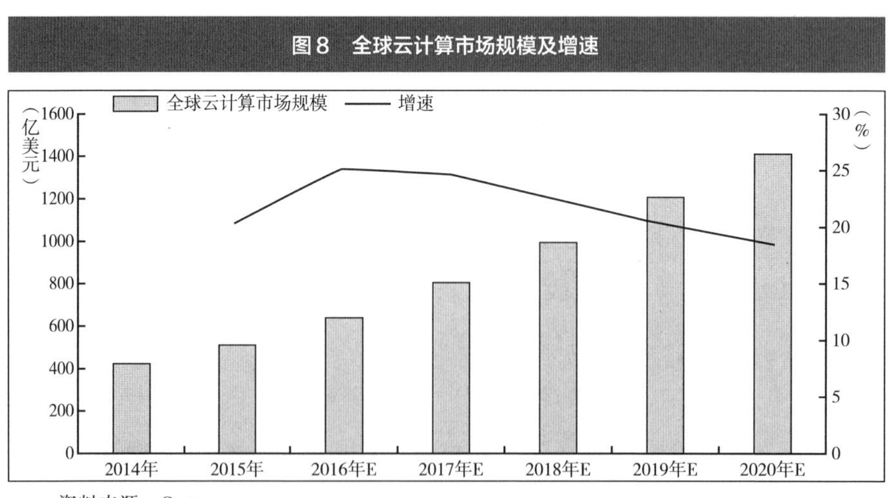

资料来源：Gartner。

图9　中国云计算市场规模及增速

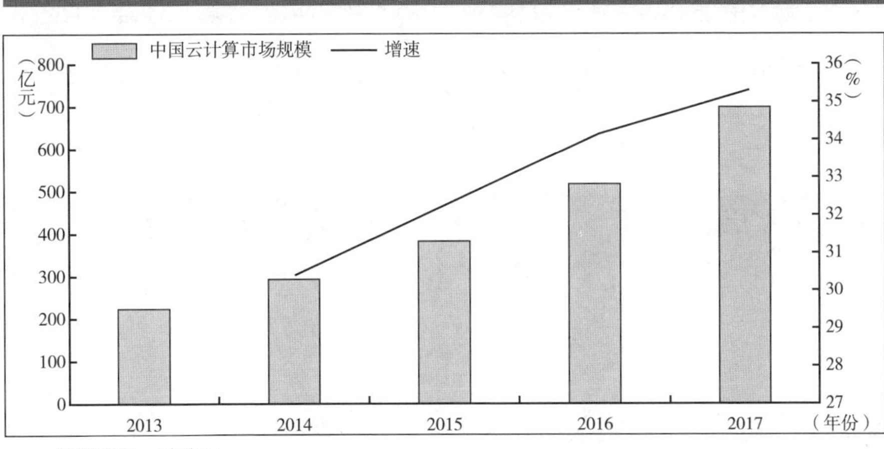

资料来源：前瞻网。

从云计算全球的市场格局来看，北美地区占据市场主导地位，拥有近60%的市场份额，欧洲占据了21.5%的份额，以中国、印度为代表的亚洲地区占据12%的份额，其他地区市场份额均较小（见图10）。

图10　全球云计算市场格局

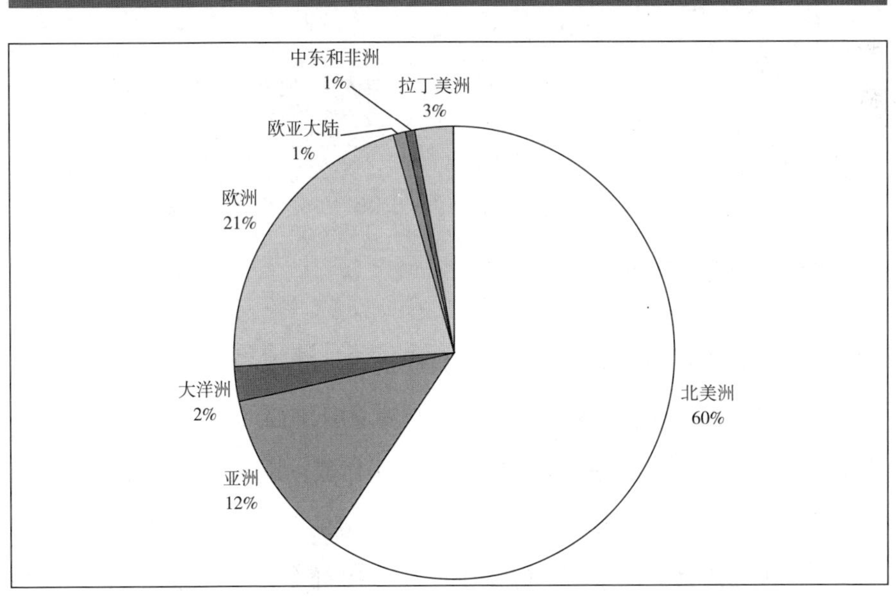

资料来源：前瞻网。

（2）政策发力，推动云计算产业持续向前

政府高度重视云计算产业的发展，发布了多项政策措施支持云计算产业链的发展（见表1）。在政府积极引导推动下，中国云计算产业有望持续快速健康发展。

表1 中国云计算产业相关政策

时间	单位	政策名称	相关内容
2017年2月	工信部	《信息产业发展指南》	着力在云计算与大数据、新一代信息网络、智能硬件等三大领域，提升体系化创新能力
2016年12月	工信部	《软件和信息技术服务业发展规划（2016－2020年）》	布局云计算和大数据前沿技术发展
2016年7月	国务院	《国家信息化发展战略纲要》	鼓励应用云计算技术，整合改造已建应用系统
2016年5月	国家发改委	《国务院关于深化制造业与互联网融合发展的指导意见》	鼓励政府采购云计算等专业化第三方服务，支持中小微企业提升信息化能力
2015年7月	国家发改委	《国务院关于积极推进“互联网＋”行动的指导意见》	实施云计算工程，大力提升公共云服务能力，引导行业信息化应用向云计算平台迁移，加快内容分发网络建设，优化数据中心布局
2012年9月	科技部	《中国云科技发展“十二五”专项规划》	中国首个部级云计算专项规划，对于加快云计算技术创新和发展具有重要意义

资料来源：政府网站整理。

此外，云服务牌照加速了公有云集中进程。在2017年7月的可信云大会上，工信部相关负责人介绍目前全国持有IDC牌照的企业1272家，获得云服务许可资质的有12家，267家企业承诺年底前完成持证。如果未按期承诺的，自2017年4月1日起，不得经营相应的业务。如果已承诺的，按照承诺期限在年底之前未持证的企业，自2018年1月1日起，不得经营相应的业务。根据工信部《电信业务分类目录》的要求，提供IaaS、PaaS服务的云服务商必须持有互联网数据中心（IDC）牌照。因此，如果在2017年底前不能持证，2018年开始就不能提供公有云服务，而行业将从2018年初的1272家迅速缩减为至多267家，减少近80%，行业集中度显著加快。截至目前，获云服务牌照企业增至28家（见表2）。

表2　获云服务牌照公司列表

序号	公司名称
1	网宿科技股份有限公司
2	阿里云计算有限公司
3	腾讯云计算有限责任公司
4	北京百度网讯科技有限公司
5	上海优刻得信息科技有限公司（UCloud）
6	鹏博士电信传媒集团股份有限公司
7	北京三快云计算有限公司（美团云）
8	北京联想调频科技有限公司
9	上海有孚网络股份有限公司
10	浙江帕摩数据科技有限公司
11	中企网络通信技术有限公司
12	上海福虎信息科技有限公司（创旗）
13	上海蓝云网络科技有限公司（世纪互联－蓝云）
14	宁夏西云数据科技有限公司
15	中国移动通信公司
16	北京金山云网络技术有限公司
17	深圳市赛柏特通信技术有限公司
18	太平洋电信股份有限公司
19	浪潮软件集团有限公司
20	华为软件技术有限公司
21	北京互联港湾科技有限公司
22	北京闪迅网联电信技术有限公司
23	上海美橙科技信息发展有限公司
24	杭州云际视界科技有限公司
25	广东唯一网络科技有限公司
26	北京迅达云成科技有限公司
27	润泽科技发展有限公司
28	天津卓朗科技发展有限公司

资料来源：工信部网站。

（二）云计算行业发展格局

云计算行业的马太效应显著，集中趋势明显：由于规模经济的存在，公有云存在明显的马太效应，即“强者恒强”。主要原因是：①硬件成本随规模增大而单位成本降低，因为随着硬件规模的扩大，企业议价能力增强，导致规模越大单位成本越低；②平台规模越大，产品和服务越丰富，对企业吸引力越强。从目前来看，在 IaaS 领域，全球是 AWS 一枝独大，在 2016 年全球 IaaS 公共云服务市场中占据了 44.2% 的份额。而聚焦国内，2017 年阿里云强势崛起，在 IaaS 领域的市场份额约 41%，远远领先于第二名。

（1）公有云：行业向头部集中，“AI + 云”前景广阔

根据 Gartner 的魔力象限，从全球范围来看，AWS 处于绝对的领先地位，其后是微软、谷歌、阿里巴巴等在快速追赶（见图 11）。

2016 年，排名在前列的云服务厂商营收增速至少在 45% 以上，整个行业处于高速发展期。

在国内市场，由于政策、信息安全以及本地应用习惯等原因，阿里云当前占据了最大的市场份额。根据 IDC 统计，阿里云在中国云计算市场位居第一，占据了约 41% 的市场份额，处于明显领先的地位。从单季营收增长率来看，阿里云正处于快速发展时期。

（2）私有云：安全至上，传统 IT 快速转向私有云

从全球格局来看，由于安全原因、定制化需求的存在，公有云和私有云将长期共存。政务云、金融云等对安全要求极高的行业将主要以私有云的形式存在。

数据安全是公有云/私有云选择的核心因素。政府、金融等领域的云计算用户，对数据和应用的安全性考量将优先于对云计算平台经济性的考量，因此将重要数据放在私有云上是这类客户的优先选择。实际上，由于这类客户的体量较大，需要建立的私有云平台通常也会有较大的规模，因此这类云平台通常也会有足够的经济性。

定制化服务是公有云/私有云选择的重要因素：对于大型客户来说，由于业务繁杂，通常需要云服务提供者提供一些定制化服务，公有云提供者通常不提供定制化的服务，因此，私有云将成为其不二选择。

聚焦国内，我国传统 IT 产业大客户主要集中在政府、电信、金融等大中型国企央企，对信息安全需求很高，对定制化也有较大需求，基于以上考虑，这些客户通常会选择私有云作为 IT 上云的路径，国内私有云市场仍将持续快速发展。

表3　国内外主流公有云厂家对比

	厂家	产品种类	销售渠道	主流客户	优势	劣势
国内	阿里云	·云主机 ·对象存储 ·数据库 ·云分发	·互联网直销 ·CRS推广 ·代理商	·互联网企业 ·中小企业 ·个人开发者	·产品种类多 ·数据中心资源丰富 ·软件开发和创新能力强，并有一定的IaaS服务经验	·飞天千台太重量级，百台以下落地难度大
	腾讯云	·云主机 ·数据库 ·块储存	·互联网直销 ·CRS推广 ·代理商	·互联网企业 ·微信开放平台用户(如HS游戏和微商) ·个人开发者	·在社交，视频和游戏领域产品实力强 ·微信开放平台能为云服务带来大量客户 ·软件开发和创新能力强，并有一定的IaaS服务经验	·起步较晚，PaaS产品较少 ·在传统企业和政府单位领域销售能力较弱
	华为云	·云主机 ·对象存储 ·云桌面 ·企业移动管理	·互联网直销 ·代理商 ·客服跟进销售	·传统大中型企业	·过万研发人员和3000多项IT专利 ·强大的技术服务能力和庞大的线下销售资源 ·拥有成熟而丰富的解决方案，在传统大中型企业有良好的口碑	·华为云计算的强大可能会影响到自身服务器设备销量
	天翼云	·云主机 ·对象存储	·互联网直销 ·代理商 ·与IDC捆绑销售	·政府单位 ·国有企业	·垄断宽带资源 ·拥有亚洲最大的云计算园区（蒙古） ·原有IDC用户庞大，可转化为云计算用户的潜力巨大 ·雄厚的国企和政府关系资源	·软件和硬件都需要采购，无优势 ·受企业体制所限，研发和创新能力较弱
国外	亚马逊AWS	·云主机 ·对象存储 ·弹性块存储 ·数据库 ·云分发 ·管理工具与应用程序服务	·互联网直销 ·CRS推广 ·代理商	·大型的全球化公司和小型的初创公司（覆盖面广）	·AWS已经为全球190个国家地区内成百上千家企业提供支持。数据中心位于美国、欧洲、巴西、新加坡和日本。从事云计算行业服务较早，产品成熟，经验丰富 ·丰富的细分产品和它的应用市场，能够帮助客户将触角延伸到更广泛的传统IT领域，具有颠覆性的想象力	·部分架构以及功能的实现方采用最新的技术，因此成本高，性能不是最优
	微软Azure	·云主机 ·对象存储 ·数据库 ·块存储(托管磁盘) ·云分发 ·管理工具 ·Web与移动应用管理	·互联网直销 ·CRS推广 ·代理商	·互联网企业 ·中小公司 ·公共部门	·规模强大，Azure云服务目前已覆盖全球140个国家超过90%的财富500强企业使用，在中国大陆拥有超过1000家合作伙伴，8万家企业客户 ·客户资源池深厚，凭借微软多年的大客户积累和企业服务经验，不仅攻占了大量的中小企业、初创企业，还在谷歌等巨头的“虎口”中夺食	·产品灵活度不足，不能随着变化及时调整

资料来源：《国内云计算服务竞品分析》，2017。

图 11　云计算 IaaS 魔力象限

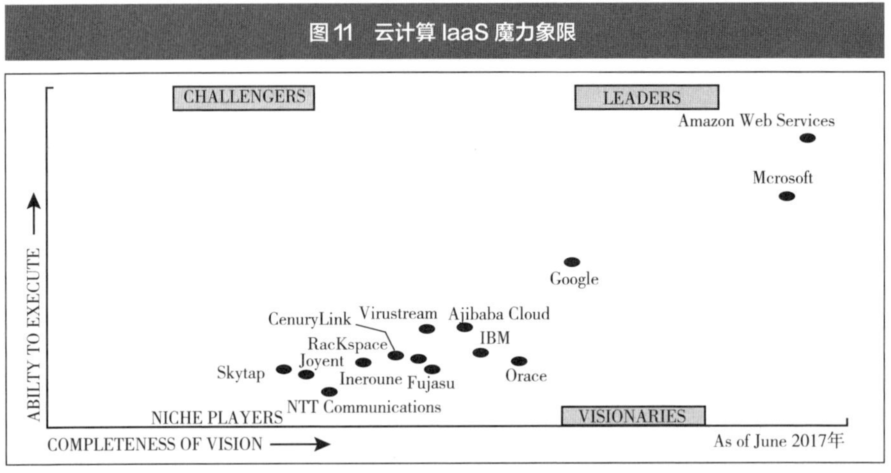

资料来源：Gartner。

图 12　阿里云营收与增速情况

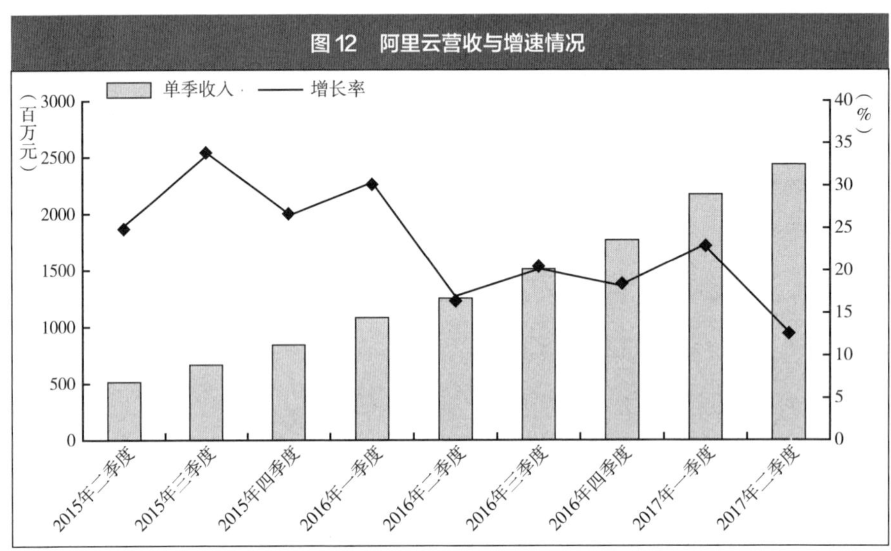

资料来源：公司公告、太平洋证券。

根据中国信通院的数据，预计 2017 年中国私有云市场规模将达到 425 亿元左右，增速将超过 23%。

行业集中是大趋势，领先企业有望持续受益：从 IT 建设的角度来看，私有云建设相当于将传统分散的小规模 IT 产品和服务采购变成大规模的集中的 IT 产品和服务采购。因此，单次采购量的增加将导致用户的议价能力增强，以及领先企业的产品技术等综合优势会更加突出，中小企业的生存环境将可能恶化，行业领先企业将会获得更大份额的订单，从而导致行业集中度提升。包括硬件和部分基础软件产品在内的通用性产品由于标准化程度高，可复制性强，会较快出现这一趋势。另外，在系统集成和服务领域，由于单个项目变大，技术难度提高，订单也有望集中到少数具有较强实力的大企业中，缺乏技术能力的中小企业未来会出局，行业集中度有望提升（见表4）。

表4　私有云建设典型参与厂商

投入部分	类别	典型厂商
硬件	服务器	浪潮信息、中科曙光、华为等
	交换机、路由器	华为、中兴、新华三等
	数据存储	华为、中兴、浪潮信息、中科曙光等
	防火墙、入侵检测设备等	启明星辰、绿盟科技等
软件	操作系统、数据库等基础软件	微软、IBM、甲骨文、开源系列
	安全相关软件	启明星辰、绿盟科技、格尔软件、深信服等
	应用软件	厂商供应较为分散
服务	系统建设/运维等	中科曙光、浪潮系、新华三、太极股份等

资料来源：　太平洋研报。

混合云结合私有云的安全性和公有云的弹性，可以将客户的安全性需求和对计算资源的弹性需求完美地结合在一起，是云计算未来的重点发展趋势。

典型的应用案例是在监管要求下的混合云部署，如银行、保险等机构在监管要求下不允许把核心的业务数据放在公有云上，因此，它们可以将核心业务放在自己的私有云上，保障自身数据安全，而把非核心的如业务行情、企业 OA 等放在公有云上，以实现业务快速弹性部署。

混合云已经在很多领域落地，例如，针对电信运营商，混合云直接面对用户的需求，实现了 IT 应用的混合交付，衍生出许多商业价值。但是，由于商业因素以及技术成熟度等原因，现有的混合云业务和方案，基本都是将客户限定于特定的技术和服务，仅仅实现了特定云互通。同时当前大部分混合云方案是基于开源云操作系统 OpenStack，例如为电信运营商提供的基于 OpenStack 的异构混合云。

行业巨头同时布局公有云/私有云，同构混合云是重要发展趋势：阿里、腾讯、AWS、Azure 从公有云行业切入私有云行业，而华为则从私有云行业切入公有云行业。行业巨头争相同时布局公有云/私有云市场，有望解决异构混合云存在的一些问题，提高混合云的运行质量。当前异构混

表5　领先云计算公司混合云支持对比

云平台	现状	混合云网络连接功能支持
阿里云	国内最大的公有云供应商，从注册 IP 数量和活跃 IP 数量上看，阿里云均位列全球前三，IDC 公布的“2016 年度中国公有云市场统计数据”显示，阿里云的市场份额达 40.67%； 业务最初以公有云为主，2016 年开始大规模进入私有云、混合云市场	支持通过 VPN 或专线连接私有云和阿里公有云； 支持虚拟私有云 VPC； Apsara 专有云平台，支持企业客户在自己的数据中心内部署完整的（公有加私有云）的云服务，成为混合云
腾讯云	最初以公有云为主，后进入私有云、混合云市场	支持通过 VPN 或专线连接私有云和腾讯公有云； 支持虚拟私有云 VPC； “黑石混合云”解决方案，在腾讯公有云上创建一个拥有物理机的私有云
华为云	以私有云（华为企业云）起步，2017 年成立 Cloud BU，提出“要强力投资打造公有云平台”，正式进军公有云市场； 相对阿里、腾讯，华为的优势在于云计算核心技术领域（服务器虚拟化、存储虚拟化、网络虚拟化）方面的专利及数量庞大的合作伙伴	支持通过 VPN 或专线连接私有云和华为公有云； 支持虚拟私有云 VPC； Fusion Bridge 混合云解决方案，提供跨云的统一服务目录，屏蔽客户使用多云平台的差异化
AWS	亚马逊于 2006 年推出 AWS，目前是全球云计算市场份额最大的供应商； Synergy Research Group 今年 7 月的报告显示，亚马逊拥有全球云计算 34% 的份额；与 VMware 合作推出 VMware Cloudon AWS	支持通过 AWS Direct Connect 或 VPN 连接 AWS 和私有云； 支持虚拟私有云 VPC； 无缝集成的混合云服务 VMware Cloudon AWS，从而可以同时采用 VMware 软件和工具运行现有环境和使用 AWS 公有云服务
Azure	微软云服务 Azure 目前在全球云计算市场上排名第二，仅次于 AWS； 微软私有云 Azure Stack 于 2015 年公布，2017 年 7 月宣布接受预订； Azure Stack 由微软开发的软件和微软合作伙伴生产的硬件两部分组成	支持通过 VPN 连接企业自建私有云与 Azure 公有云； 支持虚拟私有云 VPC； Azure Stack 与公有云 Azure 共享代码、API 和管理门户，使用 Azure Stack 私有云的企业能够和 Azure 公有云实现无缝对接

资料来源：太平洋研报，2017。

合云在解决了系统容量的快速伸缩的同时，也存在兼容性差、运维复杂度增加等问题，并且随着系统规模增大，异构混合云的问题将会越来越突出。而同构混合云相较异构混合云，更好地实现了内部数据中心和外部云之间的连接问题，以及降低了网络、系统监测和管理方面的复杂度，间接减少了运维费用等，具有显著的性价比优势，是未来混合云的重要发展趋势。

（三）领军企业介绍

（1）亚马逊

亚马逊成立于美国互联网行业的萌芽期，于 1997 年 5 月在纳斯达克上市。其云计算服务对公司营业利润的贡献超过了互联网零售业务。自 2002 年亚马逊推出云计算服务以来，云计算服务成为公司的亮点业务，并且一直是全球最大的 IaaS 提供商。云计算业务历经多年增长为公司重要的收入组成部分，2016 年云计算服务增长 55%，达到 122.19 亿美元。从营业利润来看，2016 年云计算服务的营业利润达到 31 亿美元，成为公司营业利润最大的组成部分。

亚马逊是云计算领域的先行者。2006 年，亚马逊首先推出了存储类产品 Amazon S3（Amazon Simple Storage Service）以及 Amazon EC2（Elastic Compute Cloud），前者是一种简单的存储服务，能以极低的成本为软件开发商提供高度可扩展、可靠、低延迟的数据存储基础架构，后者则是虚拟服务器。两年后，微软及谷歌相继进入云计算行业（见图 13）。

（2）Salesforce

Salesforce 是专注于 CRM 领域的 SaaS 企业。自成立以来，公司营业收入保持了 30% 的 CAGR 增速。2007 年公司的营业收入为 7.49 亿美元，经过十年的发展，2016 年收入达到 77.56 亿美元，几乎是 2007 年的 10 倍。在 2017 年上半年，公司营业收入仍然保持了 25% 的增长（见图 14）。

图 13　亚马逊发展历程

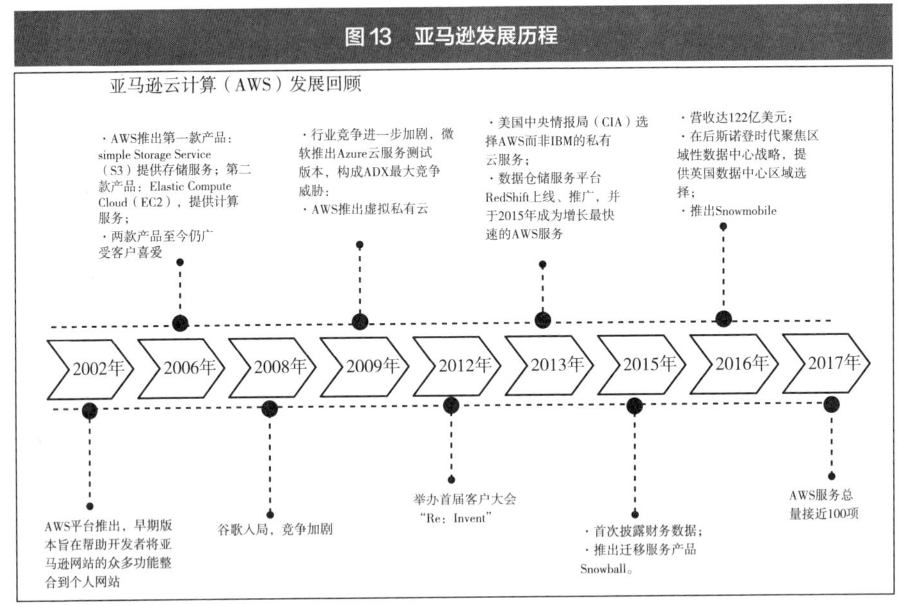

资料来源：公司官网。

Salesforce 提供了包括销售云（Sales Automation）、服务云（Service）和市场云（Marketing Automation）等功能。2007 年，公司发布了 Force. com，

图 14　Salesforce 发展历程

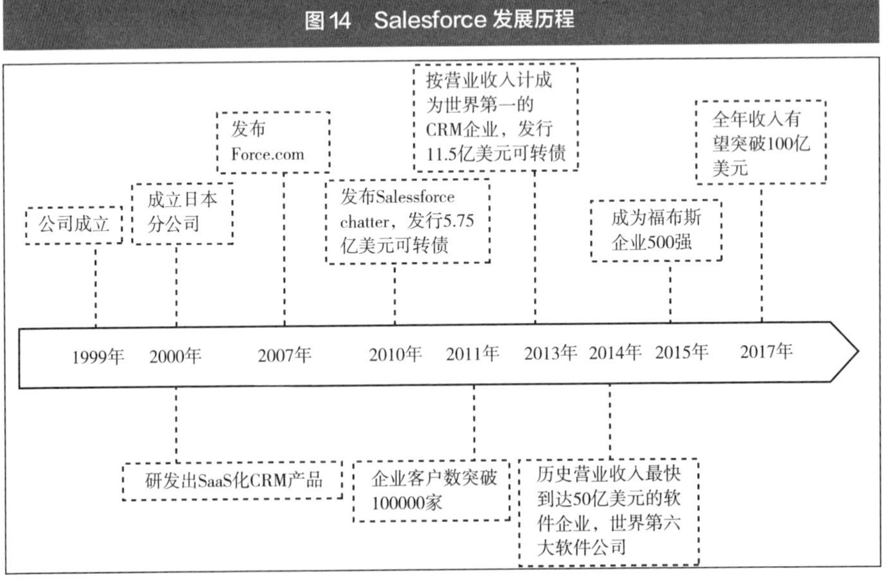

资料来源：Salesforce 年报。

开始发力平台云业务。2013 年对 Exacttarget 的并购极大地增强了 Salesforce 的市场营销产品线。除此之外，公司还有 Commerce Cloud（统一云端商务软件）、Analytics Cloud（分析工具）等新产品线（见图 15）。

图 15　Salesforce 业务概况（左边为主力产品）

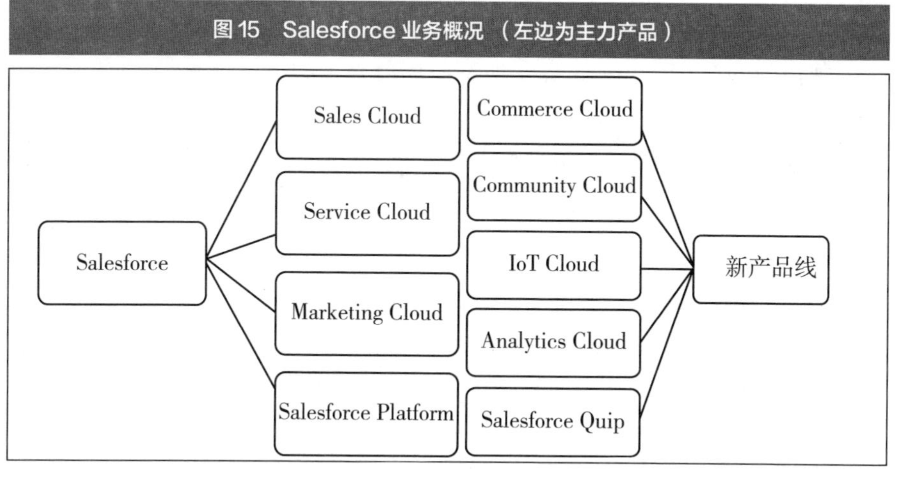

资料来源：Salesforce 年报。

Salesforce 正在积极运用资本市场为公司收购服务。通过发行可转债进行融资后，公司开始不断地通过收购来强化自己的产品线和增强产品功能。仅 2016 年，Salesforce 就收购了多家公司，方向包括云服务、及时性办公软件、营销数据初创和人工智能等。从现金流量表来看，公司通过经营获得的现金流基本用于企业并购（见表 6）。

表 6　Salesforce 于 2016 年完成的并购

序号	公司名称	领域
1	Steel Brick	CPQ，可以帮助销售人员匹配最精准的销售方案，并在复杂的 B2B 销售中实时调节产品价格
2	Meta Mind	自然语言处理和图像分析；商业客户可以借助 MetaMind 的深度学习工具、软件或者在线服务进行相关的研究，获得技术支持
3	Beyond Core	利用计算分析和统计分析支持商业智能的可视化企业分析工具
4	Demand ware	SaaS 电子商务平台解决方案
5	Quip	办公协作软件公司
6	Krux	为企业提供营销数据和广告信息服务
7	Prediction IO	开源的机器学习服务器

资料来源：Salesforce 年报。

（3）阿里云

阿里云是国内公有云市场占据绝对领先地位的服务商。阿里云业务布局完整，从基础设施、基础服务到中间服务、应用服务，最后到客户，全面覆盖了 IaaS、PaaS 和 SaaS。

阿里云的客户群基本覆盖了所有使用公有云的行业（见表7）。

表7　阿里云细分行业的典型客户

行业	典型客户
零售	天猫、亲宝宝、卡当网、大麦网等
金融	网商银行、天弘基金、红岭创投、众安保险等
制造	徐工集团、协鑫、波司登等
能源	朗新科技、科陆电子、东润环能等
游戏	阿里大于、海马玩、棱镜、友盟+、亲加通讯云、触控科技、手游那点事、上方网、游戏陀螺、火舞游戏等
视频	芒果 TV、乐橙、萤石直播、目睹直播、KOD 街舞比赛、映客、小蚁智能摄像机、大拿物联视频云平台等
传媒	中央电视台、浙江电视台、浙江电视台、浙江传媒学院等
政务	公安部、海关总署、海淀政务云、浙江省交通运输厅、宁夏政务云、云上贵州等
健康	KEEP、华康移动医疗、1 药网、好药师、复旦大学附属华山医院、邵逸夫医院健康云平台、芸泰网络、迈瑞等
运输	汇通天下、运满满、晟邦物流等
房地产	绿城集团、金融街控股、天智慧启科技、华侨城集团等

资料来源：阿里云官网。

六、2017年云计算行业主题

（一）IaaS 基础设施高速增长

IaaS 的高速增长为 SaaS 带来了机会。从海外 IaaS 公司的营收增速来看，亚马逊最新季度的增速为45%，环比回升3%；微软最新季度的增速为98%，环比回升了8%。从中国IaaS公司来看，阿里最新季度的增速为104%，环比回升了5%（见图16）。IaaS公司的持续高速增长为SaaS带来了机会。在软件端，由于企业将大量的投资用于IaaS上，必将导致在IaaS上配套使用软件。

图16 典型IaaS公司及收入增速

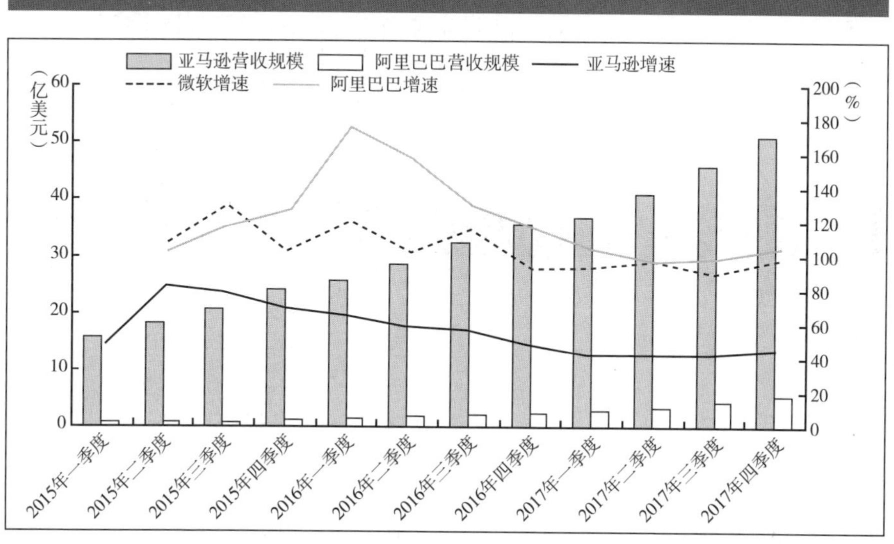

资料来源：各公司年报。

（二）PaaS厂商面临融合风险

PaaS厂商在行业中主要扮演服务开发者的角色，整体规模较小，介于SaaS和IaaS之间，为开发者提供了一个更加容易运营和部署应用软件的环境。用户不需要管理与控制云基础设施，仅需要控制上层的应用程序部署与应用代管的环境。因此，这不仅提高了开发应用程序的速度，还节省了开发费用。目前，PaaS主要服务提供商是Salesforce（Heroku）、Google（App Engine）和微软（Azure）。全球PaaS市场规模相对较小，虽然2015年、2016年迎来爆发式增长，但2016年也仅为71.7亿美元，占全球云计算市场的3%左右（见图17）。

巨头通过自研或收购切入，单纯 PaaS 厂商面临融合风险。从技术的角度来看，PaaS 是构建应用程序的一种方式，IaaS 和 SaaS 负责托管应用程序，而 IaaS 和 SaaS 厂商完全有能力打造出具有 PaaS 功能的一站式云服务应用，尤其是 IaaS 厂商在向衍生服务产品发展的过程中，由 IaaS 打造 PaaS 构建生态圈已经逐渐成为趋势。2018 年 PaaS 服务商被收购的案例较多，如 Salesforce 收购 HeroKu、Centry Link 收购 App Fog、Oracle 投资 Engine Yard 等。目前，通过自研或收购的方式，IBM、Oracle、HP、Salesforce、Microsoft 和 SAP 等巨头均已发布商用 PaaS。

图 17　2010～2020 年 E 全球 PaaS 市场规模及增速

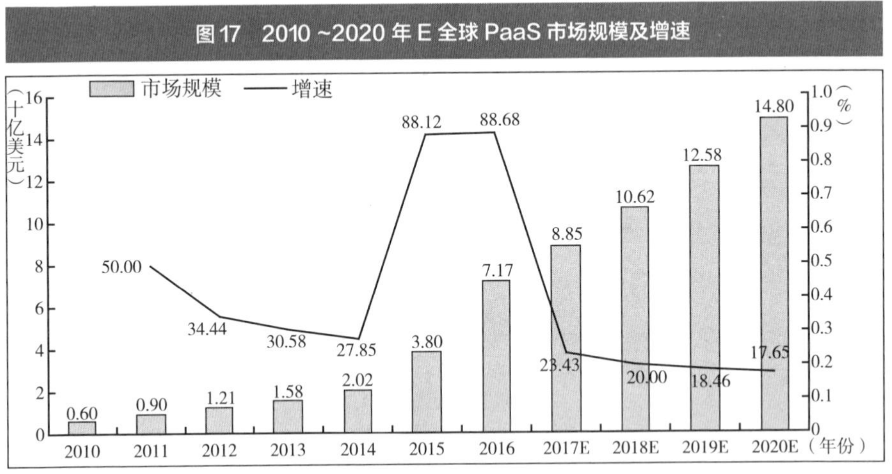

资料来源：Wind，中泰证券研究院，2018。

（三）SaaS 快速发展，传统软件企业面临转型

软件行业向云计算演进已经是毋庸置疑的事实，传统的大型软件厂商，例如微软、甲骨文、Sage 都看到了市场对 SaaS 的需求，正在加大力度投资 SaaS 业务，并为云计算业务配置与之前景相匹配的资源。

传统的企业软件有两种典型的交付模式：其一是套装软件 + 二次开

发，能够大规模复用，避免重复劳动且拥有强大功能，但弊端是无法满足企业的个性化需求；其二是代码级的定制化开发，虽然能够实现“量体裁衣”，但软件厂商却很难全面考虑软件的扩展性、稳定性等架构因素，产品也因此不能快速适应客户的需求变化，难以提高开发效率，无法做到“随需应变”。

在互联网思维下，SaaS 模式以其低成本、使用方便、随需应变的特点而价值凸显。尤其是从 2015 年底到现在，SaaS 模式的软件企业迅速得到资本的追捧而迎来风口，成为企业软件未来的大势所趋。

（四）混合云受到企业青睐，传统 ICT 企业抱团开源

混合云解决了企业数据安全痛点。Right Scale 2015 年的调研数据显示，虽然有 88% 的企业使用了公有云，但 68% 的企业在云端仅运行不到 1/5 的企业应用，大多数企业未来会将更多的应用迁移到云端，并且 55% 以上的企业表明目前至少有 20% 以上的应用是构建在云兼容（Cloud Friendly）架构上的，可以快速移动到云端。企业需要在转移到云计算的需求与管理内部资源之间寻找平衡，特别是出于数据安全性顾虑。为解决企业数据安全痛点，“混合/多云”的方式应运而生：将产品通过云端实现共有，企业自身的业务数据则独立封装，这样既保证了私密性，又使得服务安装与升级能够自动完成。

由于混合云可以解决企业级客户对数据安全性的担忧，同时兼顾云计算的性能优势，已经成为企业客户投入资金的优先选择方向。Global Data 2017 年调研了全球 3242 个云服务使用者，结果显示，未来两年企业在云技术上的投入将保持持续、高速增长，混合云将成为其中的主流选择方向。接受调研的大约 62% 的企业正在投资自身的混合云建设，预计未来两年 66% 的机构将优先考虑加强混合云部属。全球各大云服务商和设备厂商也采用私有云、托管云等方式提供多种混合云解决方案、进军混合云市

场。入选 Gartner 2017 年全球魔力象限的前几大云服务商均在年内完成了混合云战略的落地，尤其值得关注（见表 8）。

表 8　2017 年几大云服务厂商混合战略落地情况

厂商	事　件
谷歌	6 月 28 日，Nutanix 和谷歌云宣布达成战略合作关系，双方将共同布局混合市场； 9 月 7 日，谷歌云宣布推出全新一代私有云平台，旨在为客户更好地部署混合云环境
微软	7 月 11 日，微软正式发布混合云应用服务 Azure Stack，同时，戴尔 EMC 和微软发布了 Dell EMC Cloud for Microsoft Azure Stack 的联合产品，加速企业寻求部署和管理混合云战略
阿里	8 月 23 日，阿里云与 ZStack 达成混合云战略合作，提供无缝连接的混合云服务
亚马逊	8 月 29 日，在 VM World 2017 大会上，亚马逊 AWS 与 VMware 宣布继 2017 年 10 月战略合作之后的一项重要成果，VMware Cloud on AWS 初步可用，全面部署混合云环境
IBM	9 月 10 日，在 IBM 与 VMware 达成混合云战略一年之后，IBM 和戴尔 EMC 公开发布，为戴尔 EMC 的商业客户提供 IBM Cloud 的 VMware 混合云解决方案

传统 ICT 企业共推开源。开源社区聚集了传统 IT 软、硬件厂商以及技术创新企业，形成了“众筹”式发展的局面。这类传统 ICT（Information、Communication、Technology）企业以企业服务项目为主，通过搭建私有云或混合云的方式落地。通过不断加大对开源社区的投入，提高自身产品与开源平台的兼容程度，意图借助开源社区和开源平台的力量取得市场。例如，HP、IBM、VMware、Cisco 等已成为最大的开源平台 Openstack 的顶级代码贡献者。

七、云计算行业展望

（一）自主可控要求下，自身云生态体系建设得到强化

中国政府高度重视自主可控云计算产业发展，出台了一系列扶持政策和规划。几年来，国务院和各部委围绕“十二五”发展规划，制定

了《关于做好云计算服务创新发展试点示范工作的通知》《国家“十二五”科学和技术发展规划》《软件和信息技术服务业“十二五”发展规划》《互联网行业“十二五”发展规划》《通信业“十二五”发展规划》等多个云计算相关政策与规划，表明云计算在未来经济发展中的重要地位及国家对云计算产业发展的高度重视。这些政策与规划各有侧重，分别对云计算的基础设施、技术研发、推广应用、产业发展等各个方面进行了规划与指导，为云计算的健康发展创造了良好的政策环境。这些政策和规划的推出，对加快自主可控云计算技术创新和产业发展，对中国信息产业和现代服务业建设、提升中国信息化应用水平具有重要意义。

各巨头正纷纷打造以“我”为主的云生态，强化对云计算行业的掌控力。阿里云推动“云合计划”，计划招募10000家云服务商，共同构建生态体系，为企业、政府等用户提供一站式云服务。腾讯云发布“云+计划”，浪潮发布“云腾计划”等。云生态将可能成为云计算行业竞争力的标志。2018年，各厂家将实质性地推动云生态建设，也将有更多云计算企业启动云生态战略。

（二）预计将有更多的数据中心投入建设

云计算与大数据、AI、物联网等新技术结合，将催生更多数据中心投入建设。企业客户的需求正在随着技术的发展而不断提升，由最初的基础设施建设，发展到一站式解决方案，甚至当客户具有一定的云计算专业化水平后，将在满足自身基本需求的基础上提出差异化需求，要求厂商提供差异化、定制化的解决方案。

随着云计算市场的持续扩张，尤其是各巨头云计算业务高速增长，云计算提供商需要建设更多数据中心以满足日益扩展的业务需求。

（三）垂直行业的纵深场景化

在云服务刚面市的相当长的一段时间内，云服务提供商们的主战场主要围绕关键但普通的应用，比如电子邮件、办公软件和存储，大家在可用性、服务级别、价格、地区及其他众多功能和标准方面展开竞争。在这个早期阶段之后，各种规模和类型的企业日益将技术集成到各自的核心业务流程中。连之前严重依赖专有或高度定制的应用软件的企业组织现在也将部分业务流程迁移到云端，或者规划这么做，其动因是云计算商业模式带来了越来越诱人的经济规模效应。

新的科技和新的技术对于云计算生态行业改革的推动作用，将会比任何其他行业更强大，带来云计算行业的高速增长，尤其是在垂直细分领域。针对垂直领域的云服务最初专注于金融服务和医疗保健这些大行业，但是这种情况正在发生变化。

云计算的范畴越来越广，人工智能开始成为其重要组成部分。2006年，亚马逊首先推出了存储类产品 Amazon S3（Amazon Simple Storage Service）以及 Amazon EC2（Elastic Compute Cloud），前者是一种简单的存储服务，能以极低的成本为软件开发商提供高度可扩展、可靠、低延迟的数据存储基础架构，后者则是虚拟服务器。随着云计算的不断发展，亚马逊又推出了机器学习、物联网、AR（增强现实）和 VR（虚拟现实）、移动服务、分析、游戏与开发等一系列功能。不仅是 IaaS 厂商，SaaS 厂商也是如此。Salesforce 除了传统的销售、服务、营销和云平台等产品外，还在积极拓展移动、社交、健康、订单自动化、营销自动化等一系列新的产品，并采用交叉销售的策略，力求从每个客户那里获取更多的收入。

参考文献

[1] 刘小刚:《国外大数据产业的发展及启示》[J],《金融经济》(理论版) 2013 年第 9 期。

[2] 王伟玲:《大数据产业的战略价值研究与思考》[J],《技术经济与管理研究》2015 年第 1 期。

[3] 西凤茹、王圣慧、李天柱等:《基于大数据产业链的新型商业模式研究》[J],《商业经济研究》2014 年第 21 期。

[4] 刘岩:《我国大数据产业竞争优势研究——基于修正的钻石模型》[J],《企业经济》2015 年第 7 期。

[5] 汪应洛、黄伟、朱志祥:《大数据产业及管理问题的一些初步思考》[J],《科技促进发展》2014 年第 1 期。

[6] 宋之杰、杜亚莉:《大数据产业发展及我国应对措施》[J],《燕山大学学报》(哲学社会科学版) 2014, 15 (2)。

[7] 胡凌:《大数据革命的商业与法律起源》[J],《文化纵横》2013 年第 3 期。

[8] 施利萍、张应辉、罗阿玲等:《大数据产业及其发展机遇》[J],《软件导刊》2015, 14 (7)。

[9] 文皓:《大数据的发展和产业机遇》[J],《信息化建设》2016 年第 9 期。

[10] 张广有:《大数据大发展大机遇——解读〈中国大数据技术与产业发展白皮书(2013)〉》[J],《中华医学信息导报》2014, 29 (1)。

[11] 张光明:《大数据产业生态》[J],《中国建设信息》2014 年第 13 期。

[12] 康雅雯:《云计算革命,路径正清晰》,《中泰证券研究报告》,2017 年 10 月 19 日。

[13]《2018 中国云计算产业生态图谱》,《易观智库研究报告》,2018 年 2 月 15 日。

[14] 胡又文、曹佩:《2018,中国云计算产业的拐点》,《安信证券研究报告》,2018 年 3 月 27 日。

[15] 王文龙、徐中华:《云产业链逐级放量,技术和市场共振发展》,《太平洋证券研究报告》,2017 年 11 月 14 日。

物联网产业发展及展望

衷唯菁

建投物联（江西）股份有限公司顾问

要点提示

- 全球物联网应用增长明显，人类社会正进入“万物互联”的新时代，可穿戴设备、智能家电、自动驾驶汽车、智能机器人等数以百亿计的新设备将接入网络。

- 各国高度重视物联网新一轮发展带来的产业机遇，在战略设计、政策环境建设、产业生态构建等方面大力推进，抢抓物联网机遇的意向非常突出。

- NB-IoT 技术和标准快速成熟，我国三大运营商均制订了 NB-IoT 的商用计划。物联网关键核心技术的发展为物联网发展模式从以应用牵引为核心向以产业生态构建为核心的转变提供了基础能力。

- 物联网产业发展进入稳定增长周期。新出行和车联网成为 2017 年国内最受关注的领域，成为国内外互联网产业竞争热点，市场潜力巨大。

- 随着人工智能与专有器件技术的共同发展，物联网基础硬件获得智能升级，产品线愈加成熟和丰富，越来越多地渗入国民经济各大领域。引入区块链，能够构建去中心化的物联网设备管理系统，为数据的安全性和真实性提供保障。

一、全球物联网发展回顾

（一）万物互联开拓信息产业发展新空间

物联网作为新一代信息通信技术高度集成和综合应用的典范，正在与经济社会深度融合，深刻改变着生产活动、公共服务和社会管理。随着物联网技术在行业中的普及和不断深化，人类社会正进入“万物互联”的新时代，可穿戴设备、智能家电、自动驾驶汽车、智能机器人等数以百亿计的新设备将接入网络，预计到2020年全球联网设备数量将达到260亿个，物联网市场规模达到1.9万亿美元。万物互联在推动海量设备接入的同时，将在网络中形成海量数据，预计2020年全球联网设备带来的数据将达到44泽字节（ZB）。物联网数据价值的发掘将进一步推动应用的爆发性增长，促进生产生活和社会管理方式不断向智能化、精细化、网络化方向转变。

在当前世界经济复苏曲折的大背景下，万物互联将为全球信息产业和经济增长开拓新空间。从需求端看，物联网发展与消费品行业、现代服务业实现跨界融合，带动新产品、新应用不断涌现，同时开辟出巨大的信息消费新市场。此外，物联网发展使信息感知能力融入客观世界的物理设施之中，带动高速、移动、安全、泛在的新一代信息基础设施建设，以及能源、交通、电力、水利等重要行业设施的智能化改造。从供给端看，物联网技术推动传统行业提质增效。在工业领域，物联网技术广泛应用于供应链、产品设备监控、环保监测等环节，带来生产方式的深刻变革；在农业领域，物联网支撑农业现代化，实现农业增质增效和农民增收。物联网还广泛应用于智慧城市的构建，极大地增强了城市管理和公共服务能力。可以说物联网正在引领社会生产新变革，创造人类生活新空间，推动世界的绿色、智能、可持续发展。

（二）政企积极推进物联网产业布局

在当前经济形势下，各国高度重视物联网新一轮发展带来的产业机遇，在战略设计、政策环境建设、产业生态构建等方面大力推进，抢抓物联网机遇的意向非常突出。针对跨产业、跨领域、跨学科的物联网复杂系统，2017 年 1 月，美国商务部发布物联网绿皮书 *Fostering the Advancement of the Internet of Things*，聚焦构建物联网技术和产业发展所需的政策环境，推动全球统一的技术标准体系的建立，倡导全球互联、开放和互操作的物联网国际环境。美国政府还聚焦工业互联网、车联网等重点领域，通过联邦政府投资、建立产业联盟、推进示范应用等多种方式，推进物联网的发展，保持美国在信息通信行业的领导优势，重塑其在制造业、交通业的全球领先地位。

欧盟先后在 2015 年重构物联网创新联盟（AIOTI），在 2016 年组建物联网创新平台（IoT - EPI），希望构建一个蓬勃发展的、可持续的欧洲物联网生态系统，最大限度地利用公共平台、信息共享等发展机遇。同时，欧盟通过“地平线 2020”研发计划在物联网领域投入近 2 亿欧元，建设连接智能对象的物联网平台，开展物联网水平行动，推动物联网集成和平台研究创新，特别是重点选取自动网联汽车、智慧城市、智能可穿戴设备、智能农业和食品安全以及智能养老 5 个方面开展大规模示范应用，希望构建大规模开环物联网生态体系，推进欧洲物联网发展。

在产业层面，包括互联网公司、电信运营商、传统行业企业、设备制造企业在内的产业巨头纷纷制定其物联网发展战略并构建物联网生态，意图争夺物联网未来发展的战略导向，提升对整个产业的把控能力。一方面，微软、GE、谷歌、IBM、亚马逊等产业巨头高度重视平台化发展趋势，先后推出操作系统、云平台和大数据分析平台，谷歌发布物联网操作系统 Android Things，帮助开发者将产品连上云端服务；亚马逊公司推出

Amazon AWS IoT 平台，通过“硬件合作伙伴计划”，将物联网设备与云连接，实现安全的数据交互、处理和分析，促进物联网产品和服务快速开发。另一方面，产业巨头加速并购和产业合作，加快产业布局和生态引领。自 2014 年起全球围绕物联网平台的大型并购交易超过 20 起，传感器设计企业也成为下游应用厂商、传统 IC 设计制造厂商投资和并购的主要目标，2015 年至 2016 年 8 月，MEMS 传感器产业已出现 20 余起重大并购交易。与此同时，物联网产业链上下游之间合作也成为重要趋势，IBM 与 ARM 于 2015 年 9 月宣布建立合作伙伴关系，推动二者在芯片和云平台领域的优势互补。GE 公司于 2016 年宣布其工业互联网 Predix 平台登陆 Microsoft Azure 云平台，为工业客户提供服务，并获得人工智能等数据分析技术支持，帮助客户从工业设施中洞察智能。

（三）关键技术突破促进物联网新发展

物联网已经成为当今世界技术创新最活跃，发展空间最广泛和应用潜力最巨大的领域之一。传感器性能不断突破且成本大幅降低、云计算和大数据的快速兴起、开源模式的推广，都为物联网关键技术的突破创新和加速发展创造了有利条件。在全球范围内，物联网平台技术、网络技术、操作系统等均取得突破性进展。在物联网平台方面，物联网语义、数据共享和开放、大数据分析等技术不断创新发展，在平台上提供设备管理、连接管理、应用使能和业务分析等主要功能，逐步解决海量设备复杂度高、互联互通难以实现以及信息无法共享等关键问题，实现了物联网数据和资源的跨行业、跨领域流动，有效降低了物联网应用开发成本，提升了产业合作效率。在网络技术方面，以 NB-IoT（窄带物联网）为代表的低功率广域网具备支持大连接、广覆盖、低功耗、低成本的技术特点。2016 年，在产业界的推动下，NB-IoT 技术和标准快速成熟，包括芯片、模组、终端、运营、应用在内的产业各环节正在加速商业化。

中国、韩国、欧洲、中东、北美的多家运营商加速布局 NB-IoT 网络和解决方案，特别是我国三大运营商均制订了 NB-IoT 的商用计划，并在智慧农业、智能停车、智能抄表等行业应用中不断推出新的解决方案。在操作系统方面，轻量级、模块化、弹性内核的物联网操作系统快速兴起，其内核更具弹性，将网络协议栈等功能组件从内核中独立出来，并根据设备具体功能按需保留。目前，物联网操作系统已经在智能家居、车联网等领域得到了应用。

物联网关键核心技术的发展为物联网发展模式从以应用牵引为核心向以产业生态构建为核心的转变提供了基础能力。利用低功率广域网技术提供的泛在化连接，将更多的感知设备以更低的成本接入平台，利用平台的管理和数据分析功能，以及物联网操作系统提供的统一管理和开放能力，加速了物联网数据、人才、资本等发展关键要素在产业不同环节之间流动，为物联网生长壮大提供了所需的内生动力。

物联网发展在经历概念式驱动、示范应用带动后，技术显著进步，产业逐步成熟。一是联网技术不断突破。联网技术是物联网产业发展的基础条件，在全球范围内低功率广域网（LPWAN）技术快速兴起并逐步商用，面向物联网广覆盖、低时延场景的 5G 技术标准化已然确定，同时 LTE－V、工业以太网、短距离通信技术等也取得显著进展。二是产业的成熟使得物联网部署成本不断下降。与十年前相比，全球物联网处理器价格下降 98%，宽带价格下降 97%，传感器价格下降 54%，成本的大幅降低是推动物联网大规模部署的关键条件。三是海量数据处理技术与计算能力明显提升。随着大数据技术体系与框架的基本成熟，信息提取、知识表达、机器学习等人工智能研究和应用技术迅速发展，能够有效发掘物联网数据的潜在价值。四是物联网产业生态构建所需的关键基础环节加速成熟。云计算的成熟、开源软件的推广有效降低了中小企业构建生态的门槛，推动全球范围内物联网平台的兴起和物联网操作系统的进步。

二、物联网产业现状与生态布局

（一）物联网产业分布与投资现状

物联网产业发展进入稳定增长周期。根据 G－K 产业生命周期模型，随着移动互联网快速爆发，全球移动智能终端出货量连续三年年均增长率超过50%，年出货量达到 10 亿部，移动计算平台的流量占比在社交、电商、视频等主要互联网平台均超过 50%。新终端、新技术、新模式的引入，使得融合创新将成为决定未来一个时期移动互联网产业能否进入再次增长期、呈现二次爆发式增长的主要驱动力，其中物联网基础硬件将发挥持续性接力式的支撑作用。

根据麦肯锡数据，物联网产业结构中物联网基础设施建设层、平台层和应用层的产业价值占比分别为 31∶34∶35。各个层级比重相当，与互联网巨头生态布局基本一致，未来物联网技术的发展必将带动产业链各个环节协同发展。其中，2017 年在资本市场和消费市场引发广泛热度的新出行、车联网、智能家居领域，将物联网的基础层、平台层和应用层推向新的量级，成为各个互联网巨头争相涌入的流量入口和增长入口（见图 1）。

新出行领域成为 2017 年国内最受关注的领域。2017 年前三季度汽车交通领域投融资较为活跃，自动驾驶、汽车服务等领域获投数量和金额均保持高位，汽车交通领域获得了 36% 的投资资金，在所有领域中排名第一。共享单车出行市场竞争激烈。ofo 与摩拜领跑共享单车市场，呈现“两强鼎力”局面。摩拜单车 2017 年上半年完成 4 轮融资，总融资金额近 10 亿美元，其中 E 轮融资以 6 亿美元创出单笔最高。而 ofo 在筹集到最新一笔 7 亿美元资金后，2017 年总计完成 3 轮融资，总融资金额超过 12 亿美元。但同时，同质化竞争也促使一年内多家初创公司倒闭，如小蓝单车、酷骑单车等。残酷的市场竞争，使得其他公司破局难度极大。

图 1　物联网涉及上市公司整理

物联网模块	二级板块	上市公司或新三板公司
感知层	感知层 –MEMS	苏州固锝　士兰微　汉威电子　耐威科技　盾安环境　奥迪威　麦克传感　高华科技　基康仪器
	感知层 –MCU	润欣科技　大唐电信　全志科技　紫光国芯　富通微电　上海贝岭　长电科技　北京君正　中颖电子　华天科技　国民技术　东软载波　利尔达
	感知层 –电子标签	远望谷　新大陆　高新兴　思创医惠　厦门信达　英内物联　德鑫物联
网络层	网络层 –模块	移为通信　高新兴　新天科技　利尔达　有方科技　骐俊股份　映翰通　桑瑞电子
	网络层 –平台	宜通世纪　永鼎股份　中恒电气　榕基软件　中科创达　科通芯城　仁天科技控股　思创医惠　中设置空　金点物联　慧翰股份　绿联软件
应用层	应用层 –智能表	金卡智能　新天科技　三川智慧　宁波水表　汇中股份　锐能微
	应用层 –智慧城市	高新兴　榕基软件　银江股份　易华录　千方科技　数字政通　大华股份　三棱股份
	应用层 –政务、医疗、停车、环保、农业	思创医惠　捷顺科技　五洋科技　诺力股份　汉威电子　梅安森　致生联发　新天科技
	应用层 –车联网	盛路通信　国脉科技　高鸿股份　大唐电信　北斗星通　中兴通讯　得润电子　四维图新　亚太股份　均胜电子　万安科技　中海达
	应用层 –工业联网	东土科技　安控科技　卓越信通　瑞晟智能

资料来源：国信证券经济研究所整理。

车联网已成为国内外互联网产业竞争热点，市场潜力巨大。汽车将成为继手机产业之后的第二大移动互联网入口，实现车内、车与人、车与车、车与路、车与服务平台的全方位网络连接。百度量产无人车 2018 年即将面市，Gartner 预测 2020 年其将突破 6000 万辆，并预期 2022 年该市场规模将达到 1560 亿美元，2025 年有望实现所有汽车联网。

随着语音交互技术的成熟，智能家居硬件正由环境感知类设备向自动控制、语音交互类设备发展。围绕语音交互技术，国内外智能家居入口之争日趋白热化。由于当前智能家居应用场景仍难以刺激用户需求痛点，智能家居对于大众消费者而言仍属尝鲜产品。国内79.9%的用户对于智能硬件产品的价格容忍区间在500元以内，而目前国内外智能音箱产品价格已下探至该区间（亚马逊 Echo Dot 49.99 美元，谷歌 Google Home Mini 49 美元，小米小 AI 智能音箱 299 元）。智能音箱的成本优势，使其可以面向大众消费者通过音箱互联其他智能硬件，扩展家居信息服务边界。

（二）平台化的物联网产业生态

随着网络接入技术、云计算技术、人工智能技术的发展，物联时代开启，同时逐步成为传统行业创新的新趋势。技术的成熟和商业模式的迭代创新推动物联网在不同行业的落地与普及，可穿戴设备、白色家电及智能交通等应用随处可见。根据应用场景和环境的不同，物联网终端形式各异，导致物联网应用呈现碎片化趋势。现有成功的物联网应用案例多集中于局部规模的垂直领域，且以闭环的应用为主，导致众多的物联网成为“应用孤岛”。物联网技术的价值不仅是将“物”接入云端提高其自动化水平，更是对“物”所涉及的数据进行深度挖掘，从而实现新的业态和服务的增值。互联网公司、传统设备商、云服务提供商等产业巨头纷纷构建以自身能力为核心的物联网生态圈，打造自身产业链的枢纽地位，实现自身核心价值的增值与变现。电信运营商也开始布局物联网，利用其在物联网价值链中的管道优势，快速发展物联网通道类产品。

BAT（百度、阿里巴巴、腾讯）、京东依托自身传统优势，包括云、大数据、硬件管理平台等，打造第三方物联网生态系统，其物联网布局思路相似：积极发挥自身优势，以硬件联网为基础开放数据，以生态、技术、接口为突破口，全方位构建产业链协同的生态系统。

2016 年 7 月百度推出了名为“天工”的智能物联网平台，该平台是侧重于工业制造、能源、物流等行业的产业物联网。百度“天工”是一个端到云的全栈物联网平台，其包含物接入、物解析、物管理、时序数据库、规则引擎五大产品，以千万级设备接入能力，百万数据点每秒的读写性能，超高的压缩率，端到端的安全防护和无缝对接“天算”智能大数据平台的能力，为客户提供极速、安全、高性价比的智能物联网服务。

2017 年 6 月 10 日，在“IoT 合作伙伴计划大会 2017（ICA）”上，阿里巴巴 IoT 联合近 200 多家 IoT 产业链企业宣布成立 IoT 合作伙伴联盟。同年 10 月 12 日，阿里云在云栖大会上发布了 Link 物联网平台，计划借助阿里云在云计算、人工智能领域的积累，将物联网打造为智联网。Link 物联网平台将建设物联网云端一体化使能平台、物联网市场以及 ICA 全球标准联盟三大基础设施，推动生活、工业和城市三大领域的智联网建设。

腾讯以 QQ 物联和微信智能硬件两大物联网平台为基础，以庞大的用户数量和社交圈为核心；阿里巴巴成立智能生活事业部，针对物联网业务整合智能云、淘宝众筹和天猫电器城，合力解决智能硬件开发、市场销售难题；百度则利用其在深度学习、人工智能等领域技术上的优势，实现对物联网平台上产生的海量数据的分析挖掘，并开发强大的上层应用，有望在机器学习、大数据处理层面上超越腾讯和阿里巴巴。

2014 年 10 月，中国移动物联网设备云——OneNET 正式上线。2017 年 11 月，中国移动物联网开放平台 OneNET 实现了 NB-IOT 设备通过窄带蜂窝网络接入平台的能力，成为全国首家支持 CoAP + LWM2M 协议、遵循 IPSO 组织制定的 Profile 国际规范、实现 NB-IoT 场景解决方案的物联网平台。

云计算厂商在物联网生态布局上的策略主要是角色定位向上延伸到物联网解决方案提供商，依托的是其在底层计算、虚拟化、存储、中间件等方面丰富的资源优势以及在数据采集、分类处理等方面的技术优势。IBM 通过构建物联网生态系统，实现从底层平台到上层商业智能分析完整解决方案，IBM Waston 物联网平台现已提供了从设备管理、引用开发、数据存储管理、上层智能分析的完整功能，目前与 170 个国家的 4000 多家物联网客户开展合作。AWS 在物联网方面布局较早，先后推出了 Kinesis 平台、建立了通过平台跟踪和管理连接企业系统的 IP 地址账号和连接设备，并与

2015 年正式推出 AWS IoT 平台，打通了云到端的通道，逐步实现内生外造 AWS 的云端物联网生态系统。微软则加速推出了物联网套件，具备设备互联、数据归集分析、应用开发等功能，其市场动作更快一步：紧密结合自身人工智能技术优势，推出基于人工智能产品 Cortana，并与其他厂商合作完成“Connected Cars”项目，与劳斯莱斯联合开发基于微软 Azure IoT 物联网和 Cortana 智能助理的智能云引擎。

（三）物联网标准化进程

为了适应物联网领域对无线通信的诉求，3GPP 从 Rel－10 开始就讨论 M2M 通信，技术的演进将会引领物联网行业应用的创新。同时，3GPP 也面临众多其他低功耗广域网（Low Power Wide Area Network，LPWAN）技术的挑战，NB-IoT Rel－13 的快速冻结也是为了适应物联网市场的变化。由于围绕 3GPP 组织的产业链资源足够强大，加上物联网应用领域足够丰富，因此在不断演进的过程中，应及时调整技术的发展脉络和市场格局（见图 2）。

图2 NB-IoT 标准发展历程

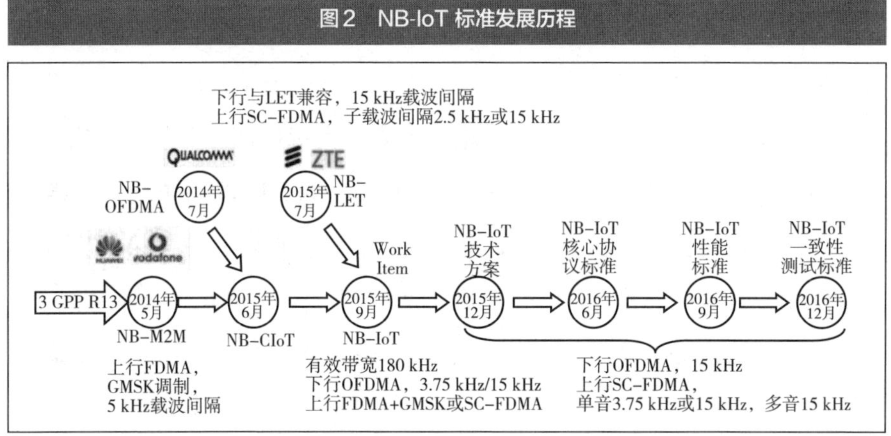

NB-IoT 是一种全新的基于蜂窝网络的窄带物联网技术，是 3GPP 组织定义的国际标准，可在全球范围内广泛部署，聚焦于低功耗广域网，基于授权频谱

的运营，可直接部署于LTE网络，具备较低的部署成本和平滑的升级能力。全球移动运营商协会GSMA预测，2020年将有约30亿的连接承载在运营商的蜂窝网络，涉及工业、个人应用、智能家庭、公共事业等多个方面，其中，约有20亿的连接面向低功耗广覆盖（Low Power Wide Area，LPWA）应用。

巨大市场空间推动全球范围内广域网连接技术出现爆发式增长，并形成了以LPWAN为核心的网络连接服务体系。目前全球范围内，面向物联网的LPWAN技术可分为两类：一类是授权频段的广域网技术，以3GPP定义的NB-IoT、LTE演进技术eMTC等为代表；另一类是非授权频段的广域网技术，包括LoRa、PRMA、Sigfox等技术。不同类别的LPWAN技术的主导方、部署方式、服务模式均存在差异。

全球运营商通过提供网络连接和配套服务构建连接服务体系。优质的网络连接是运营商在物联网中的基础和核心能力。全球电信运营商为了更好地支撑物联网的发展，在现有公众移动通信网的基础上，从三方面着手增强自身竞争力。一是不断优化现有网络能力，通过在核心网侧部署物联网专属设备，在业务网侧建设独立的物联网运营管理和运营支撑平台，提供面向物联网的连接服务能力。二是研究和加速部署新的网络连接能力。中国、韩国、欧洲、中东、北美的多家运营商加速布局NB-IoT，已经开展了基于pre-standard的NB-IoT技术的试点，并开启了端到端的技术和业务验证，预计2017年NB-IoT将在全球范围内大规模部署。为了尽快占领物联网市场，美国的Comcast、韩国的SK telecom、印度的塔塔通信等一些运营商则采用更为成熟的LoRa技术建网，快速具备新的网络能力。三是提供配套服务构建生态。电信运营商将自身具有的测试、认证、计费、安全等能力打包对外开放，一方面带来直接收益，另一方面可以聚集优质合作伙伴。

行业企业通过自建专网的方式提供物联网连接能力。非授权频段的LPWAN（如LoRa、Sigfox）经过2～3年的发展，目前技术已经基本成熟并具备了一定的产业基础，包括芯片、模组、终端、运营、应用在内的产业各环节正在加速商业化。为了满足行业的特定运营需求，部分行业用户选择自建非授权频段 LPWAN 的方式提供物联网服务。对于电力、燃气、水务等行业用户而言，利用非授权频段技术构建自身的 LPWAN 提供自用物联网业务，具有网络部署简单、组网灵活、服务成本较低等优势，并在定价、用户服务方面保持了一定的可控性。

在标准化方面，全球物联网相关的标准化组织众多。随着物联网的不断发展和标准化持续推进，目前已经基本形成了包括总体性标准、基础共性标准和行业应用标准在内的全球物联网标准化体系框架。其中总体性标准主要侧重物联网总体性场景、需求、体系框架、标识以及安全（包括隐私）等标准制定。负责总体性标准制定的标准组织之一 ITU - T 在 2015 年 10 月成立 SG20（物联网及其应用，包括智慧城市和社区）研究组推动物联网和智慧城市相关标准的制定。同时随着“雾”计算技术理念的兴起，2015 年 11 月，OpenFog 联盟成立，意图推动雾计算/边缘计算的相关标准化工作。基础共性标准中包括感知标准、通信标准和平台及共性技术标准。2016 年平台及共性技术标准进展明显，oneM2M 启动 R3 标准的研制，W3C 的 WoT（Web of Things）兴趣组工作基本完成，计划 2017 年成立工作组。业务应用类标准包括面向消费类的公众物联网应用标准和行业物联网应用类标准。2016 年发展迅速的工业互联网联盟 IIC 主要定义工业领域对物联网的需求，并与其他标准化组织对接完成标准化。

三、我国物联网发展现状

（一）国家政策接力布局

随着全球物联网发展进入新一轮生态布局的战略机遇期，我国物联网发展也进入了单点发力向生态体系转变、简单应用向高端应用转变、政府投入向市场主导转变的关键时期。在这一时期，我国物联网政策在与前期政策衔接的基础上进一步深化布局，产业发展也呈现面向生态布局的新特征。

工业/制造业作为国家的战略性基础行业，具有规模巨大、带动性强的特点，历来是世界各国发展竞争的焦点。为了积极抢占新一轮国际制造业竞争制高点，制造业成为“十三五”时期我国物联网的重要应用领域之一。2015 年 5 月国务院印发《中国制造 2025》并成立国家制造强国建设领导小组，部署全面推进实施制造强国战略。其后，工业和信息化部启动年度智能制造试点示范，截至目前已设立上百个示范项目。2016 年 8 月，工业和信息化部、国家发改委、科技部、财政部联合发布《智能制造工程实施指南》，加速标准化实施，明确财税金融支持。此外，各地加强智能制造规划实施，目前已有 21 个省份出台对接政策，智能制造在全国各地全面铺开。

随着物联网产业逐步向规模化消费市场聚焦，具有人口级市场规模的物联网应用，包括车联网、社会公共事业（水电气热抄表）、智能家居等成为当前物联网发展的热点行业。2016 年 9 月，国务院进一步发布《关于加快推进“互联网 + 政务服务”工作的指导意见》，提出了“创新应用互联网、物联网、云计算和大数据等技术，加强统筹，注重实效，分级分类推进新型智慧城市建设，打造透明高效的服务型政府”。为落实国务院关于智慧城市的指导方针，国家各部委陆续出台相关政策举措，“十三五”期间，国家发改委与中央网信办、智慧城市部际协调工作组等将共同推出 100 个“新型智慧城市”试点，开展智慧城市建设效果评价工作，分行业、分领域选取一批有代表性的智慧城市优秀案例，以点带面，促进城镇化发展质量和水平全面提升。国家标准委、国家旅游局、国家测绘地理信息局等也陆续出台指导意见，对标准体系、智慧医疗、智慧旅游、地理信息资源建设等推进落实相关工作。

2015 年 7 月，国务院《“互联网 +”行动指导意见》中提出要积极推广车联网等智能化技术应用，车联网开始在国家层面全面布局。2016 年 7 月，国家发改委、交通运输部联合发布《推进“互联网 +”便捷交通促进智能交通发展的实施方案》，明确提出利用物联网等技术，推动跨地域、跨类型交通信息的互联互通，建设先进感知监测系统，形成动态感知、全面覆盖、泛在互联的交通运输运行监控体系。工业和信息化部相继启动车联网创新发展工作方案、智能网联汽车总体规划及智能网联汽车标准体系建设方案等相关工作。2016 年，国家重大科技研发专项经费进一步向车联网倾斜，中德智能网联汽车、车联网标准及测试验证合作项目启动，搭建测试认证环境，联合推进技术研发及标准制定。北京、上海、重庆、杭州、常熟等示范区开展建设，构建车联网应用规模实验外场，实现辅助驾驶和部分自动驾驶关键场景的应用示范，推动各项关键技术的研发与产业化。

（二）我国物联网产业与生态现状

目前，行业巨头、电信运营商、互联网企业正在基于自身的产业优势构建多个环节紧密耦合的生态体系。在这一形势下，我国物联网也正加速从单点发力向生态体系的构建转变。制造业等传统行业巨头相继推出物联网平台，发挥带动作用实现行业资源和能力的开放共享，推动行业整体创新发展。海尔作为家电巨头，推出 U + 平台，与上百家企业展开合作，实现不同品类、品牌的产品或服务互联，目前，接入自有和第三方智能家电及硬件的产品数量已达百万级，类别超过 120 个。基于每日超过 1 亿条的设备上报数据，U + 平台开展大数据分析，如与江苏电网居民能效系统对接，实现空调负荷需求响应管理，取得了突出的经济社会效益。三一重工内部物联网平台 8 年间已积累 23 万台设备实时运行数据和 5000 多种参数，近期将推出对外开放的树根互联平台，以实现服务、制造、研发、信用控制等价值共享。华为打造 Ocean Connect 平台作为其“1 +2 +1”物联网战略的重要组成，依托平台强大的开放与集成能力，面向家居、车联网和城市治理等领域构建产业生态。

电信运营商积极布局物联网平台，构建产业合作生态，向行业用户提供端到端的综合服务方案。“以连接为基础，以平台为核心，以方案为延伸”的发展思路已经成为我国电信运营商布局物联网的共识，但在具体的发展路径上略有差异。中国移动自主开发 OneNET 开放平台，聚合芯片、模组、软件开发商、系统集成商等行业合作伙伴，为用户提供涵盖“云—管—端”整体解决方案。中国电信和中国联通分别与爱立信、Jasper 合作，借助合作伙伴的平台开发和运营能力，聚焦车联网、医疗等垂直行业，联合上下游合作伙伴，提供以智能连接为核心的产品和应用服务，力争在特定的垂直行业获得领先优势。

互联网企业加速探索物联网发展新空间。目前，以 BAT 为代表的领先互联网企业均部署了各自的物联网平台，意图打造物联网生态。百度推出了物联网接入平台 IoT Hub，阿里开发了云物联网套件，腾讯发布 QQ 物联智能硬件开放平台，京东、360 等企业也在开展物联网平台建设。同时，机智云、庆科等其他互联网企业也立足各自优势，积极围绕平台构建物联网生态。

（三）共享经济热度下物联网规模化发展

目前，共享经济模式已融入经济生活的各个层面，主要集中在金融、生活服务、交通出行、生产能力、知识技能和房屋短租这六大领域。共享经济唯有伴随着基础技术的成熟才能快速形成规模化，而物联网的普及让共享经济的范围得以进一步扩展，正在成为共享经济的关键因素。作为首次大规模引入物联网技术的共享经济应用，共享单车是目前最成功的商业落地。

物联网模块解决了共享单车最为核心的开锁和车辆定位追踪的问题，尽管功能相对简单，但它创造了惊人的发展速度和运营商简单参与的业务模式（见图 3）。2016 年下半年起，以摩拜单车为引领的各类共享单车快速投放，短短几个月时间，全国共享单车的投放量就迅速达到千万辆级别，使用用户过亿。

共享单车 ofo、华为与中国电信签署合作协议，ofo 发展整车硬件，华为提供基础芯片，中国电信提供网络服务，这种简单的三方合作形式，便于运营商进入物联网市场，并能够快速形成规模效应。

图3 共享单车应用平台

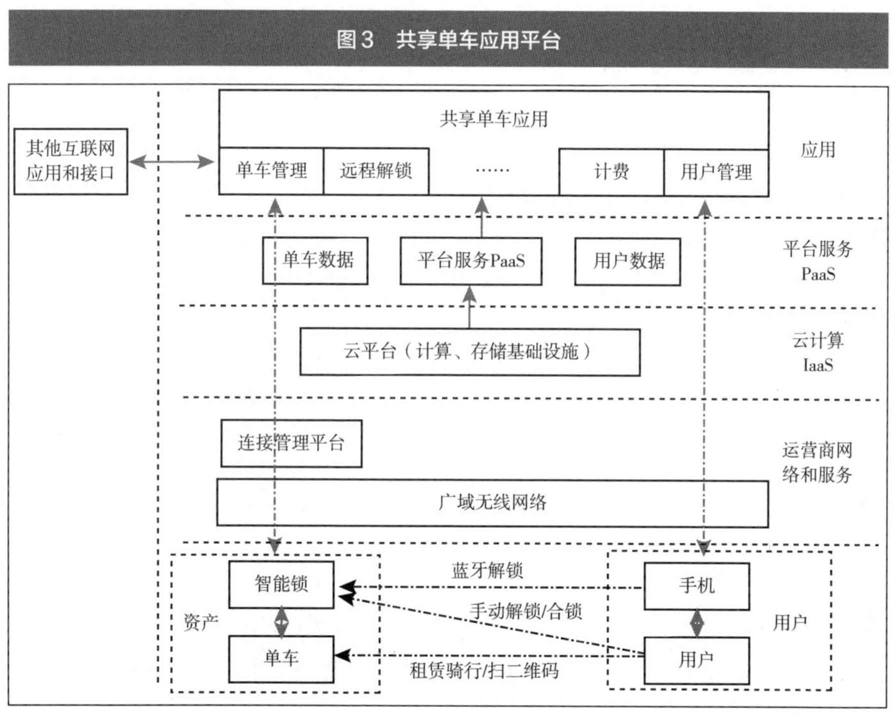

自共享单车风靡资本市场以来，“共享经济”的风口似乎就此打开，除出行领域外，从雨伞、充电宝到睡眠仓、卡拉 OK 盒子等新鲜共享产品层出不穷，也引发了大量社会舆论。能够参与到共享经济中的物品，其具有的特征包括：可以通过信息的互通实现对物品价值的最大化复用，减少闲置时间，简单地说就是让越来越多的物品实现不需要所有权，但又随时可用的状态。以前这类特征的物品一般属于公共品范畴，如道路、公共交通工具等，一般由政府提供。而随着 NB-IoT 等低功耗低成本物联网技术的逐渐成熟，万物互联逐渐成为可能，所有物品都可以实时在线，自动发布其位置和状态信息，这样就使很多以前需要私人拥有的物品和服务具备了共享的可能性。

共享单车是物联网时代的第一个经典作品，可以说开启了新的共享经济时代的大门。作为“最后一公里”最佳的交通工具，自行车在很多场景下有着不可替代的优势，尤其是与轨道交通的配合方面，此外，休闲娱乐和短距离通勤也是其最常见的消费场景。在新型物联网技术的推动下，闲置资源的充分利用，易于形成新的经济增长点，人人皆可参与、人人皆可受益，有利于促进社会公平正义。

（四）新型智慧城市引领新发展

截至2016年底，全国智慧城市相关试点近600个，提出智慧城市规划的超过300个，所有副省级以上城市、89%的地级及以上城市，47%的县级及以上城市均提出建设智慧城市。各地方政府和企业均积极探索新型智慧城市建设，涌现出一批公众广泛参与的特色亮点应用和模式，中国已成为全球智慧城市技术产业创新发展的重要力量。近期的智慧城市应用案例有：数字家庭网络平台、电梯管理系统、城市街道灯杆的综合利用系统、地下管廊监控系统、车辆/轮船信息支持系统、消防支持系统、危险品监视系统、高耗能机房节能、环境去污监控系统、医疗电子判读云服务平台、高速铁路列车监视系统、国家（城市）安全评估系统等。

习近平总书记在网络安全和信息化工作座谈会上强调，要“分级分类推进新型智慧城市建设，打通信息壁垒”。《中华人民共和国国民经济和社会发展第十三个五年规划纲要》提出“以基础设施智能化、公共服务便利化、社会治理精细化为重点，充分运用现代信息技术和大数据，建设一批新型示范型智慧城市”。新型智慧城市概念的提出，对于破解智慧城市发展难题提供了新机遇。

以“空天地海一体化通信网络+空天地海一体化大数据平台”为主的新型信息基础设施建设，持续推动天基信息网、未来互联网、移动通信网的全面融合，智慧城市基础设施正从传统的地基网为主向立体化布局转变。空天地海一体化通信网络重点考虑天基网（卫星网）和地基网（5G网络、物联网、互联网等）的统一规划和建设部署，实现全空间立体化的通信能力，并为空天地海一体化大数据平台的数据采集和分析提供网络基础。空天地海一体化大数据平台重点支撑开展空天地海多源信息感知探测与存储管理、广域动态信息融合理解、多维重建与可视计算、多维情报关联挖掘与应用等技术的研发和工程化。空天地海一体化已被列入国家发改委重点推动的13类大数据创新平台之一。

随着新型智慧城市的应用深入，利用天基网的卫星导航技术和地基网的物联网、通信网技术相结合，将卫星移动通信能力纳入城市物联网平台管理，以位置信息服务为基础，形成蜂窝移动网＋物联网＋卫星模式，全面提高政府、社会、企业的信息化水平、管理能力和服务质量，为新型智慧城市的发展提供多层次、立体化、广覆盖的基础通信设施保障。

（五）2017年物联网发展新趋势

当今时代，全球新一轮科技革命和产业变革正在孕育兴起，信息通信技术以前所未有的速度转化为现实生产力，并从浅层次的工具和产品深化为重塑生产组织方式的基础设施和关键要素，成为数字经济发展的重要内容和基础支撑，深刻改变着全球经济格局、利益格局和安全格局。物联网作为信息通信技术的典型代表，在全球范围内正处于新一轮生态布局的战略机遇期，并呈现加速发展的态势。从需求端看，物联网发展与消费品行业、现代服务业实现跨界融合，带动新产品、新应用不断涌现，同时开辟出巨大的信息消费新市场。此外，物联网发展使信息感知能力融入现实世界的物理设施之中，带动高速、移动、安全、泛在的新一代信息基础设施建设，以及能源、交通、电力、水利等重要行业设施的智能化改造。从供给端看，物联网技术推动传统行业提质增效。在工业领域，物联网技术广泛应用于供应链、产品设备监控、环保监测等环节，带来生产方式的深刻变革；在农业领域，物联网支撑农业现代化，实现农业增质增效和农民增收。物联网还广泛应用于智慧城市的构建，极大地增强了城市管理和公共服务能力。可以说物联网正在引领社会生产新变革，创造人类生活新空间，推动世界的绿色、智能、可持续发展。

根据麦肯锡数据，物联网产业结构中物联网基础设施建设层、平台层和应用层的产业价值占比分别为31∶34∶35。各个层级比重相当，与互联网巨头生态布局基本一致，未来物联网技术的发展必将带动产业链各个环节协同发展。其中，2017年在资本市场和消费市场引发广泛热度的新出行、车联网、智能家居领域，将物联网的基础层、平台层和应用层推向新的量级，成为各个互联网巨头争相涌入的流量入口和增长入口。

技术的成熟和商业模式的迭代创新推动物联网在不同行业的落地与普及，可穿戴设备、白色家电及智能交通等应用随处可见。根据应用场景和环境的不同，物联网终端形式各异，导致物联网应用呈现碎片化趋势。现有成功的物联网应用案例多集中于局部规模的垂直领域，且以闭环的应用为主，导致众多的物联网成为“应用孤岛”。互联网公司、传统设备商、云服务提供商等产业巨头纷纷构建以自身能力为核心的物联网生态圈，打造自身产业链的枢纽地位，实现自身核心价值的增值与变现。电信运营商也开始布局物联网，利用其在物联网价值链中的管道优势，快速发展物联网通道类产品。

四、物联网发展趋势与面临的挑战

（一）人工智能支撑物联网基础硬件升级

过去两年中，物联网基础硬件创新较多落脚于“互联网+”社会各行各业服务发展，以专有领域的应用服务和终端设计为主，基础能力突破不足，始终没有打破智能手机所定义的上一代终端的创新范式。在过去两年间，得益于计算、数据等关键要素的催化，人工智能步入技术拐点和布局关键期，发展势头迅猛，成为经济社会运转的新能源、信息通信产业发展的新动力。得益于人工智能学家对神经网络的洞悉性理解，人工智能的发展一直超前于同时代的计算、通信和自动化三大基础技术，也因此历经三次发展跌宕。本轮热潮已经是人工智能学科历史上的第四次涌动，以深度学习为基础理论，模拟人脑大量神经元的层级联结结构，训练计算机自己从大量数据中高效地寻找模型和规律，其结果强烈依赖数据质量和计算能力。而移动互联网的十年发展，使得线上线下数据水乳交融，不仅带动数据总量激增，也在交通、医疗、家居、生产、城市管理等方面形成了大量“数字孪生”资源和可描述、可标注、可解决的问题场景，更丰富了以人为节点的综合类数据池，为实现“使能世界、服务人类”的人工智能技术提供了燃料。

2017 年，伴随着人工智能与专有器件技术的共同发展，从业企业在大众消费、行业应用市场中各施所长，打磨针对细分市场和特定场景的产品核心功能与价值，真正的智能硬件商品体系才刚刚成型，并出现了明显的分化发展迹象。在个人与家庭消费市场中，多项规模产品共同发展、协同创新的格局将逐步取代智能手机一枝独秀的局面，最主要的增长点来自以智能语音为入口的家居和车载产品。而在专有领域市场中，智能硬件仍将维持原有的长尾化特征，并且随着云端人工智能功能的成熟、丰富，越来越多地渗入国民经济各大领域，长尾越长，其价值也将越多地体现在云端数据的开发和专有服务场景的设计上。

（二）海量数据联网背景下的机遇与挑战

在过去的 2017 年里，大数据从政策层面备受关注。在党的十九大报告“贯彻新发展理念，建设现代化经济体系”一章中，专门提到“推动互联网、大数据、人工智能和实体经济深度融合”，高屋建瓴地指出了我国大数据发展的重点方向。2017 年 12 月 8 日，十九届中共中央政治局就实施国家大数据战略进行了集体学习，习近平总书记深刻分析了我国大数据发展的现状和趋势，对我国实施国家大数据战略提出了五个方面的要求。

大数据技术体系本质是数据管理系统的一种，受到底层硬件和上层应用的影响。物联网是大量设备、传感器和计算器件以智能方式集合起来的网络，而这个系统中最重要的元素就是数据。

数据联网最先面临的问题就是数据规模的巨大性和数据源的各异性。因此，在数据处理前，首先要解决数据组合和整合问题。物联网中，仅要求设备能够喷涌出高速数据流是不够的，数据还必须被集合起来并传输至存储系统以进行商业计算或策略判决。所以，数据整合引擎是整个物联网的核心驱动装备。物联网中的设备分布广泛、种类各异，将各种异构数据统一整合并归类分析是数据联网的一个主要难题。另外，为了使边缘设备提供有效的服务，其数据需要与外界信息如商业资产、地理位置、天气情况等结合使用，这就为数据整合和管理又增加了新的难度。物联网中的数据通常是实时获得的，同时也伴有各种各样的数据丢失、偏差和噪声。为了保持数据质量，各类数据源需要增加辅助数据段以消除失真，这些衍生出的数据量也使数据整合变得更加困难。

将数据挖掘应用于数据联网是具有挑战性的，因为数据联网中的数据来自多种不同类别的数据源，数据量大且质低。这些数据同时也是异构的，可以是结构化的、半结构化的，甚至为完全未结构化的。首先要面临的即是数据访问问题，也就是从不同位置的数据存储器中将大规模数据提取出来。这中间将面临数据噪声和失真问题。找到数据错误已然非常困难，还需要对其进行纠正。怎样将传统的数据挖掘算法应用于物联网的大规模数据环境是一个较大的挑战。

（三）区块链技术保障万物互联信息安全

相对智能手机操作系统上百万行代码和PC操作系统数千万行代码，传感器操作系统的代码规模也就万行左右，传感器因软件程序简单而少有漏洞，而且物联网通常是企业性或区域性的，不需要连到公众互联网，避免了遭遇外部黑客和木马的攻击。可以说，一般情况下物联网比互联网安全。

物联网在没有必要通过公众互联网连接时就无须连到外网，但不要认为隔离的网络是绝对安全的。2017年5月发生的“永恒之蓝”蠕虫勒索病毒使我国一些政企内网终端中招就是证明。因此，隔离的物联网仍然需要安装安全防护设备。对于需要通过公网相连的分布的物联网设备（如城市摄像头），加大物联网设备访问密码长度是一种保护方法，但还需要定期对全网物联网设备用DDoS清理软件来扫描。最近出现的区块链技术，其P2P互联特征适于物联网应用，区块链的验证和共识机制及数据加密技术可验证登录到物联网节点的任意网络终端的身份，有助于识别恶意加入的物联网节点，避免利用物联网的DDoS攻击，但对节点的计算能力要求很高，一般物联网可望而不可即。僵尸物联网因其危害性以及目前尚无有效的防御手段而被列为2017年十大突破性技术的原因也是希望对此引起足够的重视。

传统的物联网设备管理系统采用中心化结构，设备的数据和控制信息都由中心节点控制和维护，增加了中心节点的计算负载和安全问题，中心节点的管理缺陷或遭到攻击可能导致隐私数据泄露甚至网络瘫痪。因此去中心化的系统结构能够消除中心节点的安全风险。引入区块链，能够构建去中心化的物联网设备管理系统，进行设备的权限设置与通信控制。管理系统在区块链的记录之下，能够确保设备的权限与控制记录的完整和不可篡改，为数据的真实性提供保障（见图4）。

图4　基于区块链的物联网信息管理系统

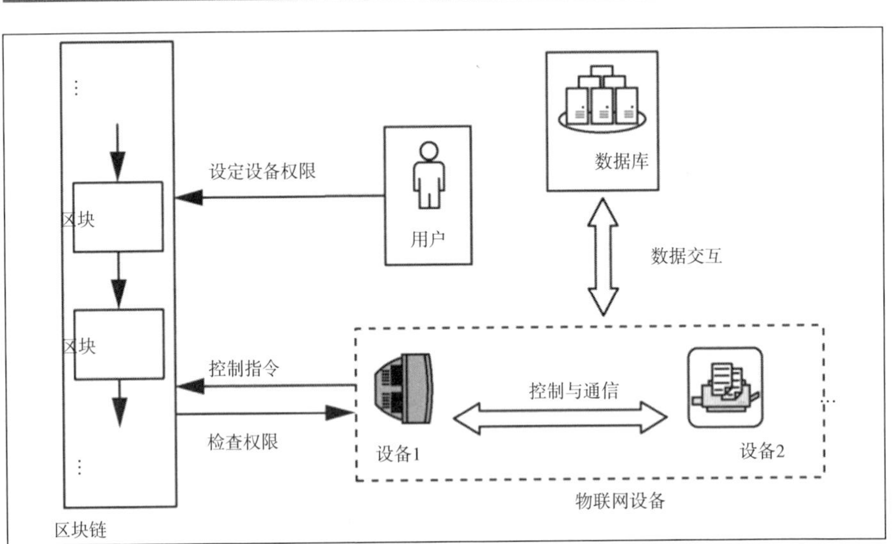

（四）大规模物联网成为5G重要应用场景

北京时间2018年6月14日，3GPP正式批准了第五代移动通信标准5G NR独立组网（SA）的冻结，这也意味着5G通信技术第一阶段的全功能标准化工作已经完成，首个完整意义的国际5G标准正式出炉。接下来将进入产业，也是将这个标准实地化的阶段。3GPP为5G定义了三大场景，分别是增强移动宽带、低时延高可靠和海量大连接。非独立组网只能满足增强移动宽带中的部分场景，还无法满足低时延高可靠和海量大连接两大场景，以车联网、物联网等为代表的应用更需要独立组网方式。根据运营商分析，5G的速率是4G的100倍以上，同时5G网络的时延也从4G的30～50毫秒降到了1毫秒，因此5G不仅可以提升语音和视频通信的质量，同时也增强了IoT（物联网）、自动驾驶等多种新服务的功能。

5G和物联网是通信行业未来10年的重要发展方向，这两者又有着密不可分的关系。要想充分实现物联网的落地，需要5G提供网络支撑；同时，考虑5G建网的完备性和接入的充分性，物联网将成为5G最重要的应用场景。从产业发展阶段来看，物联网已经成功度过产业导入期而进入快速成长期，其在传感层、网络层和应用层皆有一定技术储备，在部分领域如汽车后装追踪模块的全球出货量已达到千万级别。随着下一代通信标准的建设，行业将迎来爆发式增长。

从需求和市场空间来看，随着行业标准完善、技术进步和政策扶持，中国的物联网产业空间将逐步打开。根据工信部数据，2015年物联网产业规模达到7500亿元人民币，同比增长29.3%。到2020年，中国物联网的整体规模将超过1.8万亿元。其中，三个核心发展方向将支撑物联网规模扩张。其一，NB-IoT、LoRa推动低功耗广域物联网市场发展。NB-IoT、LoRa分别适合在授权、非授权频段上进行组网，未来将成为物联网低速领域的核心组网制式。目前三大运营商已开始NB-IoT建网，而LoRa的国内运营联盟也开始组建，成为物联网领域目前最确定的发展趋势之一，智能表计等细分行业将受益。其二，车联网是检验物联网发展进度的重要参照。车联网并不是新概念，但其发展最大的受制因素在于算法以及承载算法的硬件和网络。LTE－V和下一代通信标准将在很大程度上解决网络的问题，也成为检验物联网发展进度的重要参照。其三，智慧城市容纳海量细分市场，催生壁龛龙头。智慧城市的实质是将传统城市运行“物联网化”，相比前两者概念更加宽泛，仅从目前覆盖的行业及公司的视角来看，智慧交通、电子车牌、平安城市、智慧医疗、智慧社区及智能楼宇都给传统行业带来“蓝海”。

参考文献

[1] 孙玉：《我国物联网产业发展趋势》，《物联网学报》2017年12月。

［2］中国信息通信研究院：《物联网白皮书（2016）》，2016 年 12 月。
［3］郑志彬、陈德、吴昊：《新兴窄带物联网技术 NB-IoT》，《物联网学报》2017 年 12 月。
［4］中国信息通信研究院：《互联网发展趋势报告（2017～2018）》，2017 年 12 月。
［5］马建国、金恒越：《物联网与大健康》，《物联网学报》2018 年 3 月。
［6］邬贺铨：《物联网技术与应用的新进展》，《物联网学报》2017 年 6 月。
［7］中国信息通信研究院：《新型智慧城市发展与实践研究报告》，2018 年 4 月。
［8］刘楠、刘露、张第等：《运营商在物联网大数据竞争中的应对思考》，《运营技术广角》2018 年 3 月。
［9］张琦、杨浩等：《物联网的核心本质——数据联网》，《物联网学报》2017 年 12 月。
［10］陈烨、许冬瑾、肖亮：《基于区块链的网络安全技术综述》，《网络空间安全》2018 年 3 月。

金融科技产业发展及展望

吴雪根　王光远　刘泽洲

吴雪根：加拿大纽芬兰纪念大学工程硕士

王光远：美国威斯康星大学麦迪逊分校经济学硕士

刘泽洲：中央财经大学法学硕士

要点提示

- 金融行业的信息科技应用可以分为三个阶段：第一阶段是金融电子化，第二阶段是互联网金融，第三阶段是金融科技。

- 大数据是金融科技行业技术角度的关键环节。在大数据时代，数据的价值是金融科技行业的核心竞争优势。大数据技术可以分为四个层次：数据收集与存储，信息整合，知识发现，指挥决策。

- 区块链作为“价值互联网”的重要基础设施，正在成为技术创新和模式创新的“策源地”，引领全球新一轮技术变革和产业变革。

一、金融科技行业综述

（一）金融科技的发展历程

金融行业的信息科技应用可以分为三个阶段：第一阶段是金融电子化，第二阶段是互联网金融，第三阶段是金融科技（见图 1）。

伴随人工智能、云计算、大数据、物联网、区块链等新兴技术的成熟和逐步落地化应用，金融科技以迅雷不及掩耳之势重新定义了传统金融行业的业态，提供了更加精准高效的直接服务和框架支撑；金融科技的主要特点体现为自动化、精细化和智能化，从而完成有效降低交易成本，提升运营效率的目的。

图 1　金融行业信息科技应用发展阶段

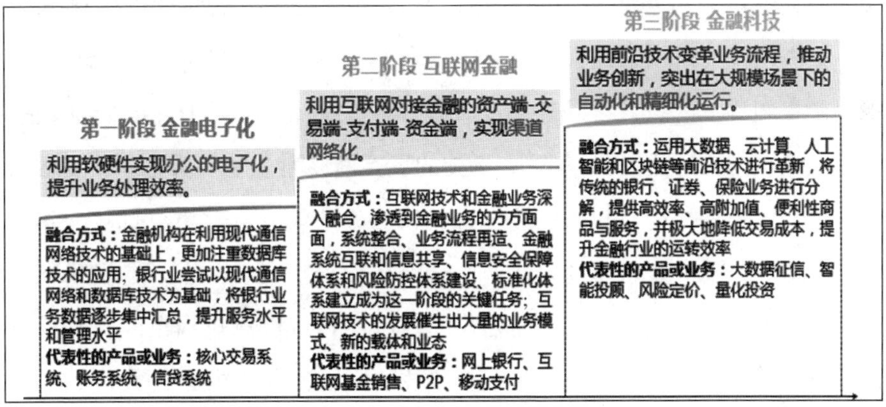

第一阶段 金融电子化

利用软硬件实现办公的电子化，提升业务处理效率。

融合方式：金融机构在利用现代通信网络技术的基础上，更加注重数据库技术的应用；银行业尝试以现代通信网络和数据库技术为基础，将银行业务数据逐步集中汇总，提升服务水平和管理水平

代表性的产品或业务：核心交易系统、账务系统、信贷系统

第二阶段 互联网金融

利用互联网对接金融的资产端-交易端-支付端-资金端，实现渠道网络化。

融合方式：互联网技术和金融业务深入融合，渗透到金融业务的方方面面，系统整合、业务流程再造、金融系统互联和信息共享、信息安全保障体系和风险防控体系建设、标准化体系建立成为这一阶段的关键任务；互联网技术的发展催生出大量的业务模式、新的载体和业态

代表性的产品或业务：网上银行、互联网基金销售、P2P、移动支付

第三阶段 金融科技

利用前沿技术变革业务流程，推动业务创新，突出在大规模场景下的自动化和精细化运行。

融合方式：运用大数据、云计算、人工智能和区块链等前沿技术进行革新，将传统的银行、证券、保险业务进行分解，提供高效率、高附加值、便利性商品与服务，并极大地降低交易成本，提升金融行业的运转效率

代表性的产品或业务：大数据征信、智能投顾、风险定价、量化投资

资料来源：《中国金融科技产业生态发展报告》。

金融科技，根据国际金融稳定理事会（FSB）给出的定义，是“技术带来的金融创新，它能够产生新的商业模式、应用、过程或产品，从而对金融市场、金融机构或金融服务的提供方式产生重大影响”。从形式上来

看，可以对该定义的外延进行扩张，金融科技不仅局限于提高金融活动效率的技术，也包括硬件，甚至是渠道优化等。

根据应用方向的不同，可以将金融科技分为七大类：①财富管理；②融资信贷；③电子支付；④基础设施；⑤互联网银行；⑥互联网证券；⑦互联网保险。上述可以看作对传统金融行业大类的全面互联网化。各大类下根据服务种类和产品形式又可以继续细作二三级分类，具体分类见图2。

从全球金融科技行业企业数目以及融资额来看，目前整个业态处于高速增长时期，2016 年全球金融科技企业数量达到 8000 家，增长了 167%，增长率约为 2010 年的 2 倍；2016 年全球金融科技初创企业融资额达到 839 亿美元，增长率高达 364%，是 2010 年增长率的 2 倍多（见图 3）。行业政策支持的天时、技术成熟的地利、居民对金融服务依赖程度上升的人和，共同创造了需求端的喷发，从而促成了金融科技的飞速商业化落地，并对传统业态进行洗牌替代。

在中国，2016 年以来，互联网行业的人口红利随着我国网民增速趋于缓慢而逐渐消失，互联网金融依赖用户规模快速增长的时代已经进入尾声。根据内生经济增长模型，当人口红利和资本红利无效化后，唯有全要素生产率即科技的投入可以进一步引爆 GDP 的持续增长，在金融行业这条金科玉律也同样适用（见图 4）；科技的重要性逐渐被金融从业者和金融服务的受众发现和接受，我国传统金融机构的生产体系从封闭被打破，到不断拓宽边界，引入金融科技企业作为金融行业的重要参与者，提供或直接或间接的金融科技技术输出，而在这一过程中传统金融机构也因为对垂直领域业务的精通和渠道优势，为金融科技的应用提供或共建场景。

（二）金融科技的发展驱动力

金融科技的迅猛发展离不开四大发展驱动力的影响，分别是：①技术积累；②宏观需求；③政策扶持；④资本市场。

图 2　金融科技行业分类

序号	一级分类	二级分类	三级分类	商业模式	政策倾向性
Ⅰ	财富管理	金融产品销售平台	基金电商	代销尾随佣金/销售服务费，按持有时间计算，年费率不超过基金资产净值的1%	牌照监管，措施成熟
			非标产品	销售佣金，投行业务（资产打包、产品设计与发行等）	互联网端暂无明确监管意见，政策风险较高，风险未暴露
			综合型平台	-	-
		金融资产交易所		销售佣金，投行业务（资产打包、产品设计与发行等）	每省/自治区/沿海地区建设1家交易所，目前为10家左右
Ⅱ	融资信贷	供应链金融		利息及软硬件系统服务等	监管发展初期，互联网端暂无明确监管意见，政策风险低
		网络小贷		利息，6000家小贷公司，注册资本500-1000万，可贷资金为注册资本的1.5倍	牌照监管，措施成熟；互联网端政策风险中度
		消费金融		利息、服务费	牌照发放频次增加，政策鼓励，但风险正逐步暴露
		现金贷		利息、服务费	无监管套利的红利期结束,市场进入强监管状态
		P2P借贷		服务费，借款利息为20-30%，出借收益为8-12%	监管重灾区，明确意见以信息中介为主，但基本触底
		征信服务	个人征信	信用报告/评分、信息及数据服务	牌照发放延期，不确定性增强，政策风险较低
			企业征信	信用报告/评分、企业主体认证（如微信公号认证300元/次）、其他信息及数据服务	牌照监管，措施成熟，监管常态化
Ⅲ	电子支付	三方支付	PC互联网支付	支付结算手续费；根据行业、合作模式和规模，平均费率为0.3%-0.6%	牌照监管，措施成熟，监管常态化
			移动支付	支付结算手续费；根据行业、合作模式和规模，平均费率为0.3%-1.0%	牌照监管，措施成熟，监管常态化
			银行卡收单（POS）	支付结算手续费；根据行业、合作模式和规模，平均费率为0.3%-0.5%	牌照监管，措施成熟，监管常态化
		聚合支付		支付结算手续费，服务费、软硬件收入；与支付企业分成，比例为30%-50%不等	监管空白区，存在政策风险，风险正逐步暴露
		跨境支付		支付结算手续费；根据行业、合作模式和规模，平均费率为3-5%	互联网端暂无明确监管意见，政策风险较高，风险未暴露
		数字货币		交易结算手续费、虚拟货币价格上升获利、挖矿、出售矿机/钱包等软硬件收入	国内市场强监管，央行将推中心化数字货币
Ⅳ	基础设施	基础技术服务商	传统IT服务	技术及人员服务费，软硬件销售费用	无明显政策风险（警惕衍生违规案例）
			金融大数据	技术及人员服务费，软硬件销售费用	无明显政策风险（警惕网络安全及用户信息安全）
			人工智能	技术及人员服务费，软硬件销售费用	无明显政策风险
			区块链	技术及人员服务费，软硬件销售费用	无明显政策风险
		信息服务	记账类工具	广告，分流	无明显政策风险（警惕网络安全及用户信息安全）
			金融搜索类	广告，分流；	无明显政策风险（警惕网络安全及用户信息安全）
			门户终端类	广告，分流，数据终端产品销售（2B\2C）	无明显政策风险
Ⅴ	互联网银行			利差、手续费等	民营银行牌照，审慎发展
Ⅵ	互联网证券	证券经纪		佣金	牌照监管，措施成熟
		智能投顾		管理费、佣金、广告、分成、组合售卖收益、UGC分成等	监管空白区，有潜在政策风险
		股权投资		销售佣金，管理费，超额收益分成等	互联网端暂无明确监管意见，政策风险较高，风险未暴露
Ⅶ	互联网保险	互联网保险		保费	普通牌照监管，措施成熟，监管常态化，警惕互联网风险暴露
		保险电商		销售佣金	普通牌照监管，措施成熟，监管常态化

行业现状（交易规模/贷款余额）（2016/亿元）	收入预估（2016/亿元）	发展潜力（CAGR2020）	市场集中度	产业阶段	投资阶段	代表企业
12000	-	20.1%	极高	成熟期	后期	数米基金、好买财富
9354.4	-	23.6%	低	期望膨胀期	中期	-
-	-	-	-	-	-	-
万亿级	-	-	低	期望膨胀期	早期	大金所（中科金财）、天金所（蚂蚁金服）
十万亿级	-	-	低	触发期	早期	腾邦供应链、京东供应链
万亿级	-	-	低	期望膨胀期	中期	-
1747.0	174.7	83.90%	高	期望膨胀期	早中期	-
-	-	-	低	幻灭期	中期	-
5383.9	646.1	36.8%	低	复苏期	中后期	宜人贷
-	-	-	高	触发期	早期	芝麻征信、考拉征信、华道征信、鹏元征信等8家
-	-	-	低	期望膨胀期	中期	公信诚丰（腾讯供应商）等
180026.2	540.1	33.2%	极高	成熟期	后期	支付宝、财付通、快钱、汇付天下、易宝支付
237249.2	1423.5	29.6%	极高	成熟期	中后期	支付宝、微信支付、联动优势、连连支付
696575.0	1393.2	21.4%	高	成熟期	后期	银联商务、通联支付
-	-	-	低	幻灭期	早中期	ping++、Mustpay
-	-	-	低	期望膨胀期	早中期	-
-	-	-	高	幻灭期	早中期	-
-	-	-	低	成熟期	后期	恒生电子
-	-	-	-	期望膨胀期	中期	百融、集奥聚合
-	-	-	-	触发期	极早期	-
-	-	-	-	触发期	极早期	-
-	-	-	高	复苏期	中后期	挖财、随手记、51信用卡
-	-	-	高	复苏期	中后期	融360、91金融、
-	-	-	高	成熟期	后期	同花顺、东方财富、大智慧、Wind
-	-	巨大	低	期望膨胀期	早期	网商银行、微众银行、中关村民营银行
-	-	-	-	成熟期	后期	东方财富、同花顺
-	-	巨大	-	期望膨胀期	早期	-
127.66	-	104.7%	低	触发期	早期	-
-	-	巨大	低	期望膨胀期	早期	众安在线
-	-	-	中	幻灭期	中期	-

资料来源：《宜人智库 2017 金融科技报告》。

图3 全球金融科技行业发展状况

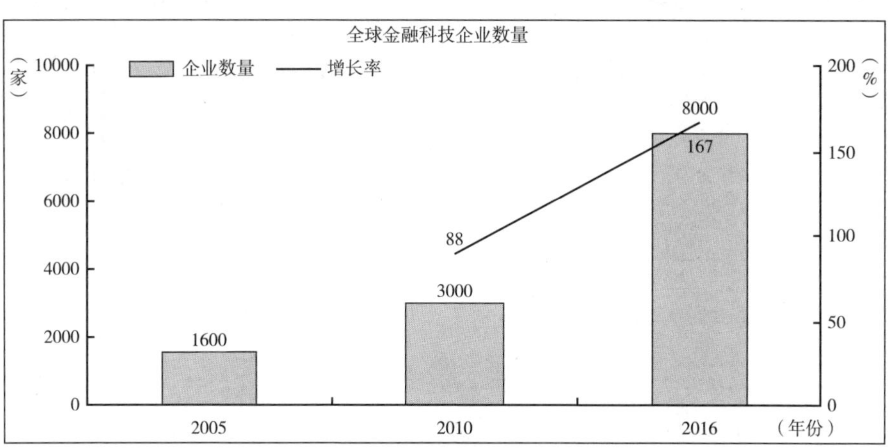

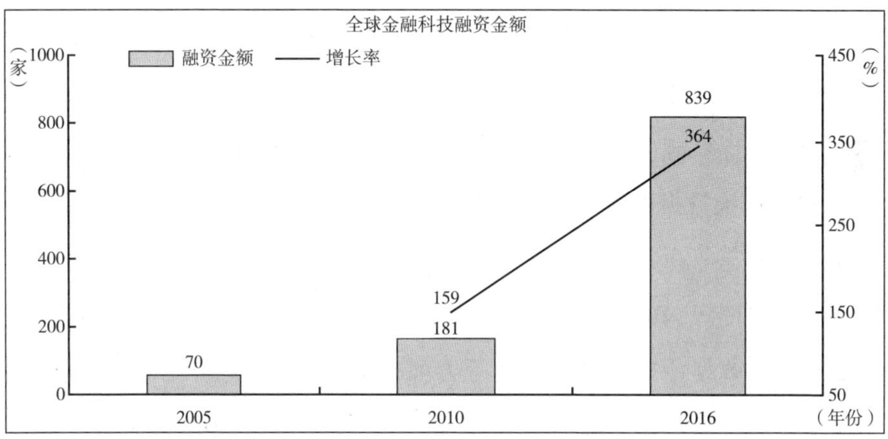

数据来源：波士顿咨询。

图4　2013～2020年中国金融科技营收规模

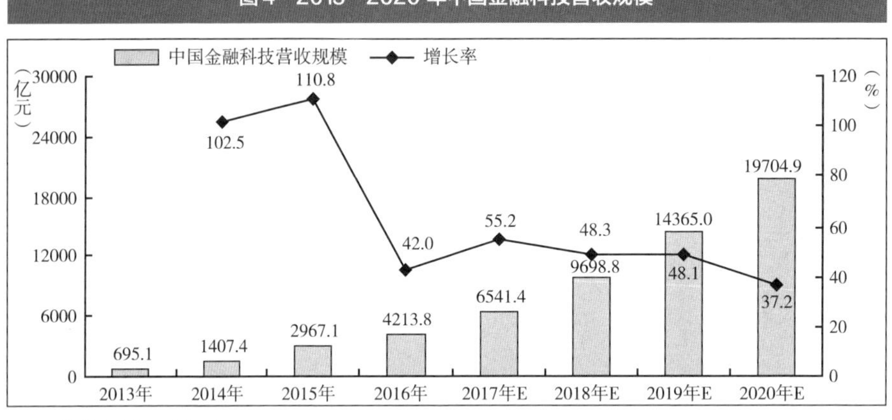

数据来源：艾瑞咨询。

就技术积累而言，云计算、大数据、人工智能和区块链等新兴技术的发展与应用对金融机构的业务服务模式产生了重大影响，已逐渐成为金融行业发展的关键性技术驱动。金融云的快速部署落地为金融IT资源的按需供给奠定了技术基础，在性能上通过高可靠性和高拓展性的特点实现传统金融本地化设备计算和存储能力的量变进化，提供了相对廉价和可扩展的计算能力，并实现集中化存储和调用海量数据，打破了数据“孤岛”。而大数据的爆发和挖掘分析能力的提高又为云计算提供了算力的用武之地，并为人工智能提供了训练模型的原材料。人工智能基于深度学习底层框架的成熟而衍生出的算法和软件产品可广泛用于数据感知、数据认知、数据分析和决策预测等方面，极大地解放了传统金融的劳动力密集型的特点，将有限的人力蕴含的生产价值更大程度地释放。而区块链的去中心化和分布式记账则为传统金融的中心化模式带来了革命性的变化和根本性的重新定义，提高了金融信息渠道的安全性和数据互联性。综合各种新兴技术的交互作用，金融科技万事俱备，进入到迅猛发展的阶段（见图5）。

图5　金融科技关键技术

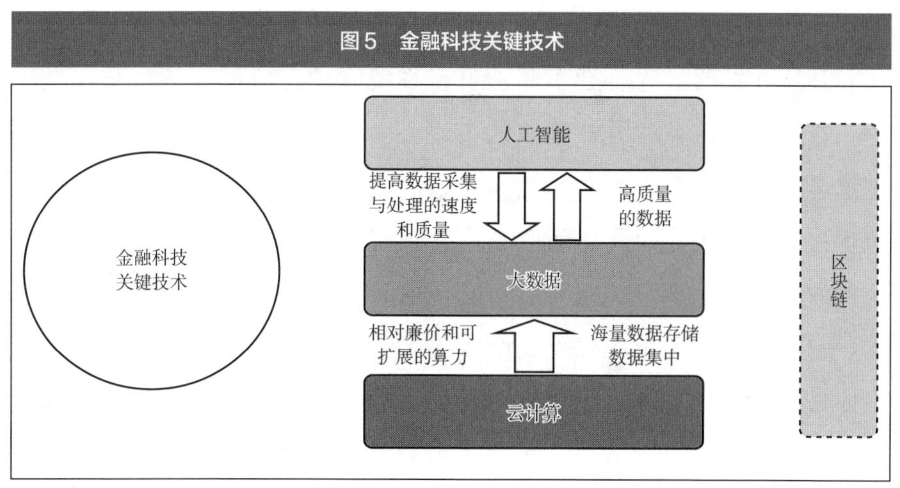

资料来源：《中国金融科技产业生态分析报告》。

从各种技术的现阶段应用深度来说，云计算和大数据技术相对来说已经比较成熟，现已广泛应用于互联网征信、网络借贷、精准营销等领域。由于国内的数据基础较差，在数据的清洗整理、分析和应用方面仍有较大的发展空间，数据的价值有待进一步挖掘。但是由于人口基数大，垂直领域场景丰富度高，国内在数据积累上有得天独厚的条件。人工智能和物联网已经成为金融科技下一个催化剂，人脸识别、声纹识别、指纹识别、虹膜识别、手势识别、自然语言处理等技术已经广泛应用于金融领域的身份验证和反欺诈等业务环节。随着语义分析、机器学习、深度学习、情感识别等技术的进步，金融业务的自动化水平和效率将继续提升。而物联网的发展一方面可以实现更全面的数据采集，提升数据分析的有效性，降低数据冗余；另一方面也可以用于金融反欺诈，例如通过用户或商户定位识别骗贷行为。区块链技术则处于相对早期，目前除虚拟货币之外暂时没有太多应用落地，技术的成熟还需要通过实践摸索来验证。

从技术投入的角度来说，由于应用层需要根据数据量的增加以及数据的增加进行不断的迭代升级，具体业务的细节变化也需要添加新的业务模块，未来金融科技领域硬件设备的投入将会不断降低，而软件和算法开发的投入将会不断上升，系统维护升级的比例也会不断上升，数据将成为金融科技领域的一块必争之地。由于金融科技服务的主要客户群是大众客户和小微企业，通过技术手段自动化批处理业务流程，将产生规模效应。而服务高净值客户和大型企业，运用技术的边际效果则较小。

宏观层面，国内居民可支配收入增加，同时在货币宽松的大环境下，市场上资金充裕，长尾客户理财需求提升，要求理财机构能够提供差异化的财富管理方式，最终达到降低资管门槛和运营成本，同时提升投资效率和回报率的目的（见图6）。另外，供给侧改革核心之一是金融改革，即降低企业融资成本，提升资金利用率，小微企业大多集中在第三产业，它们的蓬勃发展能够刺激消费，加快产业结构转型，缓解就业压力。小微企业大多信用状况不佳、经营风险大以及缺乏抵押物，难以获批银行贷款，并且具备借款少、融资时间急等特点，而随着征信体系的完善，基于信用评估的“小额、高效”将是小微企业融资的关键切入点，金融科技的商业化落地提供了旺盛的需求和场景。

政策方面，国家高度重视金融科技应用对于强化金融监管能力和促进金融转型发展的双重作用。2017 年 6 月，中国人民银行印发《中国金融业信息技术“十三五”发展规划》，明确提出“‘十三五’期间金融信息技术工作的发展目标包括金融信息基础设施达到国际领先水平、信息技术持续驱动金融创新等”。2017 年 7 月，国务院印发的《新一代人工智能发展规划》专门提出了“智能金融”的发展要求，指出“要建立金融大数据系统，提升金融多媒体数据处理与理解能力；创新智能金融产品和服务，发展金融新业态；鼓励金融行业应用智能客服、智能监控等技术和装备；建立金融风险智能预警与防控系统”。政策一方面鼓励金融行业大力发展建设金融科技；另一方面也提出要利用金融科技来强化监管，

图6　我国居民人均可支配收入和理财渠道规模变化

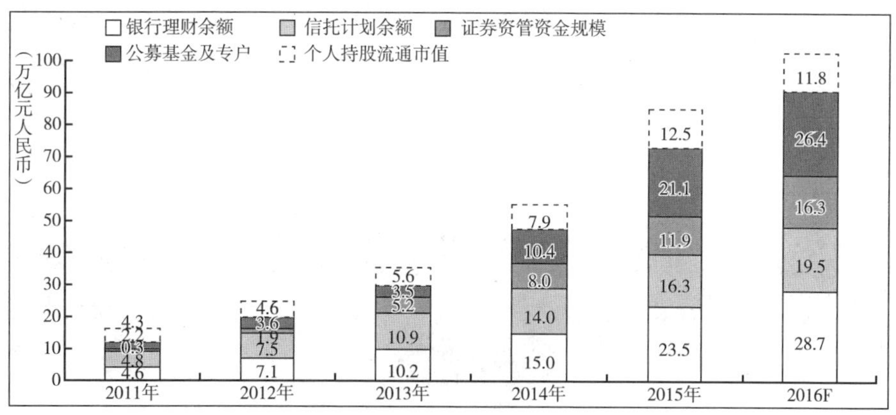

数据来源：易观智库《2017 中国金融科技专题分析》。

用监管科技来降低合规成本、有效防范金融风险，一举多得。另外，受到行业监管的影响，例如网络借贷的资金来源和借贷模式等受到限制，行业规模增速放缓，整个行业经历了从快速发展到监管整顿合规化的过程。

由于金融行业本身就具备资金密集型的特点，资本的支持也对金融科技行业的快速发展起到了促进作用，为金融科技初创企业的研发和金融资源对接奠定了基础。资本的来源主要有：①传统金融机构；②风投及并购投资机构；③金融科技产业公司的产业链横纵向布局；④互联网金融科技集团对于初创子公司的直接/间接资金支持。伴随着金融科技热点主题的集中投资，各细分领域行业集中度逐渐提高，红利逐渐向行业龙头聚拢，呈现出强者恒强的趋势。

二、大数据风控

（一）大数据风控行业概述

大数据是金融科技行业技术角度的关键环节。在大数据时代，数据的价值是金融科技行业的核心竞争优势。大数据技术可以分为四个层次：①数据收集与存储；②信息整合；③知识发现；④指挥决策。前两层主要用于数据架构和信息整合，后两层用于分析和决策（见图7）。

图7　大数据分析层次

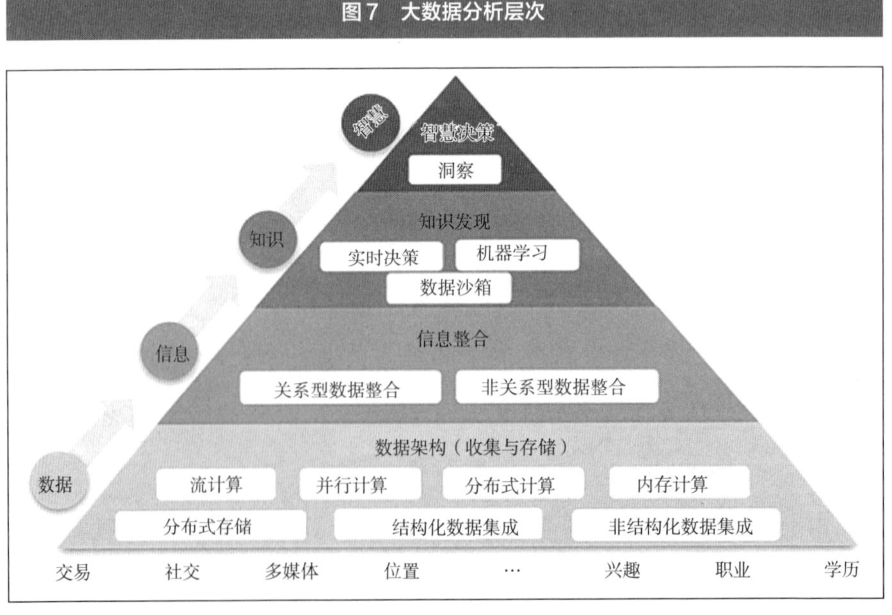

资料来源：宜人智库。

由于金融科技行业数据的非结构化，利用人工建模 + 数据已经难以满足日益变化的数据形式以及多样化的分析需求，因而利用大数据分析来对传统数据分析模型不适用的情况进行自动建模和参数调整就显得很有必要了。对于目前数据体量异常巨大、数据类型异常繁多、价值密度极低的情况，通过强大的机器学习算法，结合大数据对模型进行迅速矫正是计算分析的未来趋势。

大数据在金融科技领域的应用价值包括四点。一是提升决策效率：可以帮助金融机构实现以事实为中心的经营方法，逐步从静态的现象分析预测，向动态化场景端的决策建议功能转变，从而应对金融市场的瞬息万变。二是强化数据资产管理能力：传统金融机构采用的数据库成本较高，对于非结构化数据的存储分析能力满足不了实际业务需求，而大数据则可以实时对包括文字、图片和视频等更加多元化的数据进行存储分析，有效提高金融结构数据和非结构数据资产的管理能力。三是实现精准营销服务：大数据可以帮助金融机构更好地识别客户需求，从而精准识别目标客户并进行实时营销推送，打造更好的客户体验，同时帮助金融机构更好地扩大业务规模，提升综合竞争力。四是增强风控管理能力：大数据可以帮助金融机构将与客户有关的数据信息进行全量汇聚分析，识别可疑信息和违规操作，强化对于风险的预判和防控能力，在风控人员数量减少的条件下，带来更加高效可靠的风控管理。

大数据分析在金融科技领域的应用主要围绕借贷环节的个人征信、授信与风控，覆盖了贷前评估、贷中监控和贷后反馈三个环节。

贷前评估可以用于支持银行、小贷机构进行征信及授信活动，信贷模型的训练需要人工智能技术作为辅助，并通过机器学习算法的不断完善进行实时校正。国内个人征信试点从 2015 年才开始，最具代表性的就是芝麻信用，阿里体系的交易数据以及蚂蚁体系的金融数据便可作为其强有力的数据支撑，新城的用户征信数据库不仅自用，也可以有偿对外部机构进行输出。

贷中监控主要是通过用户在贷款期的数据来发现问题并及时报警。

贷后反馈主要是基于用户本次贷款期间的数据，对该用户原有信贷记录评分进行补充，提升或降低其信用额度以供后续使用，也可用于类似信联等机构的征信数据共享库更新。

根据 Burton-Taylor 研究数据，2015 年北美（含加拿大）金融科技大数据市场规模在 148.7 亿美元左右。根据美国行业统计数据，2010 年，三大征信局在美国征信市场的合计占有率为 61.8%，2015 年上升至 63.5%，由此可以推断，美国整体征信市场规模约 100 亿美元。通过两组数据交叉验证，同时由于美国市场基本进入成熟期，行业增速放缓，预测 2017 年北美金融科技大数据市场规模在 100 亿～120 亿美元。

而中国市场大数据风控覆盖的人群不及美国，金融大数据基础设施部署不完善，且大数据风控主要集中于信贷领域，其他领域应用尚不成熟，综合分析，2017 年中国大数据风控市场规模约 140 亿元人民币。

未来中国金融大数据领域仍属于“蓝海”市场，空间依然广阔，一方面居民消费贷款余额的广阔的提升空间会进一步刺激企业征信市场规模放大；另一方面除信贷领域，保险领域、证券领域等的大数据风控应用将取得阶段性进步，进一步提升整体市场空间。

（二）大数据风控产业链结构分析

金融机构的业务要求大数据平台具有实时计算的能力。大数据分析平台可以对金融企业已有客户和部分优质潜在客户进行覆盖，对客户进行画像和实时动态监控，用以构建主动、高效、智能的营销和风险管控体系。

目前，金融机构最常使用的大数据应用场景为精准营销、实时风控、交易预警和反欺诈等业务。

为满足金融企业的数据驱动需求，需要对大数据技术平台进行定制化开发：首先，企业需要进行顶层框架设计，对业务场景进行规划，把技术和实际业务相结合，将技术应用在企业价值链的各个关键环节上；其次，企业需要进行大规模的系统改造来实现数据的汇聚打通，将原本存储在成百上千个数据信息系统上的数据库进行整合，重新设计并搭建数据采集、存储、传输的架构；最后，对金融大数据平台进行安全保障措施的设置，防止金融数据的泄露、篡改，防止造成系统性风险损失，也保证客户的个人隐私及信息安全，防止危及社会稳定的事件出现，部分用于金融交易的用户鉴别及支付授权的信息需要进行全流程加密（见图8）。

图8　金融科技领域大数据产业链结构

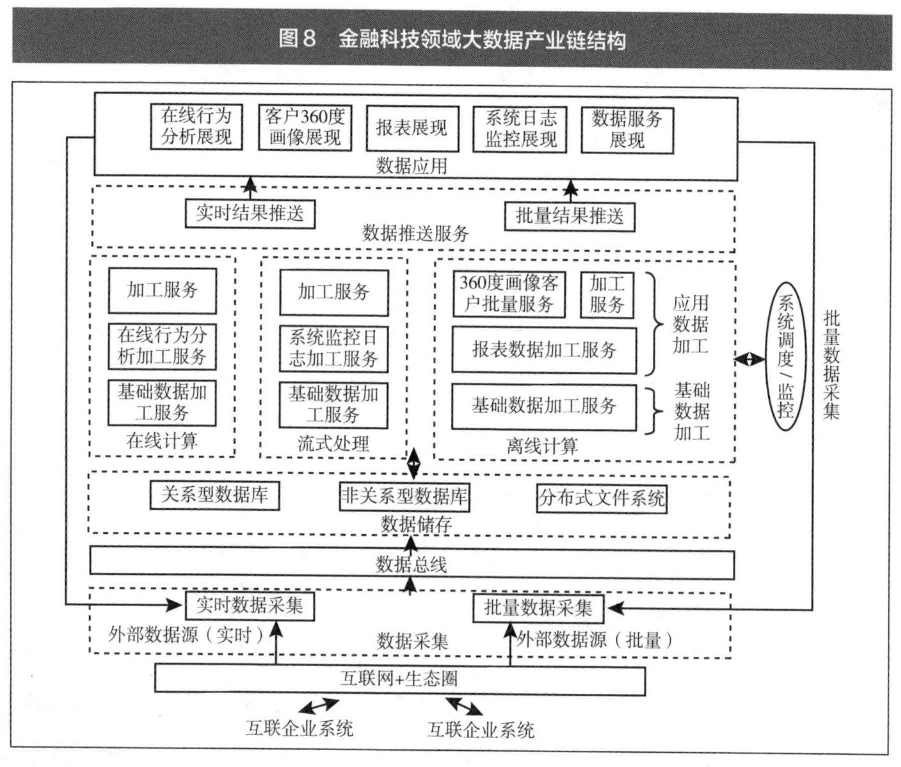

资料来源：《中国金融科技前沿技术发展趋势及应用场景研究报告》。

大数据在金融科技行业被广泛应用在银行业、证券行业、保险行业、支付清算行业以及互联网金融行业等，具体各行业的应用方向如表1所示。

表1　大数据在金融行业的应用

应用行业	应用方向
银行行业	借贷风险评估 供应链金融
证券行业	股市行情预测 股价预测
保险行业	骗保识别 风险定价
大数据行业	交易欺诈 数据资产
互联网金融行业	精准营销 “黑产”防范 消费信贷

三、区块链行业

（一）区块链行业概述

区块链（Blockchain）目前并没有一个统一的定义，综合来看，区块链就是基于区块链技术形成的，具有去中心化、去信任特性的公共数据库。区块链技术是一种解决信任问题、降低信任成本的信息技术方案。目前为止，解决信任问题的最重要机制是“信任中介”模式，政府、银行都是信任中介，我们对货币、对交易的接受都是基于对发钞银行和政府的信任。这是一种中心化的模式。然而也正是由于信任模式的中心化，用户的许多需求也会被复杂化。无论是在生活还是在工作中，用户都需要在各类机构中提供各式的大量的证明，而这些手续也为机构带来了巨大的人力成本、时间成本、资源成本。区块链技术的应用可以取消传统的信任中介，解决陌生人之间的信任问题，大幅降低信任成本。这也是常说的区块链“去中心化、去信任”的意思。通过区块链技术，互联网上的各个用户成为一个节点并相互连接起来，所有在此区块链架构上发布的内容都会在加密后被每一个节点接收并备份，换而言之，每一个节点都可以查看历史上产生的任何数据。各节点将加密数据不断打包到区块中，再将区块发布到网络中，并按照时间顺序进行连接，生成永久、不可逆向的数据链，这便形成了一个公开透明的受全部用户监督的区块链。如上所述，区块链可以实现市场参与者对全部资产的所有权与交易情况的无差别记录，取消交易过程中有关所有权确认的环节，因而这可能会是一种完全改变现有金融市场格局的技术，甚至会出现在各行各业以及生活的每个角落（见图9）。2009 年 1 月 3 日，区块链技术的第一个成熟应用——比特币网络上线，也正是比特币网络使得区块链进一步完善并正式进入了公众视野。目前，类似比特币和超级账本 Fabric 等的许多应用已经开始出现在生活中。

图9　区块链的去中心化

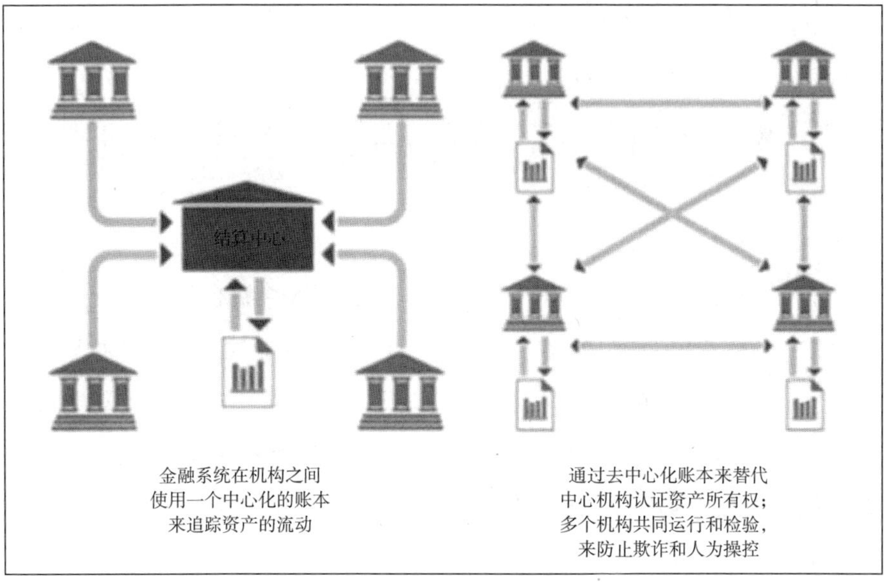

（二）区块链参与者

1. 技术社区

基层参与者：在区块链技术开发、区块开采、数字资产投资方面操作的参与者，大致可分为以下几类。

（1）开发人员：开发区块链技术，构建并维护区块链平台。

（2）矿工：构建区块以获得数字资产奖励。

（3）数字资产持有者：通过平台交易与场外交易获得数字资产并看重其投资性而非应用性。

交易平台：为数字资产提供交易场所的平台，大致可分为以下几类。

（1）现货交易：提供各种法定货币和数字资产充值、提现功能的，可直接交易的平台。国内如云币网，其交易品种的数量和质量在国内均属一流。国际上如 Poloniex，其交易品种的数量和交易规模均为世界第一。

（2）场外交易：在交易所外通过交易双方直接联系或借助中介人联系的方式完成数字资产的交易。场外交易网站中交易额最大的当属 Local Bitcoin，该平台成立于 2012 年，总部位于芬兰。国内目前只有“币看”一家场外交易平台。

2. 传统企业

金融机构：传统金融机构目前正在积极引进区块链技术。如中国招商银行是首家实现将区块链技术应用于全球现金管理（Global Cash Management）领域的跨境直联清算、全球账户统一视图以及跨境资金归集这三大场景的银行。2016 年 6 月，招行已通过跨境直联清算业务 POC 实验。2017 年 3 月 9 日，招商银行通过首创区块链直联跨境支付应用技术，为永隆银行向其在香港同名账户实现跨境支付，标志着国内首个区块链跨境领域项目成功落地应用，在国内区块链金融应用领域具有里程碑意义。

机构联盟：传统企业联合研究区块链技术，推动区块链应用发展。

3. 区块链公司

底层技术公司：此类公司注重对区块链底层技术的开发，目的是通过新建或不断优化区块链平台，为各类 DApp 开发提供良好的环境，如以太坊、EOS。

区块链应用公司：此类公司注重对区块链特性与功能的利用，并用以解决当前市场存在的问题，相关企业有区块链初创公司 R3、Ripple 网络。

4. 投资机构

股权投资机构：此类公司着眼于对区块链技术相关企业的投资和指导，如国内的分布式资本，该公司由比特股团队创始人之一沈波，万向控股副董事长肖风以及以太坊创始人 Vitalik Buterin 共同运作，目前已投资包括 Gem、EOS、Zcash 在内的众多企业。此外，还有包括中国比特币首富李笑来的团队 Inblockchain、传统 VC 公司 Boost VC（该公司近几年开始转投区块链公司）、国外区块链公司专投机构 Blockchain Capital 在内的众多股权投资机构。

数字资产对冲基金：此类公司着眼于资产分配，主要业务为构建数字资产市场组合以及投资 ICO 项目。如 Hyperchain Capital，该公司资产组合包括比特币、以太坊、EOS、Zcash、Q-tum 在内的三十余种数字资产。

（三）区块链项目数量及融资情况分析

我国的区块链项目成立数量从 2013 年开始逐年走高，2017 年受到政策监管等原因影响出现缩减，但获投数量和平均融资额仍连续数年走高，据 36 氪研究院和鲸准数据库统计，2017 年中国区块链相关项目融资总额超过 12.7 亿元，融资事件 54 起，仅 2018 年第一个月，区块链行业融资额就达到 6.8 亿元，融资事件 19 起，融资金额和获投企业数量甚至超过 2016 年一整年（见图 10）。

图 10 中国区块链项目融资数量

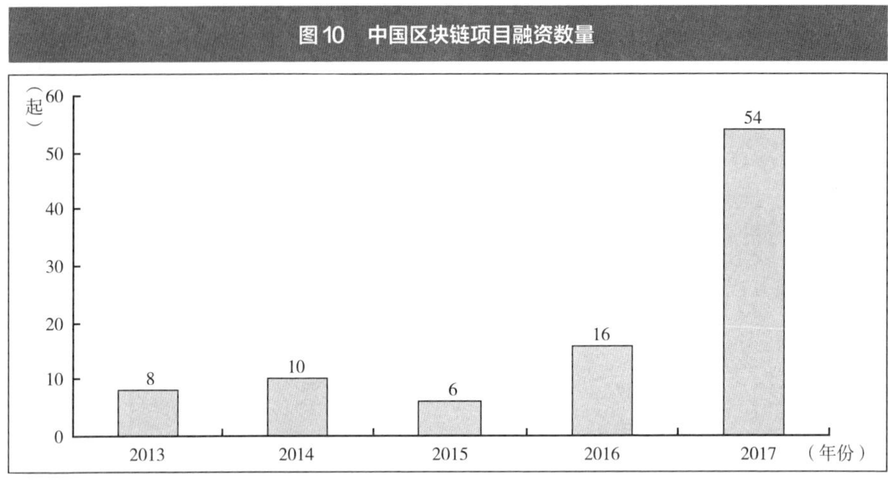

数据来源：中商产业研究院。

在地域分布方面，我国区块链项目主要分布于北上广等一线城市（见图 11）。

图 11 中国区块链项目地域分布

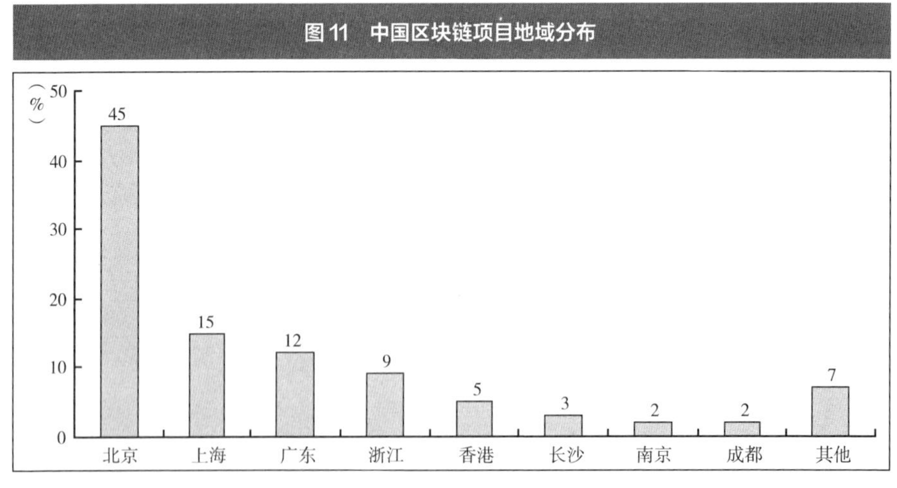

数据来源：中商产业研究院。

中国区块链项目融资轮次以早期为主，从融资轮次来看，绝大多数获投企业为天使轮及 A 轮阶段，“独角兽”席位空缺（见图 12），区块链行业尚处在早期发展阶段，但大公司进行战略投资布局的占比也在逐年走高。

图 12　中国区块链项目融资轮次分布

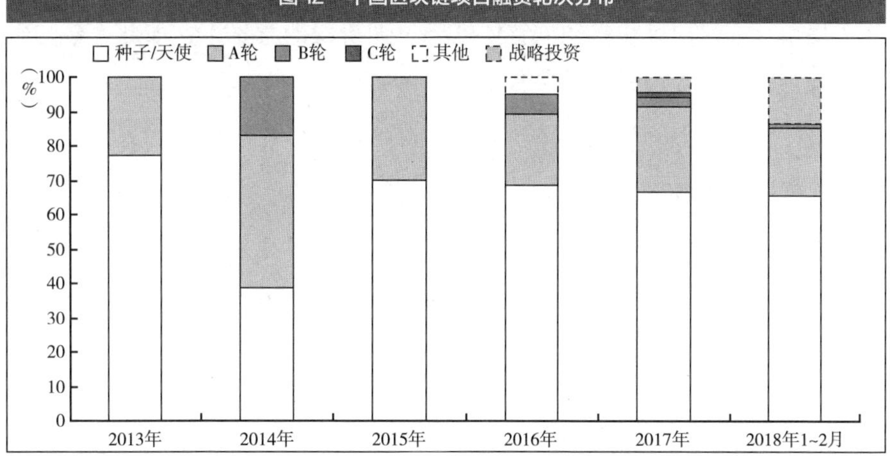

数据来源：鲸准数据。

按照区块链项目类型划分，主要包括底层技术与基础设施平台、数字资产管理、媒体社交、数字钱包等方面。其中，底层技术与基础设施平台、数字资产管理、数字货币交易平台是目前最受资本市场追捧的三个领域。

底层技术与基础设施类项目获得的融资是最多的，少则几百万元，多则上亿元，轮次则以天使轮居多。这些项目的主要方向是通过研发区块链底层技术，降低用户使用区块链技术的门槛（见表 2）。

表 2　2017 年以来底层技术与基础设施类区块链项目融资情况

时间	项目	金额	轮次	投资方
2018 年 2 月	京杭区块链	数千万美元	天使轮	暾澜资本
2018 年 1 月	ATnio	数千万美元	不详	龙庆投资、追梦者基金、水滴资本
2018 年 1 月	Hero Node	未公布	天使轮	星河投资
2018 年 1 月	iost	未公布	A 轮	FBG 资本、维京资本等
2017 年 11 月	布比	1 亿元人民币	A 轮	新链创投、盘古创富、博将资本
2017 年 11 月	链上科技	数百万元人民币	天使轮	节点资本
2017 年 6 月	全息互信	3000 万元人民币	A 轮	昆仲资本、联想创投集团

资料来源：区间集。

区块链公司布比于 2017 年 11 月完成了 A 轮融资，融资金额高达 1 亿元人民币，在目前区块链领域整体处于早期阶段的背景下，如此高额的融资，体现了布比在区块链底层技术领域被资本市场看好。目前，布比已经拥有数十项核心专利技术，独立开发了可扩展高性能的区块链基础服务平台，在实际应用场景中具备高效的事务处理性能和卓越的数据存储效率。

在整个区块链产业链上，数字货币交易平台（交易所）是其中的重要一环，是项目与投资者的连接器。目前交易平台类项目的商业模式已经较为成熟，也是资本热衷的领域（见表 3）。

表 3　2017 年以来数字货币交易类区块链项目融资情况

时间	项目	金额	轮次	投资方
2018 年 1 月	Zeniex	未公布	不详	奇虎 360
2018 年 1 月	Hot chain 热度链	1.5 亿元人民币	天使轮	创世资本、FBTC、泛娱链、筹帷资本、IBT 资本、比特信仰、量子资本等
2018 年 1 月	Hydro	未公布	A 轮	硬币资本、真格基金、丹华资本、LinkVC 连接资本、FBGCapital 等
2018 年 1 月	Ever Markets	未公布	A 轮	DFund、LinkVC 连接资本、BlackVC、PreAngel、Chain Cpital、硬币资本
2017 年 12 月	Bee Chat	未公布	A 轮	DFund、维京资本
2017 年 11 月	Colintiger	数百万元人民币	天使轮	节点资本
2017 年 11 月	JEX	数百万元人民币	种子轮	节点资本
2017 年 5 月	公信宝	数千万元人民币	天使轮	真格基金、李笑来

资料来源：区间集。

其中，公信宝由于在天使轮获得了由真格基金、天使投资人李笑来联合投资的千万级别投资，而备受区块链行业关注。公信宝从 2016 年开始自主研发的主链于 2017 年 1 月 12 日上线，基于主链公信宝做了一个 CBD 生态。其中 C 代表布洛克城（一个基于区块链技术，以信用和数据来构建的社会体系），现在已经有 110 万实名认证用户，每个用户都有一个数字身份。B 代表点对点数据交易所，目前每天大概有 20 多万笔数据交易，这是全球第一个区块链在企业端商业化落地的公链项目。D代表开发者，开发者可以在这里写智能合约，并获得通用数字身份，另外，布洛克城也会给开发者带来百万数据流量，目前已有十个应用在同步开发，这些应用将覆盖金融、社交、游戏、衣食住行等领域。

由于数字货币具有高波动性、交易自由、风险大等特点，投资机构对这一领域很少涉及，但是随着资产数字化趋势的到来，逐渐开始有一些项目方与资本进入，数字资产管理正成为区块链领域里新的投资赛道（见表4）。

表4 2017年以来数字货币资产管理类区块链项目融资情况

时间	项目	金额	轮次	投资方
2018年1月	Finbook	数百万美元	天使轮	真格基金
2018年1月	BitCV	数千万元人民币	天使轮	星耀资本、火种资本、赵鸿锋广禾资本、碳9加速器
2017年2月	塔链网络	数百万元人民币	天使轮	陶石资本
2017年12月		600万元人民币	天使轮	主泽资产、陶石资本、比特大陆科技
2018年1月	Coin Meet	数百万元人民币	天使轮	节点资本
2017年12月		数千万元人民币	种子轮	科银资本、Collnatar Capital、BlockVC、DSCV
2017年11月	域链	数百万元人民币	天使轮	节点资本

资料来源：区间集。

其中，塔链是一家资产数字化管理综合服务商，其主要基于区块链技术，为企业、社会组织等团体提供分布式信用的数据、资金和资产的托管方案，构建平等、安全、可控、自主的登记、交易及支付工具网络，通过提升团体内资金、资产以及权益的使用效率，提升团队凝聚力，实现互联网价值共产民主。塔链科技的核心业务，主要集中在基于完全自主研发的区块链和分布式账本的底层技术，提供数字资产的登记和清算服务，并保证业务数据安全可信。

最近，中心化的数字货币交易所多次遭受到攻击，数字钱包的安全性将会越来越重要。2018 年年初，猎豹移动发布了《2018 全球加密数字货币钱包安全白皮书》，详细解读数字货币钱包目前存在的安全漏洞，对数字货币钱包用户提出安全性建议，并独家发布数字货币钱包安全标准方案。预计未来，坚持去中心化的多功能跨链数字钱包将成为区块链在金融服务领域的主流应用和发展趋势（见表 5）。

表 5　2017 年以来数字钱包类区块链项目融资情况

时间	项目	金额	轮次	投资方
2017 年 12 月	Kcash 钱包	未公布	不详	硬币资本
2017 年 12 月	九章比特	数百万元人民币	天使轮	Oju Group 集团
2017 年 12 月	库神钱包	1000 万美元	A 轮	区块链资本 Blockchain Capital

资料来源：区间集。

2018 年年初，猎豹移动在海外推出移动安全数字资产钱包 SafeWallet，可发送和接收数字资产，管理多个钱包，包括多币种支持（BTC & ETH）、多种钱包导入方式、实时货币价格、最优的交易费用算法、比特币知识学习及测试。SafeWallet 配备了强大的三层安全防御体系，在用户行为安全、手机安全防御、资产安全管理三个关键领域进行全方位的安全管控，最大化地保护数字资产安全，防止资产丢失或被盗。

区块链媒体及社区是进入 2018 年之后区块链产业链上最活跃的领域。从年初到现在，已经诞生了数百家自媒体。除此以外，还有多家媒体公司获得融资，包括火星财经、陀螺财经、虎尔财经、链得得、布洛克、中国区块链观察、巴比特等（见表 6）。

表 6　2017 年以来媒体社交类区块链项目融资情况

时间	项目	金额	轮次	投资方
2018 年 3 月	陀螺财经	700 万元人民币	天使轮	七星数字基金、Wedo 基金
2018 年 3 月	布洛克	未透露	战略投资	BeeChat
2018 年 3 月	火星财经	未公布	A 轮	IDG 资本、泛域资本、OKEx、明势资本

续表

时间	项目	金额	轮次	投资方
2018 年 3 月	块连线	300 万元人民币	种子轮	Tokenup
2018 年 3 月	虎尔财经	数千万元人民币	天使轮	JRR capital、Dfund、TNB CAPTIAL
2018 年 3 月	金钱报	数千万元人民币	不详	极豆资本
2018 年 3 月	巴比特	1 亿元人民币	A 轮	普华资本、泛域资本、启赋资本、比特大陆
2018 年 2 月	链得得	数百万元人民币	天使轮	钛媒体
2018 年 2 月	中国区块链观察	100 万元人民币	天使轮	PreAngel
2018 年 1 月	DATA	数千万元人民币	A 轮	BG 资本、真格基金、丹华资本、Dfund、大都会资本、华创资本等

资料来源： 区间集、 IT 桔子。

（四）区块链技术未来发展分析

1. 区块链成为全球技术发展的前沿阵地，开辟国际竞争新赛道

区块链作为“价值互联网”的重要基础设施，正在成为技术创新和模式创新的“策源地”，引领全球新一轮技术变革和产业变革。目前，区块链逐渐成为“价值互联网”的重要基础设施，很多国家都开始积极拥抱区块链技术，开辟国际产业竞争新赛道，抢占新一轮产业创新的制高点，以强化国际竞争力，在区块链这一“新赛道”争取先发优势。根据 IBM 区块链发展报告数据，全球九成的政府正在规划区块链投资，并将在 2018 年进入实质性阶段。美国作为区块链技术的前沿阵地，将区块链上升到“变革性技术”，成立国会区块链决策委员会，不断完善与区块链技术相关的公共政策。欧盟努力把欧洲打造成全球发展和投资区块链技术的领先地区，建立“欧盟区块链观测站及论坛”机制，加快研究国际级“区块链标准”，并为区块链项目提供资金，预计到 2020 年为区块链项目提供资金金额将高达 3.4 亿欧元。韩国将区块链上升到国家级战略，全力构建区块链生态系统，推出“I-Korea 4.0 区块链”战略，计划在物流、能源等核心产业内开展试点项目。

2. 区块链领域成为创新创业的新热土，技术融合将拓展应用新空间

区块链在一定程度上解决了价值传输过程中的完整性、真实性、唯一性的问题，降低了价值传输的风险，提高了传输的效率，实现了企业协作环节的信息化，这将催生大量创新合作场景，构建创新创业新生态。区块链技术将带动新一轮的创业创新浪潮，无论何种规模的公司，在区块链领域都有创新和突破的机会。2017 年中国“独角兽”企业共 164 家，其中有 32 家企业正研发或已经上线区块链项目。随着区块链技术和市场的快速成熟，涉足区块链技术的“独角兽”公司将会越来越多，逐渐形成清晰的战略思路，制定战略并积极开展投资布局和实验探索，更好地适应行业发展趋势。同时，区块链与人工智能、物联网等新技术融合不断拓展技术应用新空间，进一步释放创新创业活力。人工智能的发展要以海量大数据为基础，区块链可以确保数据的安全性和可信性。二者一旦深度结合，就可以产生更多新的应用，创造安全的智能学习环境，创造具有更高智能制造和智能管理水平的组织，提供更广泛的智能应用。物联网的一大问题是安全性难以保障，而安全问题的核心是缺乏设备之间的相互信任机制。区块链网络提供了共识机制，可以抵御单点失效等问题。同时，区块链点对点的互联传输数据方式，可以解决计算能力的问题。分布式的计算可以处理数以万计的交易，充分利用分布在不同位置的数据源，以及数以亿计的闲置设备的计算力、存储容量和带宽用于交易处理，大幅度降低计算和存储的成本。通过信息交换和通信，可以将各物联网设备产生的数据源上传到区块链网络中进行存储和信息共享。另外，区块链技术的智能合约可将每个智能设备编程，可以自我维护独立的网络节点，并可在实现规定或植入的规则基础上执行与其他节点交换信息或核实身份等功能。区块链使得链上数据不可篡改，如果仅是单独使用，则无法解决数据可信的问题，但如果搭配好物联网和人工智能技术，则可以在很大程度上提升链上信息的可信性，确保线下实物准确向线上映射，提升系统总体的可信度，进而在更多的场景实现落地。

3. 区块链打造新型平台经济，开启共享经济新时代

平台经济是中国互联网经济发展的基础性创新模式，也是“互联网+”时代我国经济发展的新动能。平台的价值根源来自平台用户，尤其早期的平台用户贡献了更大的价值。但是，目前平台经济更多的是“分享经济”，而非“共享经济”模式，平台的使用者与平台的所有者之间存在利益冲突。而区块链技术的应用有望使“分享经济”真正转变为“共享经济”。Token 作为一种技术要素，是区块链网络上的价值传输载体，其以流通效率为衡量基准，而更深一层则是以影响力为衡量基准。借助 Token 体系，区块链平台能够将用户对平台或社区的贡献量化并自动结算，以给予相应奖励，实现用户与互联网平台所有者共享平台价值的增值。基于区块链的激励模式将推进“分享经济”向“共享经济”升级，并且这种新型平台经济也符合创新、协调、绿色、开放、共享的新发展理念，是一种更高层次的新型平台经济，即“社群经济”，打破社群发展瓶颈，使得互联网社群组织能够实现向经济组织的转变，形成一批具有独特竞争力的社群经济体。区块链借助分布式账本和智能合约技术大幅降低了契约建立和执行的成本，打破信任障碍，实现去中介化，打造真正的“共享经济”，全面开启“共享经济”的全新时代。

四、金融科技行业未来发展及投资机会

一是互联网金融快速兴起，对传统金融行业带来巨大冲击。首先，互联网技术极大地拓展了信息传播的渠道、方式，大幅减少了信息不对称的现象，扩展了金融服务供需双方的客户群。其次，互联网金融模式下，交易双方直接在网上进行互动，打破了时空上的限制，提高了交易效率，减少了中间环节与中间成本的消耗。最后，互联网利用先进的技术实现资源高度实时共享，能够使业务处理逐步实现自助化、自动化与系统化，使交易更加便捷、有效。二是大量非金融企业进入金融行业，

金融市场主体出现显著变化。一方面，大量科技企业借助金融科技发展契机，积极获取金融牌照，跨界提供金融服务，“科技＋牌照”成为趋势。另一方面，大量具有 To C 服务经验的传统企业，发挥用户规模优势，通过用户数据资源与金融科技的结合，也积极跨界提供金融服务。此外，大量依托于金融科技的新兴创业企业，成为金融市场的新兴力量，在金融科技领域的技术和商业模式创新成为其核心竞争力。三是四大技术落地金融行业。当前，“大智移云”等新兴科技快速演进，人类社会正在从信息化走向数字化和智能化。随着云计算、大数据、人工智能和区块链等新兴技术在金融行业的深入应用，科技对于金融的作用被不断强化，创新性的金融解决方案层出不穷，金融科技发展进入新阶段。其中，云计算技术能够为金融机构提供统一平台，有效整合金融结构的多个信息系统，消除信息孤岛，在充分考虑信息安全、监管合规、数据隔离和中立性等要求的情况下，为机构处理突发业务需求、部署业务快速上线、实现业务创新改革提供有力支持。大数据技术为金融业带来大量数据种类和格式丰富、不同领域的大量数据，而基于大数据的分析能够从中提取有价值的信息，为企业精确评估、预测以及产品和模式创新、提高经营效率提供了新手段。人工智能能够替代人类重复性工作，提升工作效率与用户体验，并拓展销售与服务能力，广泛运用于客服、智能投顾等方面。区块链技术能够有效节约金融机构间的清算成本，提升交易处理效率，增强数据安全性。

未来金融科技呈现出七大发展趋势，随着金融与科技的不断融合，金融科技将出现七大发展趋势。一是云计算应用进入深水区，将更加关注安全稳定与风险防控，云计算技术发展已经进入成熟期，金融云的应用也正在向更加核心和关键的“深水区”迈进。据中国信息通信研究院的调研，已有过半数的金融机构使用 OpenStack 等开源云计算技术。传统计算、网络和存储云方案已经同质化，客户需要的是上层 PaaS 或 SaaS 能力，甚至是业务和商业解决方案能力，有互联网金融实际业务经验、有生态合作伙伴的厂商更能得到客户青睐。云这个领域特别强调“吃自己的狗食”。二是大数据应用走向跨界融合，标准与规范是未来发展关键，金融行业数据资源丰富，而且业务发展对数据依赖程度高。大数据技术在金融领域的应用起步早、发展快，已经成为金融行业的基础能力。当前，金融行业的大数据应用已经非常普遍和成熟，也取得了较为显著的应用成效，最大的特点是数据资产化的愈加凸显、有深度的大数据分析变得越来越重要，用户画像和知识图谱成为最重要的技术。2017 年知识图谱一下子火起来，除了传统实体知识图谱外，事件图谱（描述动态关系）开始越来越重要，即对实时性要求越来越高。另外，还有一个关键问题就是合法获取数据的问题，这涉及法律、政策、技术、机制等问题，需要各方推动和努力。三是人工智能应用加速发展，从计算向感知与认知的高阶演进，人工智能一般分为计算智能、感知智能和认知智能三个层次。从目前人工智能在金融领域的应用趋势来看，计算智能通过与大数据技术的结合应用，已经覆盖营销、风控、支付、投顾、投研、客服等各金融应用场景。人工智能最重要就是 AI in all，传统金融很多是“知道型”的业务，按规则、经验办事，很多简单重复性工作被证明完全可以被 AI 取代（例如客服），认知型的业务目前看机器也可能不比人差（例如智能投顾、智能营销）。那么金融业最重要的是如何最大限度地发挥人的价值。首先是风险防范，AI 算法不一定完全正确，需要人在样本特征准备或审核上补充；其次是金融创新，创新是门艺术，目前没有证据表明 AI 在创新上有独到之处，所以人的创新非常重要；最后是发挥领域知识的价值，AI 目前最大的缺陷就是没有常识是不行的，知识会成为重要的竞争力分水岭，知识图谱、业务规则补充、业务数据标注都是产生知识的手段。四是区块链从概念走向应用，前景广阔但仍面临多重制约。区块链技术近年来一直受到广泛关注，其技术公开、不可篡改和去中心化的技术属性，拥有在金融领域应用的先天优势，因为本质上区块链就是一种经济模式，主要解决非信任网络的记账问题，如果说其他技术主要是生产力变革，区块链更像是生产关系变革，对此判断如下：①区块链的技术还没有成熟到金融级，包括金融经常用的联盟链的技术问题，还是一个探索的过程，所以并没有大型的金融区块链应用（非数字货币类）上线，尝试很多，普及还早；②因为区块链不仅仅是技术，所以这一轮技术革命中区块链的影响要远大于其他技术，可能会有颠覆性的业务、技术或者企业出现，这个趋势是不可阻挡的，有人说这是“价值互联网的春天”；③区块链 3.0 叫去中心化应用，应用生态将决定最后的赢家，目前公链和私链（或联盟链）都有一些金融应用，但还不成气候，胜负未分，大公司不一定有优势，开源力量不可小觑；④政策风险仍然很大，包括最近 ICO 还有代币发行，有些可能就是伪创新。五是监管科技正得到更多关注，将成为金融科技新应用爆发点。国家高度重视金融风险防控和安全监管，党的十九大报告明确指出要“健全金融监管体系，守住不发生系统性金融风险的底线”。随着金融科技的广泛应用，金融产业生态发生深刻变革，以互联网金融为代表的金融服务模式创新层出不穷。传统模式下事后的、手动的、基于传统结构性数据的监管范式已不能满足金融科技新业态的监管需求，以降低合规成本、有效防范金融风险为目标的监管科技（Regtech）正在成为金融科技的重要组成部分。利用监管科技，一方面，金融监管机构能够更加精准、快捷和高效地完成合规性审核，减少人力支出，实现对于金融市场变化的实时把控，进行监管政策和风险防范的动态匹配调整。另一方面，金融从业机构能够无缝对接监管政策，及时自测与核查经营行为，完成风险的主动识别与控制，有效降低合规成本，增强合规能力。可以预见，未来 1 ~ 3 年监管科技将依托于监管机构的管理需求和从业结构的合规需求，进入快速发展阶段，成为金融科技应用的爆发点。六是行业应用需求不断扩展，在反向驱动金融科技持续创新发展技术满足需求的同时，也将在需求的驱动下不断发展创新技术。在金融科技应用推动金融行业转型发展的同时，金融业务发展变革也在不断衍生出新的技术应用需求，实现对金融科技创新发展的反向驱动。这种驱动可以从发展和监管两条主线上得到显著体现：一是发展层面，新技术应用推动金融行业向普惠金融、小微金融和智能金融等方向转型发展，而新金融模式又衍生出在营销、风控和客服等多个领域的一系列新需求，要求新的技术创新来满足。二是监管层面，互联网与金融的结合带来了一系列创新的金融业务模式，但同时互联网金融业务的快速发展也带来了一系列监管问题，对金融监管提出了新的要求，需要监管科技创新来实现和支撑。从未来的发展趋势看，随着金融与科技的结合更加紧密，技术与需求的相互驱动作用将更加明显，金融科技的技术创新与应用发展将有望进入更加良性的循环互动阶段。七是新一代信息技术形成融合生态，推动金融科技发展进入新阶段，云计算、大数据、人工智能和区块链等新兴技术并非彼此孤立，而是相互关联、相辅相成、相互促进的。大数据是基础资源，云计算是基础设施，人工智能依托于云计算和大数据，推动金融科技发展走向智能化时代。区块链为金融业务基础架构和交易机制的变革创造了条件，它的实现离不开数据资源和计算分析能力的支撑。从未来发展趋势看，云计算、大数据、人工智能和区块链等新兴技术，在实际应用过程中将变得越来越紧密，彼此的技术边界在不断削弱，未来的技术创新将越来越多地集中在技术交叉和融合区域。尤其是在金融行业的具体应用落地方面，金融云和金融大数据平台一般都是集中一体化建设，人工智能的相关应用也会依托集中化平台来部署实现。新一代信息技术的发展正在形成融合生态，并推动金融科技发展进入新阶段。

智能出行产业发展及展望

吴 硕　王 申　翁学超　杨 柳　宋子豪

吴　硕：建投华科投资股份有限公司副总经理

王　申：上海财经大学会计学博士，中国建银投资有限责任公司投资研究院研究员

翁学超：美国乔治城大学经济学硕士，建投华科投资股份有限公司高级投资经理

杨　柳：美国伍斯特理工材料科学与工程硕士，建投华科投资股份有限公司高级投资经理

宋子豪：首都经济贸易大学资产评估学学士，建投华科投资股份有限公司投资经理

要点提示

- 2017 年在经历互联网网约车新政落地实施、滴滴出行和优步中国合并后，网约车行业结束大规模补贴战争，进入精细化管理阶段，具有垄断性优势的市场巨头出现，开始进入服务质量和出行安全比拼。2018 年随着美团进入网约车领域、曹操专车全国扩张、高德地图推出顺风车业务，网约车市场进入多元化竞争时代。

- 2017 年和 2018 年是汽车分时租赁模式发展元年，技术发展和资本扶持助力行业快速发展，主机厂、互联网巨头、初创企业三分天下，凭借各自的优势抢占市场。

- 2017 年共享单车行业在经历“颜色大战”后，幸存者的寡头垄断局面已经初步显现。2018 年共享单车行业陷入盈利模式不清晰、扩张速度过快、资本市场热度下降等尴尬局面，再加上摩拜单车被美团收购、ofo 单车经历供应商讨债危机，行业整体进入低迷状态。

一、2017年智慧出行行业概览

目前，全国每天的市内出行需求高达10.3亿人次，市场潜力巨大。生活和工作方式的多样化加上城市通勤的刚性需求，使得未来人们出行方式的多元化成为必然趋势。但是，传统出行方式存在众多问题，无法有效满足多元化出行需求。随着移动互联网技术发展和共享经济概念落地，形成了以互联网网约车平台为代表的新兴智慧出行模式，成为传统出行方式的有效补充，也为出行产业的消费升级提供了动力。

根据2017年的市场情况，本报告着重分析互联网网约车、分时租赁两种新兴出行方式。

（一）互联网网约车

1. 发展阶段

目前中国互联网专车市场正处于高速发展期。此前曾经历了不同时期。探索期（2010～2015年）：专车服务最初发展缓慢，随着互联网巨头的加入，专车服务迅速打开市场。启动期（2015～2016年）：政府对互联网专车的监管逐渐加强，市场运行逐渐规范化，市场格局逐步稳定，市场进入启动期。高速发展期（2016～2017年）：互联网专车市场竞争将主要集中在服务质量、细分场景、企业服务方面。

2. 2017年国内主要竞争者发展情况

（1）滴滴出行：全产品线覆盖

定位为一站式的智能出行平台，通过出租车与非专车类网约租车打车习惯的培育实现导流，积累了规模最大的用户群体。

滴滴出行以大量社会私家车加盟为主，逐步对接租赁公司车队，车源存在一定的政策风险。2017 年，滴滴加盟车辆安全事件频发，未来对社会车辆加盟模式的监管有趋严的态势。

（2）神州专车：以自营专车为基础，切入 C2C

以规范化的专车市场为切入点，打造高质量的出行服务平台，以全自营车队投入专车服务，面临的政策监管风险较小，不断提升在专车市场的份额。

2016 年 9 月推出“U + 平台”，全面接入社会车辆，平台永不抽成，正式进入 C2C 市场。

（3）首汽约车：国家队背景，坚持合规化运营

以企业、机构客户为主，通过大量的企业用车服务、公务车改革服务辐射到个人。

具备数十年国宾车队运营经验和国家队背景，注重服务质量和用户体验，从创立之初就坚持合法合规化运营，受益于网约车新政而快速扩大市场占有率。

（4）易到专车：乐视出局，韬蕴资本接盘

2015 年年底，乐视实现控股，形成“乐视 + 携程 + 管理层”的运营模式，通过乐视生态圈导流和加大补贴力度争取市场份额；绝大部分为社会车源加盟，非专车类服务占比超过 50%。

2017 年，随着乐视系整体衰落，易到专车也被出售，接盘者为韬蕴资本。控股方发生变化后，易到管理层也进行了大面积调整，目前在市场上的影响力已经大大降低。

（5）曹操专车：吉利旗下专车平台，2017 年加入战团

是国内首个建立新能源汽车出行服务标准的专车品牌。集合了新能源专车出行、新能源汽车分时租赁（由的蓝租车提供）等服务，为用户提供安全、便捷、低碳、高品质的一站式出行解决方案。

曹操专车主要以自营新能源车辆为主，2017 年 2 月获得网约车牌照后迅速扩张，目前已覆盖全国 31 个城市。

（6）美团打车：外卖企业跨界专车，2017 年加入战团

美团点评集团公司希望通过美团打车来满足平台用户的出行需求，为用户提供一站式“吃喝玩乐全都有”的服务体验。

美团打车和滴滴出行一样采取加盟抽成的商业模式，目前美团打车计划覆盖 7 个城市，其中上海和南京已经获得网约车牌照。

3. 行业趋势分析

● 市场规模及成长性：高成长性，随着互联网网约车渗透率提高，以及覆盖城市进一步扩展，未来潜在市场规模巨大。

● 模式发展趋势

从模式上来看，网约车主要有自有车辆运营和加盟车辆运营两种，目前自有车辆运营模式在政策上具有一定倾向性，这一点在 2017 年变化不大，预计 2018 年也不会出现太大变动。

从车辆类型来看有一定创新，2017 年开始，部分网约车玩家开始加入纯电动车型，比如首汽约车就已经在北京投放了部分新能源专车。另外，甚至出现了曹操专车这样完全采用电动车运营的网约车品牌。当然，曹操专车的模式部分是为了消化股东吉利新能源汽车的产能。而产生这一趋势的主要动力来自部分城市牌照限制，为了进一步扩大车队规模，加入新能源车成了不错的选择。新能源车的加入对参与者的运营能力提出了新的要求。

● 行业集中度和竞争情况：经过大量的投资和收购，行业已完成初步整合，形成滴滴出行、首汽约车和神州专车三大玩家领跑的市场格局。但是，2017 年仍然有新玩家跨界加入竞争行列，包括吉利汽车旗下的曹操专车以及美团旗下的美团打车。整体来看行业竞争仍然较为激烈。

● 趋势总结：减小补贴力度转向技术发展和服务质量竞争是未来网约车市场发展的大方向。目前阶段，出行安全方面是私家车加盟模式的玩家亟须解决的一大问题。未来在保证服务质量的同时，通过新技术和高效管理提高车辆运营效率，降低运营成本将使网约车行业成为一个具有持续盈利能力的成熟行业。

（二）分时租赁

1. 定义及特点

分时租赁是随着互联网碎片化资源利用及分时概念成长起来的服务模式，是指基于移动互联网的、以小时甚至分钟计费、随订即用的自助式新型服务租赁方式。目前，在出行市场上的分时租赁业态主要有汽车分时租赁和单车分时租赁两种（见图1）。其他分时租赁的领域还包括充电宝、雨伞等。

当前，分时租赁服务模式在出行领域更加成熟，未来分时租赁将在更多的领域发展。比如分时计费，即互联网出行分时租赁模式可以满足人们的碎片化用车需求，采用按小时甚至是按分钟计费的服务模式。又如自助用车，即用户可以借助移动互联网技术及车联网技术完成选车、订车、控制及使用车辆、支付费用等整个过程，用车全过程实现无人值守。

2. 汽车分时租赁概况

汽车分时租赁的概念起源于美国，最早是从传统的汽车短租业务切分出时间模块更短的分时租赁业务，随后部分主机厂和创业公司也纷纷布局这一领域，经过十数年的发展，以网点取还、自由取还、C2C 模式为主的几大模式也已发展成熟。而在国内，各玩家采取的模式与国外并没有太大区别，但是由于市场和监管环境的差异，国内玩家在布局汽车分时租赁过程中有关资源调度和产业链整合方面面临的挑战与国外有较大差异。

2015 年起，汽车分时租赁在国内逐渐火热，虽然有“共享”概念的兴起为其加持，但究其本因，政策补贴下新能源汽车产量大增是最为重要的背景。2014 年，国内新能源汽车产量约为 7.8 万辆，而 2015 年陡增至 34 万辆，但新能源汽车的销量却未能跟上产量的增速，转卖为租不失为一个很好的解决方法；此外，新能源汽车的里程有限，用于分时租赁和短租显

图1 互联网出行分时租赁市场类型划分

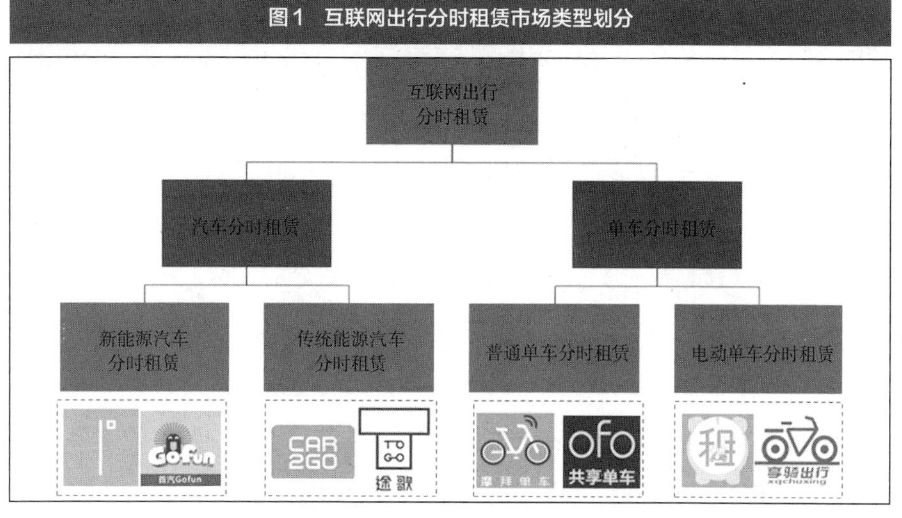

资料来源：罗兰贝格，建投华科整理。

然更为合适。新能源分时租赁快速发展，特别是在一二线大型城市快速发展的原因还在于牌照限制。众所周知，以北京、上海为代表的一二线大城市对燃油车增量已经有了较为严格的控制，而新能源车的牌照发放往往宽松很多，这使得该行业迅速扩大运营规模，形成规模效应的难度大大降低。

当然，燃油汽车在分时租赁市场上仍占有一席之地，这主要是由于新能源车具有较高的运营成本。从目前的技术来看，中低端新能源车标称续航里程在150～200公里，而实际使用值往往大打折扣，这一数值大大限制了新能源车单日完成订单的数量，而这一指标是分时租赁业务收入提升的关键。另外，新能源车还面临每天调度充电问题，用于调度的人工成本也不可小觑。据笔者了解，一名调度人员每天能够为10辆车进行一次充电，随着车队规模的扩大，这一成本巨大。正因为两种车辆各有利弊，目前市场呈现的发展态势是新能源玩家与燃油玩家并存的局面。另外，像首汽约车旗下的GoFun甚至采取新能源车与燃油车同时投放的策略，短期内平衡了营业成本和规模扩张，取得了不错的效果。

除了车辆以外，汽车分时租赁的竞争重点还在于线下网点和充电桩资源的获取。目前来看，一二线大型城市普遍存在停车位资源紧张的情况，而且这些停车位资源往往掌握在一些线下实体手中，比如商场写字楼物业、公共停车场运营方以及各地市政路桥等相关国有企业。分时租赁玩家只能通过租用或者与资源方合作的方式获取停车位资源，在这方面资源的获取上，部分具有相应股东背景的参与者具有明显的优势。另外，由于这些资源一般都是“地方割据”，也使得汽车分时租赁市场具有很强的地域性，单一玩家往往只在几个城市具有优势，目前还没有形成具有全国影响力的规模较大的参与者。这种竞争格局从短期来看还没有缓解的迹象，未来随着部分玩家收入和盈利水平的提高以及更多资本的介入，行业可能会通过收购并购来达到一个较高的集中度。

3. 单车分时租赁

短途出行市场空白、资本强势进入、消费升级和共享绿色出行受推崇等因素驱动行业高速发展，2015 年互联网出行单车租赁市场市场交易规模达到2800 万元人民币，用户规模接近 250 万人。到 2019 年，市场交易规模预计将达到 1.63 亿元，用户规模超过 1000 万人。

当前互联网出行单车分时租赁市场正处于探索期，尚未形成成熟的商业模式，面临着盈利模式不清晰、单车人为损耗严重、行业竞争激烈和政策限制等风险和挑战。

从表 1 中可以看出，行业领头羊摩拜与 ofo 受到了各路资本的追捧。无论是从融资金额还是参与的投资机构数量上，摩拜与 ofo 两家头部企业都处于绝对领先地位。

但是从另一个角度来看，即使是这两家垄断巨头仍然没有找到较好的盈利模式，1 元骑车的收入显然无法覆盖前期巨大的车辆成本投入，而日益加强的押金监管以及越来越普及的信用免押金服务，也使得玩家通过资金沉淀来实现较高收益变得越来越困难。

表1　中国共享单车分时租赁市场投融资时间表

共享单车	融资轮次	公布时间	融资数额	投资方
ofo 单车	C2	2016 年 10 月	数千万美元	顺为资本、小米、Coatue 等
	C1	2016 年 9 月	数千万美元	滴滴
	B	2016 年 9 月	数千万美元	经纬中国、金沙江创投等
	A +	2016 年 8 月	1100 万元人民币	真格基金
	A	2016 年 1 月	1500 万元人民币	金沙江创投、东方弘道
	Pre - A	2015 年 12 月	900 万元人民币	东方弘道、唯猎资本
摩拜单车	D	2017 年 1 月	2.15 亿美元	腾讯、华平投资等
	C +	2016 年 10 月	1 亿美元以上	腾讯、红杉资本、高瓴资本等
	C	2016 年 9 月	1 亿美元	红杉资本、高瓴资本、华平投资等
	B +	2016 年 8 月	数千万美元	祥峰投资、创新工场、熊猫资本
	B	2016 年 8 月	数千万美元	熊猫资本、愉悦资本
	A	2015 年 10 月	数百万美元	愉悦资本
小鸣单车	A	2016 年 10 月	1 亿元人民币	凯仕路
	天使轮	2016 年 9 月	数千万元人民币	联创永宣
小蓝单车	B	2016 年 11 月	1.5 亿元人民币	未透露
优拜单车	A +	2016 年 12 月	1 亿元人民币	未透露
	A	2016 年 11 月	1.5 亿元人民币	一村资本等
	天使轮	2016 年 9 月	数千万元人民币	中路资本等

资料来源：前瞻产业研究院。

当然，这一情况对于非头部企业的压力会更大，持续亏损加上无法获得后续资本的注入，共享单车在 2017 年迎来了破产高潮。据不完全统计，2017 年至少有 6 家共享单车企业倒闭，其中包括较为知名的小鸣单车和小蓝单车。而其他共享单车平台为了生存也开始投向巨头的怀抱，包括 ofo、哈罗和永安行都已经加入了阿里支付宝阵营。而滴滴收编小蓝单车后开始切入共享单车市场，为未来市场的归属增加了不确定因素。可以肯定的是，未来共享单车市场必将走向寡头垄断的市场格局，但是垄断之后如何盈利则是另一个故事了。

4. 行业趋势分析

- 市场规模：目前来看，总体市场规模较小，未来在基础设施、技术、消费习惯等各方面条件都具备的情况下可能迎来快速成长。

- 模式发展趋势：汽车分时租赁目前的收费模式分为粗放式和精细式

两种：粗放式采取半日租、日租等形式，是传统租车业务的延伸；而精细式模式采用“起步价＋里程＋时间”的综合计价方式，时间粒度精确到小时甚至分钟。而从运营模式来看，汽车分时租赁分为定点取还车和随取随还两种模式，定点取还车要求必须在取车地点还车，而随取随还则可以实现异地网点还车甚至任意停车点还车。

共享单车商业模式较为统一，均按骑行时间收费，一般半小时0.5～1元。运营模式也均采取随取随还模式。

未来来看，汽车分时租赁模式很可能向共享单车模式逐渐靠拢，精细化计费和随取随还模式将成为主流。

- 行业集中度和竞争情况：目前汽车分时租赁市场尚处于初期发展阶段，市场竞争激烈，未来通过收购并购；市场集中度有望提高。共享单车方面，目前寡头垄断的局面已经初步显现，但由于单车市场本身体量有限，其未来的市场格局在很大程度上取决于目前玩家背后各大巨头之间的博弈，共享单车很可能将成为巨头们的流量入口而非一个较大的盈利点。

- 发展趋势总结

汽车分时租赁：新能源汽车的普及率和性能提升；汽车智能网联化降低运营成本；规模化经营营业成本将进一步摊薄。

单车分时租赁：企业注重车辆性能、提升用户体验；专注于一二线城市，产业集中度上升；与其他业务实现联动实现流量变现。

二、2018年智慧出行行业发展情况、市场格局变化与未来发展趋势

（一）互联网网约车

1. 行业发展特征

网约车行业经过5年的发展，已经逐步从无序走向有序，从野蛮扩张

转向合规化运营。自国家有关部门出台网约车新政之后，各地方政府也陆续颁布了网约车管理细则，从司机户籍、车型配置和车牌数量上限制了网约车的无序发展，所谓完全共享经济下的共享出行已经转变为政府监管下有序发展的网约车出行方式。网约车市场开始朝规范化、标准化和品质化的趋势发展，并逐步回归到以精细化服务和管理为核心竞争力的出行服务的商业本源。

网约车行业已经过市场拓荒期，进入精细化管理阶段。这个阶段的竞争应该从价格转向服务，以创新经营模式、提升服务品质、完善消费体验为导向，切实解决打车难、服务差、派单不合理等问题，致力于改善乘客乘车体验，保障出行安全。

2. 2018 年网约车行业政策环境解析

中国许多城市的居民都面临“打车难”的问题，而网约车的出现和迅猛发展则在很大程度上便利了乘客的交通出行。

然而从城市管理的角度来看，在制定网约车政策时面临矛盾的动机。一方面，网约车有利于缓解“打车难”，可以便利乘客出行；另一方面，大量涌入的私家车也会加剧交通拥堵，影响城市发展。网约车的兴起创造了大量新型就业，对于解决下岗职工、退伍军人和其他失业人员的就业问题大有帮助。但是，由于网约车的灵活多样性和监管难题，乘客在乘车时的安全问题也会凸显出来。与此同时，网约车冲击了传统巡游出租车的市场份额和利益格局，导致不公平的市场竞争。因此，如何对网约车进行监管，就成为摆在政府面前的一道难题。

2016 年 7 月 28 日，国务院办公厅印发《关于深化改革推进出租汽车行业健康发展的指导意见》，交通运输部等七部门出台《网络预约出租汽车经营服务管理暂行办法》，并于 2016 年 11 月 1 日起开始实施，明确将网约车纳入出租车管理体系，同时对平台、驾驶员、车辆设定了严格的准入条件。各大网约车平台逐步拥有合法经营资质后，烧钱补贴大战从公众视野中消失，各大平台逐渐回归理性竞争，专注于服务精细化及合规化，网约车行业真正回归提供品质出行服务的商业本源。

进入 2018 年，网约车行业在政策方面依然趋严，各地政府将加大对恶性竞争、“黑车”“马甲车”等违规行为的执法力度。为保证乘客出行安全，各大平台也将提高司机准入条件，严格筛查司机背景，从源头减少威胁乘客安全事件的发生。

3. 2018 年国内主要竞争者发展情况

（1）滴滴出行

目前滴滴出行涉及的领域有快车、专车、出租车、顺风车、单车、代驾、公交、自驾租车、豪华车和二手车 10 个板块，满足不同用户在不同使用场景下的需求。据极光大数据发布的报告，滴滴出行的市场渗透率高达 12%，日活跃用户数量超过 1300 万人，月活跃用户数量高达 7100 万人。在资本运作方面，滴滴出行在 2017 年 12 月宣布获得来自招商银行、交通银行、软银和银湖资本等投资人共计 40 亿美元的融资，融资后估值超过 500 亿美元；2018 年 4 月 5 日，韩媒称韩国未来资产金融集团计划筹集 2800 亿韩元（约 2. 648 亿美元）的资金，投资滴滴出行平台。

然而进入 2018 年以来，滴滴出行平台安全事件频发，前不久顺风车司机迫害空姐事件更是将滴滴出行推上舆论的浪尖，暴露其在快速发展中对司机管控力度不足和无法有效保障乘客出行安全的问题。

（2）首汽约车

首汽约车在 2017 年年底完成 B 轮 13 亿元人民币融资，投资方包括民生资本、百度、蔚来资本和丝路华创。首汽约车与百度、蔚来资本达成战略合作，未来三方将共同推动智慧交通的建设及车联网、自动驾驶的商业化运行。百度将向首汽约车提供包括 DuerOS 及 Apollo 平台在内的成套解决方案，蔚来资本将在新能源技术和无人驾驶技术方面为首汽约车提供支持，而首汽约车将在自己的平台中进行自动驾驶的商业化运营。三方在现有合作的基础上进行深度合作，以推动出行行业进入智慧交通时代。首汽约车未来将以人工智能、无人驾驶和新能源技术推动移动出行变革，以获取更大的成长空间。

（3）神州专车

神州专车是行业内率先推出 B2C 专车模式的网约车平台，通过“自营车队 + 自营司机”的模式，建立安全出行的品牌形象，迅速打开局面，和滴滴出行形成差异化竞争。公司于 2016 年挂牌“新三板”，成为专车“上市第一股”。

神州专车挂牌后战略重心逐渐从专车运营转向新车/二手车交易、汽车金融、汽车保险等车生活领域。根据公司 2017 年年报披露，专车业务收入 56.7 亿元，同比增长 12.1%；新车/二手车交易业务收入 34.6 亿元，同比增长 343.6%；汽车金融及其他业务收入 7.3 亿元。由此可见，神州专车的专车业务发展已进入瓶颈期，新业务经过几年的培育已迸发极大的效益，未来有望超越专车业务。

（4）易到用车

2016 年在易到用车战略发布会上，创始人周航曾高调地宣布易到每天有效订单量超过 270 万单，占据了专车市场 30% 的份额，GMV 甚至一度超过 Uber，排在全国第二。然而 2017 年因为受到乐视债务爆发牵连出现资金问题，易到的整体工作一度陷入停滞，无论是司机还是用户对易到都充满了质疑。深处风口浪尖的易到还未从网约车补贴大战中缓过来，就面临着非常严重的资金问题，这是其发展历程中非常惨痛的一个经历。进入 2018 年，易道用车获得韬蕴资本的资金注入，使其得以快速还清拖欠司机以及供应商的费用，还再度获得了重回网约车赛场的机会。易到在网约车领域曾拥有庞大的用户基础和司机数量，自身的运营经验相对比较成熟，这是韬蕴资本选择从乐视受众接盘易到的重要原因之一。

但是值得注意的是，网约车行业最重要的司机群体曾因为易到资金链危机，在很长一段时间无法提现车费，对个人和家庭生活造成巨大的影响，不少司机对易到已经彻底失去信任。司机的流失导致易到大量用户的流失，平台与司机、用户之间的信任体系一旦崩塌，想要再建立起来并非想象的那样容易。因此，易道能否在风云四起的网约车行业中开拓新的局面仍是未知数。

（5）曹操专车

曹操专车在2018年年初完成10亿元人民币A轮融资，估值近100亿元。作为网约车市场新兴力量，上线三年曹操专车已经发展成为市场领先的新能源汽车出行服务平台。据企业方公布的数据，截至2018年5月，曹操专车累计注册用户超过1600万人，日活跃用户超过80万人，已在全国24座城市上线运营。

（6）美团打车

2017年2月，美团在南京试行打车业务，经过10个月的运营，美团方面宣布打车业务日订单量突破10万单。2018年3月，美团打车进入上海，首日接单量超过15万单。以此为基础，美团计划将网约车业务拓展至全国市场。

美团进入网约车行业的原动力在于其与美团点评提供的生活服务的核心业务密切相关。美团点评日活跃用户（约2.5亿人）中的30%有出行需求，网约车业务能够帮助用户便捷实现“吃喝玩乐行”，同时帮助美团实现成为一站式“吃喝玩乐行”平台的愿景。

（7）高德顺风车

2018年3月，高德地图宣布推出“公益”顺风车业务，率先于成都、武汉两地上线，并启动北京、上海、广州、深圳等城市的车主招募工作，逐步向全国市场拓展。高德“公益”顺风车将坚持对用户不抽成，不打补贴战，基于其长期积累的自驾出行用户数据及出行调度能力，在不增加城市道路压力的情况下，以科技手段提升社会运力，缓解城市交通拥堵。

高德推出顺风车业务之举属于顺势而为，从公开数据来看，目前高德已拥有7亿用户，平均每天为用户提供的出行路线规划就有数亿次。作为一款手机地图应用平台，其主要业务与出行相关，从业务逻辑延伸来说，高德在网约车市场中具有天然优势。高德通过利用自身优势与网约车的业务进行对接，可以有效扩大用户数量，提升用户留存率，撬开手机地图行业的“天花板”。

4. 行业趋势分析

● 市场规模解析：在 2017 年度网约车用户规模及用户使用率方面，网约车用户规模不断增长，其中网约出租车用户规模达到 3. 0 亿人，使用率达 42. 1%；网约快/专车用户规模达到 2. 5 亿人，使用率达 30. 4%。预计 2018 年网约车用户数量仍将保持快速增长。

2017 年度中国网约车市场交易规模为 2120 亿元，预计 2018 年度中国网约车市场交易规模将达到 2670 亿元，增速为 25. 9%。

● 行业集中度和竞争格局：在滴滴出行合并快的和优步、易到用车资金链断裂后，中国的网约车市场一度恢复了由滴滴出行、首汽约车和神州专车三足鼎立的平静态势。进入 2018 年以来，原市场竞争格局被打破，先有嘀嗒出行接入出租车业务、曹操专车推广至全国市场，后有美团推出网约车业务，高德地图推出顺风车业务，易道用车焕发新生重上赛道，中国网约车市场再次进入多维竞争时代。

各大网约车企业在激烈的竞争中不断积攒力量，并凭借各自的特点和优势，深耕于特定优势区域/城市，进行差异化竞争，以期在未来获得更多的市场份额。

● 趋势总结：互联网时代产品和服务的更新换代速度越来越快，用户对于产品体验的要求也越来越高。随着出租车行业改革的深入和网约车新政实施力度的加大，网约车行业在车辆、司机及服务标准方面的要求明显提高。因为不管是从行业内部发展规律还是从外界环境变化的角度分析，网约车服务必将向品质化和标准化方向发展。

此外，各大出行平台除了争夺用户、深耕出行服务外，更为关键的发展战略是以出行为流量入口，布局以出行服务为中心的全产业链生态圈。例如滴滴出行从打车切入，布局共享单车、新车试驾和销售；神州专车对出行、新车、二手车、汽车金融等车生活的全面布局；首汽约车夯实高端专车业务，拓展出租车和低端车业务，帮助各地出租车企业完成互联网时代的转型和升级。

（二）汽车分时租赁

1. 行业发展特征

汽车分时租赁行业发展7年，结束了第一波爆发式增长。随着交通部和住建部联合发布《关于促进小微型客车租赁健康发展的指导意见》，整体行业开始步入深度整合期。国家对汽车分时租赁行业的监管趋于严格，行业内每一个企业都将实现规范化运营，一些运营不规范的企业会随着监管的不断加强而逐渐被市场淘汰，最终留下数家具有可盈利商业模式且运营规范的企业。整体市场预计在经历整合期后将迎来新一轮增长。

2. 2018年国内主要竞争者发展情况

（1）首汽GoFun出行

GoFun出行是首汽集团推出的共享汽车品牌。截至2018年5月，GoFun出行整体车辆规模已突破3万辆、覆盖50座城市，包括北京、上海、武汉、成都等一二线城市，以及青岛、桂林、三亚等主要旅游城市。根据易观发布的《中国互联网汽车分时租赁市场专题分析2018》报告，GoFun出行作为行业领跑者，在运营布局、技术管控、资源调配等方面已经积累了先发优势，月度活跃用户数达到93.5万人，成为汽车分时租赁行业排名第一的企业。

GoFun出行在2018年也启动了新的业务模式：拥有符合规定的车辆、牌照资源的企业或个人，通过审核便可加盟GoFun出行，进入绿色出行的行列。公司在2017年获得来自德国大众2.14亿元人民币的A轮投资。

（2）GreenGo绿狗租车

绿狗租车是北汽集团推出的主打新能源汽车的分时租赁品牌，在上线之初采取重资产模式运营。车辆来自北汽集团自主品牌，通过自建充电桩和网点布局，使车、桩、停车位的配备达到1∶1∶1。进入2017年以来，公司发展模式更加顺应市场变化，目前采取自建、共建和公建三种模式，吸引充电桩企业主动合作，以扩大和合理布局充电网络，在提高充电桩利用率的同时，实现规模性扩张。

绿狗租车集中在北京市场，目前北京市网点布局已覆盖北京城区主要商业圈网点近300个，累计注册用户数超过200万人，车辆规模超过5000辆。

（3）Evcard

Evcard背靠上汽集团，2015年在上海落地后便迅速占领上海市场，目前全国市场规模排名第二，在上海市场具备区域垄断性。截至2018年3月，Evcard整体车辆规模达到2.7万辆、覆盖62座城市，累计注册用户数超过500万人，月活跃用户规模达到37万人。

类似绿狗租车，Evcard也采取重资产自营的发展模式，通过抢占场站、牌照充电桩资源增加运营网点，减少调度成本，提高利润率。Evcard的优势在于资源端，其与上海国际机场签署合作协议，在浦东机场、虹桥机场等大型交通枢纽建立网点，满足乘客城内、城际出行需求的模式成为业内典范。

（4）盼达用车

盼达用车成立于2015年，同年11月上线运营，其专注于大型城市的分时租赁运营，九成用户集中在广州和重庆，覆盖当地的工业园区、大型社区、交通枢纽、旅游景区、购物中心、大学城等城市通勤高频场景，深耕城市网格化、规模化布局。盼达用车是国内首个支持全异地还车的分时租赁项目，也是第一个实现以第三方征信免押金用车的项目。

盼达用车是集中式充电与免押金分时租赁服务运营模式的代表性企业。集中充电可以有效降低电池损耗和对停车位的要求，加速运营网贷扩张，但缺点在于对运营调度要求更加严苛，无形中将增加管理费用。

截至2018年3月，盼达用车车辆规模达到7000辆、覆盖7个主要大型城市，月活跃用户数量达到5万人。

3. 行业趋势分析

● 市场规模解析：2017年中国汽车分时租赁市场规模为17.3亿元；2018年市场规模预计将达到36.5亿元，到2020年预计有望超过100亿元。2018~2019年市场集中度预计提高，一方面，部分先入局企业将凭借前期在资源、用户、运营等方面的积累保持较快增长；另一方面，随着包括互联网巨头、主机厂在内的较多企业的进入，新能源补贴政策的收紧，资源将快速向优势企业靠拢，小企业处境艰难。

目前汽车分时租赁的用户需求端仍有较大提升空间，未来企业将加速优化运营模式提高效率，通过降低价格吸引用户并培育用户和市场。汽车分时租赁的特点是重资产和重运营，且依靠当地政府支持。目前一批拥有主机厂或国企的企业发展势头良好，未来区域性龙头企业或将出现。

● 模式发展趋势：汽车分时租赁行业按运营车辆动力源不同可以划分为新能源汽车和传统能源汽车。市场上绝大多数企业以新能源车型为主，而选择传统能源汽车的企业也逐渐开始纳入更多的新能源车型，以迎合市场需求。汽车分时租赁模式诞生的时间点与中国新能源汽车起步发展期不谋而合，分时租赁模式与新能源汽车在先天上就具备融合优势。首先，相比传统能源汽车，新能源汽车的折旧成本更高，充电蓄能耗时长，分时租赁场景比家用更加契合上述特征。同时新能源汽车的能量转化效率高于燃油车，使用过程更加经济环保。其次，新能源汽车相比燃油车没有复杂的发动机结构和滤清器，结构更加简单。分时租赁模式对车辆的损耗更频繁，新能源汽车在后期维修保养时成本更低，可以有效降低企业维护成本。

从产业升级的角度来看，新能源汽车技术的演变将直接影响汽车分时租赁市场的发展，随着充电桩建设数量和车辆续航能力提升，将促进汽车分时租赁行业快速发展。

● 行业集中度和竞争格局：汽车分时租赁是个高资产、高资源整合能力、高运营能力、高技术能力的“四高”行业，要优化出行效率，规模化、集中化是必然方向，也是长期过程。目前市面上的共享汽车投资方主要分为两类，一类是汽车主机厂（OEM）、经销商；另一类则是移动互联网企业。前者代表主要有绿狗、Evcard、e享天开、微公交等。而途歌、苏打、UCAR、悟空、友友、一度、宜维等最早一批进入共享汽车领域、最早采用分时租赁模式在市场上运营的平台，多为移动互联网公司创建。此外，还有传统租赁运营商，如首汽集团推出的GoFun。

当前，国内汽车的保有量已经超过3亿辆，核心城市早已拥挤不堪，在停车位等资源稀缺的制约下，汽车分时租赁行业其实没有太多试错空间。行业起步之初，小玩家还能在区域性小心测试，慢慢推动布局、打磨运营。随着越来越多的整车厂加强投入、越来越多的有实力的互联网公司伺机而动，这样的创业环境几乎已经成为过去。

而随着新能源补贴政策的退坡，资源逐渐向优势企业集中，拼车辆、拼资金、拼资源，小企业都没有任何优势，将会不断被头部企业挤压，逐步被吸纳消化最后退出。在汽车分时租赁的大格局里，有一定规模的先行者拥有巨大优势，最终很可能形成各大厂商鼎立的局面，甚至形成地区性垄断。

- 趋势总结：未来三年是汽车分时租赁行业发展的关键期，虽然目前市场还远未成熟，但是无论是整车厂还是互联网企业已经纷纷布局，或者计划进入该市场。同时新能源汽车续航里程增加、基础充电设施不断完善和资本的加速流入，将助推行业快速发展。2018年后市场格局将逐渐趋于明朗，主流企业会通过并购形式吸收中小型企业来进一步扩大自身市场份额、巩固领先地位。和网约车市场格局相似，未来汽车分时租赁市场也将形成几家在全国范围内绝对领先的企业。

（三）单车分时租赁

1. 行业发展特征

单车分时租赁的概念最早产生于荷兰阿姆斯特丹的乌托邦式的“白色

自行车计划”，之后历经存取地点特定的第二代，以及互联网技术发展后、美国出现的借助手机 App 和 GPS 定位实时监控单车状态的第三代，目前已经发展到了以中国的摩拜、ofo 和哈罗等品牌为代表的第四代单车分时租赁体系。在汽车分时租赁市场逐渐成熟的同时，单车分时租赁也吸引着各路资本的目光。自 2016 年下半年开始，“共享单车”的概念火遍全国，凭借其使用方便、取还车灵活、性价比高的特点帮助百姓解决了“最后一公里”的出行痛点，并借此获得了大量的资本投入。截至 2018 年 2 月，ofo 已经累计获得了至少 88 亿元人民币的投资，而摩拜也不落下风，达到 64 亿元人民币，且由于目前高企的运维成本以及盈利模式并未成型，各家单车企业尚未拥有足够的自身造血功能，预计未来可能仍将需要靠资本“输血”来维持运营，因此融资额有望进一步扩大。

我国共享单车的发展基本上经历了三个主要阶段。第一阶段可以看作共享单车的萌芽期，这时的共享单车行业中只有 ofo 和摩拜两个主要玩家。在这一阶段，ofo 完成了 A 轮融资，从破产的边缘走上了快速发展的道路；摩拜则完成了其经典的首款单车的研发工作，并在上海成功投放。第二阶段则是两家通过与自行车厂商合作，大量生产、大量投放一二线城市的“跑马圈地”阶段。也正是在这一阶段，随着行业受到资本追捧，热度逐渐提升，其他品牌的共享单车陆续出现。第三阶段就是 2016 年至今的爆发期，市场上出现了大量的不同品牌的共享单车，一线城市已经是摩拜、ofo 的囊中之物，而其他品牌则希望在广大二三线城市开辟出自己的一席之地。二三线城市公共交通系统相对落后，很多城市并未限号，因此汽车保有量相对于一线城市相差无几，城市主要道路拥堵情况日趋严重。随着城市生活圈的逐步外扩，人们平均出行距离也逐渐向一线城市看齐，因此共享单车的发展机会十分广阔。众多的共享单车品牌表现出了一种“百花齐放、百家争鸣”的态势。

2018 年，共享单车行业进入了一个更为成熟的阶段，在经过了 2017 年高达 632.1% 的快速增长后，2018 年各家前进的步子相对小得多，用户规模整体增速正常放缓，竞争也从扩大市场规模转向了比拼盈利能力。在行业格局上，ofo 和摩拜两强实力逐步稳固，哈罗单车因背靠阿里系而在二三线城市获得了一定的市场份额，一度倒闭的小蓝单车也因为滴滴为其提供的流量入口而得以复活。总体来看，中国的共享单车市场已逐渐成熟，ofo 与摩拜凭借先发优势占据着行业绝大部分市场份额，且已经开始探索新商业模式以及开拓海外市场，而小蓝和哈罗等品牌的实力与两强并不在一个量级，仍然处于依靠资本来抢占市场的阶段，无法对两强构成任何威胁。

2. 2018 年国内主要竞争者发展情况

（1）ofo 单车

ofo 共享单车品牌创立于 2014 年，最早进入公众视野是在 2015 年年中，随着 2016 年行业的集中爆发，ofo 也依靠其先发优势和资本的支持而迅速在一线城市拓展开来。

2016 年 9 月，ofo 总订单突破 1000 万单，日订单量超过 40 万单。2017 年 4 月，ofo 获得阿里投资平台蚂蚁金服 D + 轮投资，并正式接入滴滴出行平台，滴滴用户可以通过滴滴出行 App 在全国使用 ofo 单车。自此，ofo 已经正式“站队”，成为阿里系在单车分时租赁领域的主要布局。2018 年，ofo 最新一轮 E1 - 2 轮融资 8.66 亿美元股权 + 债券融资，开创了共享单车领域盘活资产的先例。截至目前，ofo 已经两次通过动产抵押方式换取阿里共计 17.7 亿元人民币的资本支持。

通过表 2 不难看出，ofo 在 2015 ~ 2017 年的两年多时间中完成了 9 轮融资，而自 2017 年 7 月开始至最近一次融资之间相隔了 3 个季度，与此前的融资频率相比慢了不少。这并非由于 ofo 找到了良好的商业模式从而不再需要融资，反而正是由于营运成本高企而迟迟无法实现盈利的“烧钱”状态令大多数投资人望而却步。同时，最近一期融资也并非如此前一样的股权形式，而是业内未有先例的动产抵押模式，这种模式的存在说明此前的投资方阿里已经对 ofo 的前景表示了相当程度的担忧，并希望借此给 ofo

团队施加一定压力。根据债券投资条款的规定，ofo 需要在 2020 年 2 月 10 日还清动产抵押所获资金。若无法按时履约，阿里方面将有权对抵押资产进行处置并持有处置所得收益的优先受偿权。如果按照本次融资总额 17.7 亿元和平均每辆自行车单价 200 元来估算，则其需要抵押的单车数量大概在 885 万台。根据 ofo 创始人兼 CEO 戴威在公开场合的表述，ofo 单车目前的总量为 1000 万台左右，因此此次融资可以说是戴威赌上公司控制权的放手一搏。

表2 ofo 融资情况一览表

时间	融资轮次	金额	投资方
2015 年 3 月	天使轮	数百万元人民币	围猎资本
2015 年 12 月	Pre -A 轮	900 万元人民币	围猎资本、东方弘道
2016 年 1 月	A 轮、A +轮	2500 万元人民币	金沙江创投领投，东方弘道、真格基金跟投
2016 年 5 月	B 轮	数千万美元	经纬中国领投，金沙江、围猎资本跟投
2016 年 9 月	战略投资	数千万美元	滴滴出行
2016 年 10 月	C 轮	1.3 亿美元	Coatue、滴滴出行、小米科技、中信产业基金、元璟资本、Yuri Milner
2017 年 3 月	D 轮	4.5 亿美元	DST 领投，滴滴、中信产业基金、经纬中国、Coatue、Atimoco、新华联集团跟投
2017 年 4 月	D +轮	数亿元人民币	蚂蚁金服
2017 年 7 月	E 轮	超 7 亿美元	阿里巴巴、弘毅投资和中信产业基金联合领投，滴滴出行和 DST 跟投
2018 年 3 月	E2 -1 轮	8.66 亿美元	阿里巴巴

ofo 目前的变现模式相对比较单一，主要依赖小黄车收费以及广告费来获取收入。其中，广告收入分为线上和线下两个部分，线下主要是通过在车身的主要位置，包括车把三角区域、车筐区域、后轮三角板和车座部分全部覆盖广告，而线上则通过 App 开屏、支付页弹出等方式布局，真可谓物尽其用。然而，ofo 大力投放广告的背景实则是押金监管收紧，而单纯的骑行收入无法覆盖成本，公司为了缓解现金流的紧张情况不得已而为之。从广告价格来看，车身广告达到了 160 元/（辆·月）的标准，单个城市

最低 100 辆起订，与造价 200 元/辆的单车相比，确实是一项可以快速收回成本的生意。然而，随着北京市政府出台《北京市鼓励规范发展共享自行车的指导意见（试行）》，其中明确规定投放车辆不得设置商业广告，令 ofo 在北京地区广告的投放受到了严格的限制，而上海市交通委员会发布的《上海市互联网租赁自行车管理办法》草案也明确规定禁止在车辆上设置商业广告。广告收入受限，单车租用收入不足以覆盖成本，ofo 不惜“卖身”来获得阿里的债券融资也就不足为奇了。

同时，ofo 前期低成本扩张的策略虽然收效显著，但目前已经到了该埋单的时候。ofo 早起从校园走出时，大量投放的仍是其第一代机械锁单车，而机械锁在无人管理的情况下十分容易出现故障、人为破坏和被盗现象。根据投资人朱啸虎的测算，一辆 ofo 单车的年运维成本达到 1000 元左右，每年的运营成本高达 5 亿元，1000 万辆单车每年的投入成本高达 27 亿元。同时，虽然管理层掌握着车辆投放的数据，能够比较精确地计算出每日收入总额，但是这其中诸如免费蹭车、车辆被毁、车辆被私人长期占用等情况却是无法准确获知的隐形成本。高企的成本和逐渐严格的管控令 ofo 始终无法交出满意的成绩单，因此其于 2017 年和 2018 年不得不加大了智能锁车型的投放力度，以加快产品更新换代的步伐，而这令公司的资金链承受了更大的压力，也让投资人在面对公司新的资金需求时对单车分时租赁的盈利能力产生疑问。

2018 年 5 月，在戴威团队与滴滴交恶的事情被爆后，公司再次传出类似资金链断裂的传闻，而传闻也从公司随后将免押金城市从 25 个大幅缩减至 5 个这一动作中得到了或多或少的印证，公司已经走到了命运的十字路口。而就在如此关键的时间节点上，股东阿里巴巴却选择将更多资金投入同为其投资的哈罗单车项目中。2018 年 6 月 1 日，蚂蚁金服子公司上海云鑫以 14.68 亿美元估值，向哈罗单车增资 20.6 亿元人民币。此次增资后，蚂蚁金服占股比例上升为 36%，成为哈罗单车第一大单一股东。这一举动无疑令 ofo 的前景更显暗淡。ofo 内部在这种情况下采用了包括调薪、裁员等手段节流，配合着不遗余力的车身广告等开源手段，希冀能从目前的泥淖中脱身。然而，这家最早入行的单车租赁公司能否挨过整个行业的凛冬，开发尽量多的盈利点以支撑其战略布局仍未可知。

（2）摩拜单车

2018 年单车分时租赁行业最具有影响力的事件可以说是美团点评以总价 37 亿美元完成对摩拜单车的收购，包括 12 亿美元现金、15 亿美元等值美团点评股票以及对 10 亿美元债务的承担。此次收购摩拜的实际价值为 27 亿美元，与其最近一轮融资估值的 34.5 亿美元相去甚远。2018 年 4 月 3 日，摩拜董事会基本上全票通过了美团点评的收购议案，三维创始人中除王晓峰外的其余两人胡玮炜和李斌均投了赞成票。初看之下，创始团队的这一举动令人感到惊讶，然而如果仔细对摩拜自身的资金及营运情况进行分析，这与行业整体盈利难、融资难的大背景有着密不可分的关系。

与 ofo 相同，在经历了 2016 年的四轮融资和 2017 年上半年的三轮融资后，摩拜单车在被收购的 9 个月左右时间内并未能获得新的资本注入。2017 年年末，摩拜被爆挪用用户押金 60 亿元，债务总额近 10 亿美元，一时间舆论甚嚣尘上。根据易观国际数据，摩拜单车 2018 年 5 月的日订单量为 822 万单，按照其 900 万辆的总投放规模进行估算，其每辆单车的日平均使用次数仅为 1.1 次。按照骑行一次 1 元的收入和近 2000 元的单车平均成本来估算（考虑经典款与 Lite 款），摩拜的投资成本基本是难以收回的，而这还未考虑庞大的运维成本和人为因素导致的车辆损坏成本。因此，摩拜一直宣传的低成本运营模式是建立在单车的高制造成本之上，如果将 ofo 与摩拜的总运营成本在一个较长的时间内进行对比，将车辆的折旧费用考虑到总成本中，摩拜的成本比之 ofo 有过之而无不及。由此，2018 年年初，摩拜被爆押金退还困难，众多网友反映押金退还未及时到账的问题也就不足为奇了。

考虑到其经典版超过 3000 元的总造价，为了在与 ofo 的竞争中不处下风，摩拜于 2016 年 10 月推出了造价仅为 1000 元左右的 Lite 版单车，并将其价格定在经典款的一半，即 0.5 元/小时。然而，诸多城市的网友反映，实际使用过程中 Lite 版的损坏率远高于经典版，导致摩拜的用户体验直线下滑。究其原因，主要是由于摩拜自始至终推崇的“前期高投入，后期少维护”的运营模式，导致摩拜在单车的维护上并未如其竞争对手 ofo 一样积累足够多的经验。在初期投放 Lite 版之后便出现了无法解锁、超时、车辆损坏率居高不下的情况。也因此，2018 年摩拜不得不在一定程度上回归其经典款单车，以高生产成本、低运营成本的模式继续与 ofo 竞争。

此次美团点评对摩拜的收购对于摩拜的创始团队也是一种解脱，甚至可以认为是摩拜单车，甚至是整个单车分时租赁行业新的开始。摩拜单车在被收购后将会成为美团旗下的一个业务板块，停止大量“烧钱”补贴的竞争模式和押金模式，逐步向理性的商业模式回归。美团点评实际控制人王兴在接受记者采访时说道：“摩拜单车是城市三公里出行最便捷的工具，将成为美团到店、到家、旅行场景的最佳连接，既为用户提供更加完整的闭环消费体验，也极大地丰富了用户的消费场景。”由此，摩拜未来将不仅局限于出行领域，而是在新股东的支持下将业务拓展到餐饮、零售等不同领域，将自身变为流量入口，通过对场景的精确匹配来实现用户的转化。倘若摩拜此次成功转型，将帮助整个单车分时租赁行业解开无成熟盈利模式的死结，从而让整个行业向着新的高度迈进。因此无论是从资本还是从业务的角度来看，本次收购对于整个行业而言均具有相当的积极意义。

（3）哈罗单车

就在大家都认为单车分时租赁行业已经走到了当年网约车滴滴与快滴两强对立、其他品牌再无出头之日的情况下，哈罗单车却半路杀出，以迅雷不及掩耳之势迅速攻占众多三四线城市，打破了现有格局。

2018 年 6 月，根据上市公司永安行发布的公告，蚂蚁金服旗下全资子公司上海云鑫及其他关联投资方以不低于 14.86 亿美元的整体估值，向永安行低碳（哈罗单车与永安行低碳合并后的运营主体）增资 20.9 亿元。

其中，上海云鑫出资19亿元，持股比例达到36.7%，为第一大股东，至此哈罗单车在半年多的时间里完成了4轮融资，总金额超过了15亿美元（见表3）。

表3 此前哈罗单车股权结构

时间	融资轮次	金额	投资方
2016年11月	A轮	未透露	GGV领投，磐谷创投、愉悦资本、贝塔斯曼亚洲基金跟投
2017年1月	A+轮	未透露	GGV领投，磐谷创投跟投
2017年4月	B轮	数亿元人民币	成为资本领投，老股东跟投
2017年6月	B+轮	数亿元人民币	威马汽车战略投资
2017年10月	C轮	未透露	哈罗单车与永安低碳科技合并，引入蚂蚁金服、深创投等知名投资机构
2017年12月	D1轮	3.5亿美元	蚂蚁金服、威马汽车、成为资本、富士达等
2017年12月	D2轮	10亿元人民币	复兴领投，GGV等跟投

哈罗单车瞄准了ofo与摩拜融资乏力、内部问题频出的时间节点，针对尚未被开拓的三四线城市“蓝海”市场，凭借与支付宝绑定推出的免押金骑行，在短短数月间获得了70%的注册用户数量增长。截至2018年5月，根据易观国际数据，哈罗单车日均活跃用户数量已经上升到了761.85万人，App日均启动次数达到333.6万次。

哈罗单车之所以能在短时间内崛起，主要原因是其实力雄厚的股东背景和独特的打法。2017年10月26日，上市公司常州永安公共自行车系统股份有限公司成为哈罗单车新股东，而永安背后的资方正是阿里巴巴。在ofo迟迟不能盈利的情况下，阿里为了在共享出行领域握有更多筹码，在众多一息尚存的单车分时租赁商中相中了和自己有亲缘关系且运营相对成熟的哈罗单车。经过D轮融资，上海云鑫成为哈罗单车最大股东，哈罗被阿里正式收入麾下。其他投资者还包括哈罗的早起投资者成为资本、国内智能造车领域新秀威马汽车，以及亚洲最大的自行车厂商富士达。由此一来，支付宝为哈罗提供芝麻信用分650分以上用户的免押金服务，富士达为哈罗单车稳定供货，永安行作为上市公司提供足够的信用背书，哈罗单车股东提供的各种资源为其快速发展铺平了道路。在打法方面，上海、杭州、福州、广州等城市已经发布“限投令”，一线城市市场已呈过饱和状态，而三四线城市则没有太多的竞争。永安行作为最早进入共享出行领域的厂商，与全国各地的政府有着良好的合作关系，哈罗凭借这一优势和多地政府签下了独家经营协议。

然而，哈罗单车的运营主体永安行低碳科技 2017 年录得净利润为 -4.89 亿元，营业收入仅为 1.28 亿元，净亏损达到营业收入的近 4 倍。尽管哈罗目前仍处在“烧钱”阶段，2018 年推行的 2 元月卡也确实在短时间内抢占了一部分价格敏感型用户，然而三四线城市之所以少人问津的原因正是由于租赁单车的使用频率低、收益率也低。另外，由于维护成本和人口素质原因，损坏率也相对一线城市偏高。在很多哈罗尝试布局的二线城市，其用户与两强的重合率很高。因此抢占三四线城市的阵地并不意味着哈罗便可以实现长期稳定盈利。面对盈利模式的缺陷，以及巨头们的虎视眈眈，哈罗能否杀出一条血路，与 ofo、摩拜形成新的三足鼎立格局，仍未可知。

（4）小蓝单车

小蓝单车曾被誉为“最好骑的共享单车”，在单车分时租赁领域独树一帜。然而，2017 年年末传出了小蓝单车资金链断裂，拖欠供应商货款 2 亿元而面临倒闭的消息。小蓝单车的倒闭主要原因在于错误的市场判断和低效率的运营体系。2017 年 3 月，小蓝单车 CEO 李刚在自身条件尚不具备、时机尚未成熟之际做出了错误判断，贸然与 ofo 和摩拜两个头部玩家在一线城市进行正面交锋。李刚做出判断的依据是小蓝单车的骑行体验明显优于其他两家，在用户中积累了良好的口碑。然而，在初期从 0 到 1 的阶段，总体的投放量和市场份额才是更重要的因素，这两点小蓝显然处于劣势。另外，小蓝在运营方面也出现了重大运营事故，其为了打入北京市场推出了 199 元半年特权卡，同时针对此前的多计费问题也推出了超 5 元全额退款活动，结果导致众多充值 199 元的半年卡用户遭到退款。此次事故导致小蓝损失上百万元，这在公司几乎所有资金都用于开拓市场的初期阶段属于致命伤。另外，由于与某游戏公司活动策划的时间处于敏感的时间点，间接导致了 B 轮融资的救命钱未能及时到账，则是管理团队的又一重大失误。连续的踩错节拍，最终导致了小蓝资金链断裂。

然而，小蓝最终并未进行破产清算，而是于 2018 年 1 月将业务运营全权委托给滴滴出行，小蓝单车也通过滴滴出行 App 正常使用。这不仅对广大用户而言是一件幸事，也符合滴滴出行长期的利益考量。滴滴 2017 年年末与 ofo 创始团队交恶，而其自创品牌青桔单车目前仍然式微，小蓝则口碑良好且资质齐全，正好补齐了滴滴出行在单车租赁领域的短板。然而，小蓝虽然没有死亡，但目前看来已经不具备和前三名争夺市场份额的实力，未来更大可能将是作为滴滴的一个流量端口而存在。

3. 行业趋势分析

- 市场规模解析：根据中国信通院研究报告，国内 2017 年共享单车累计投放 2300 万辆，投放范围从 2016 年的 33 个城市迅速扩大到 200 个，行业 2017 年的增长速度高达 632. 1%. 预计至 2018 年年底，共享单车的用户规模将达到 2. 35 亿人，整个行业将会进入成熟期，发展速度稳定在 10% ~20% 的区间。随着 2017 年下半年众多二三梯队品牌迎来破产、倒闭潮，市场逐渐回归理性。预计到 2020 年，共享单车行业的总产值将达到 714 亿元，成为人们习惯的日常出行工具。

- 模式发展趋势：未来头部品牌的竞争将主要聚焦于降低车辆营运成本、拓展海外市场和盈利模式创新等方面。其中，2018 年 5 月，ofo 进行了多项新尝试，包括在唐山、中山等六座二三线城市试点免押金功能，与北京市政交通一卡通合作，支持一卡通 NFC 智能解锁等新营运模式。摩拜则主动拥抱物联网，与爱立信合作将 NB-IoT 技术应用于新生产的单车。NB-IoT 技术的覆盖增强功能可以确保单车永远在线，有利于减少车辆营运中的“丢车”现象，同时 NB-IoT 的低功耗特性令单车紧靠 AA 电池便可以正常工作十年，这将在一定程度上减少运维成本并提高服务的可持续性。同时，摩拜还利用自身平台的大数据，将消费端数据及时反馈至自行车厂商，令生产更加有据可依，减少无效投放。

- 行业集中度和竞争格局：行业在经历了 2017 年的高速发展后，ofo 和摩拜两家基本上形成了第一梯队，从 App 下载量来看占据了市场总量的 78.3%，远超其他各家下载量之和。第二梯队的哈罗单车异军突起，不断在三四线城市攻城略地，大有后来居上之势，但短时间内无法对第一梯队构成威胁。小蓝单车凭借滴滴的托管起死回生，未来看点在于能否依赖滴滴出行重新占领市场。无论是头部公司，还是后起之秀，各家均未摸索出可持续盈利的商业模式，因此未来的市场仍留给业界和资本很大的想象空间。

- 趋势总结：从 2016 年摩拜喊出“让共享单车回归城市”至今，自行车出行占比相比共享单车出现之前翻番至 11.6%。根据《中国互联网络发展状况统计报告》数据，共享单车所倡导的绿色、低碳的出行方式累计为我国减少碳排放 699 万吨。共享单车作为具有高正外部性的行业，在目前阶段的确难以实现自身“造血”。但是这个行业的诞生确实令社会看到了互联网改变人们行为习惯的巨大能量。随着 5G 时代的到来，单车租赁将实现与汽车租赁、新零售、餐饮等行业的进一步融合。届时，行业的模式和格局必将再次发生变化。

三、智慧出行行业投融资状况

（一）2017年智慧出行行业投融资情况

2017 年，在私募股权市场有所调整的背景下，智慧出行市场从喧嚣逐渐转为理性，行业加速洗牌。虽然智慧出行市场规模仍在增长，但头部企业与追随者加快两极分化，投融资规模也经历了冰火两重天的变化。截至2017年年底，智慧出行的“独角兽”企业（估值10亿美元以上）有滴滴出行、ofo单车、摩拜单车、哈罗单车（Hellobike）、曹操专车、ETCP、首汽约车等，2017年的绝大部分融资额也由这些头部企业获得（见表4）。

表4　2017年年底智慧出行“独角兽”企业估值情况

单位：亿美元，年

公司	细分领域	融资轮次	估值	成立时间	所在地
滴滴出行	智慧出行	F轮	560	2012	北京
ofo单车	共享单车	E轮	30	2014	北京
摩拜单车	共享单车	F轮	30	2015	北京
哈罗单车	共享单车	D轮	15	2016	上海
曹操专车	新能源专车、分时租赁	A轮	15	2015	杭州
ETCP	智慧停车	B轮	13	2012	北京
首汽约车	专车	B+轮	10	2015	北京

资料来源：建投研究院。

1. 网约车

网约车市场呈现“一超多强”的格局。

滴滴出行是出行领域的巨无霸（F轮融资估值达560亿美元），在市场上也深受资本的青睐。2017年4月至2018年4月的一年间，滴滴出行融资3次，融资规模接近100亿美元。

作为网约车市场的第二梯队，首汽约车、嘀嗒出行、曹操专车、神州专车、易到用车等在出租车、高端专车、新能源汽车运营等细分领域争夺市场。第二梯队的这些企业也获得了资本的支持，不过融资规模相对较小，融资额一般在10亿元级别（见表5）。

表5 2017年以来网约车"独角兽"企业融资情况

融资方	时间	融资轮次	融资额	投资方
滴滴出行	2017年4月28日	H轮	55亿美元	招商银行、软银中国资本等
	2017年12月21日	战略投资	40亿美元	软银中国资本等
	2018年4月5日	战略投资	2.648亿美元	Mirae Asset Venture Investment
首汽约车	2017年6月20日	B轮	6亿元人民币	民生资本
	2017年11月20日	B+轮	7亿元人民币	百度资本、蔚来汽车、丝路华创
曹操专车	2018年1月17日	A轮	10亿元人民币	
易到用车	2018年4月12日	战略投资		信银投资获得18.18%股权

资料来源：建投研究院。

此外，网约车企业也开始向上游渗透，布局新能源智能汽车制造领域。2017年6月12日，小鹏汽车获得22亿元人民币A轮融资，投资方为神州专车。

2. 汽车分时租赁

随着共享经济模式逐渐成熟，以及新能源汽车技术的提升，互联网汽车分时租赁市场在未来两年将继续保持较快增长。易观发布的《中国互联网汽车分时租赁市场专题分析2018》估算，2018年我国共享汽车市场规模将达到36.48亿元，比2017年翻一番，2020年市场规模预计达到117.9亿元。

由于共享汽车行业具有重资产运营的特点，前期玩家以传统汽车行业背景的企业为主，比如上汽与Evcard、戴姆勒与Car2Go等。但在政策（《关于促进小微型客车租赁健康发展的指导意见》）和巨大市场前景的鼓舞下，众多资本、互联网巨头也纷纷涌入。我国分时租赁企业一度有40余家，车辆总数超过4万辆，其中规模最大的Evcard拥有车辆近4000辆。从车辆类型看，95%以上为新能源车辆，并且每年以超过20%的速度递增。

2017年，分时租赁企业共获得融资数十亿元。公开资料显示，小二租车、巴歌出行、一步用车、京鱼出行、PonyCar、GoFun、TOGO途歌等共享汽车品牌均在2017年收获超过亿元的新一轮融资。以PonyCar共享汽车为例，PonyCar 仅 2017 年一年便完成了 3 轮 4.5 亿元的融资，C 轮 2.5 亿元的融资额更是刷新了当前共享汽车领域单笔融资金额新高（见表 6）。

表 6　2017 年汽车分时租赁企业融资情况

融资方	时间	融资轮次	融资额	投资方
TOGO 途歌	2017 年 4 月 5 日	A +	0.4 亿元人民币	真格基金等
	2018 年 1 月 2 日	B +	0.26 亿美元	海纳亚洲、真格基金等
GoFun	2017 年 11 月 24 日	A	2.14 亿元人民币	大众资本、奇瑞汽车
PonyCar	2017 年 2 月 27 日	Angle	0.5 亿元人民币	中致远汽车集团、国信投资
	2017 年 6 月 12 日	B	1.5 亿元人民币	欧珀 OPPO 手机等
	2017 年 11 月 7 日	C	2.5 亿元人民币	知合出行领投
小二租车	2017 年 7 月 1 日	A	0.35 亿元人民币	海航资本、长兴海创云海基金
	2018 年 3 月 16 日	战略投资	2 亿元人民币	—
巴歌出行	2017 年 3 月 15 日	Angle	0.1 亿元人民币	宝驾租车
	2017 年 7 月 18 日	A	0.25 亿元人民币	知行创新、联想之星
	2018 年 1 月 17 日	B	—	XVC 创投
一步用车	2017 年 6 月 5 日	A	1.35 亿元人民币	多氟多集团
一度用车	2016 年 5 月 5 日	A	1.28 亿元人民币	国轩集团、中华创新基金会等
有车出行	2018 年 3 月 30 日	A	1 亿元人民币	蔚来资本领投
盼达用车	2017 年 10 月 8 日	A	1 亿元人民币	重庆汇洋领投
京鱼出行	2017 年 8 月 4 日	Angle	0.2 亿元人民币	金沙江创投、水木资本
EZZY	2017 年 2 月 1 日	A	0.2 亿元人民币	—
芒果出行	2017 年 7 月 26 日	Angle	数百万美元	宝驾租车
	2018 年 2 月 22 日	Pre - A	数千万元人民币	

资料来源：建投研究院。

行业喧嚣的背后是一地鸡毛，行业竞争加剧，多家分时租赁企业也在 2017 年被淘汰：2017 年 3 月，从 P2P 转型分时租赁的友友租车宣布倒闭；2017 年 10 月 25 日，共享汽车平台 EZZY 正式对外发布公告称，公司已终止 EZZY 平台的服务，并正在积极处理后续事宜，成立清算组，开展清算及清偿工作。

3. 共享单车

2017 年，融资“军备竞赛”最激烈的是共享单车行业。猎豹全球智库根据公开资料统计，2017 年，全球共享单车行业融资总额约 42.67 亿美元，其中，仅中国市场共享单车行业的融资总额就达到 41.42 亿美元左右。

2017 年上半年，共享单车是中国资本市场最热闹的风口，资本竞相追逐单车企业。IT 桔子数据显示，2017 年上半年，有 22 家共享单车获得资本青睐，融资总额 104.33 亿元，其中有三家公司在半年内完成 3 轮融资，可见融资速度之快，其中摩拜单车和 ofo 上演了融资大战，融资额不断刷新纪录，在资本的大力助推下，摩拜和 ofo 成长为共享单车领域的“独角兽”。

但到了下半年，共享单车的风口突然关闭。投资人发现，共享单车重演了打车软件补贴大战，导致共享单车行业无法根据初衷演绎相应的盈利模式。因此，从融资额来看，虽然 2017 年上半年和下半年的融资总额差不多，但是，下半年的融资额主要集中在摩拜、ofo 和哈罗单车三家。

到了 2018 年，共享单车企业的融资更加困难，2018 年上半年三家头部企业累计获得了 30 亿美元左右的融资，而其他企业融资数量极少。1 月摩拜单车融资 10 亿美元，ofo 债权融资 17.7 亿元、股权融资 8.66 亿美元，哈罗单车获得复星与蚂蚁金服的 E 轮融资 7 亿美元，以及 F 轮融资 20 亿元（见表 7）。

表 7　2017 年以来共享头部企业融资情况

融资方	时间	融资轮次	融资额	投资方
ofo	2017 年 3 月 1 日	D	4.5 亿美元	滴滴出行、中信产业基金、经纬创投、Coatue、新华联等
	2017 年 4 月 22 日	D+	数亿美元	蚂蚁金服
	2017 年 7 月 6 日	E	7 亿美元	阿里资本、弘毅投资、滴滴出行、中信产业基金
	2017 年 4 月 3 日	战略投资	17.7 亿元人民币	阿里资本
	2018 年 3 月 13 日	战略投资	8.66 亿美元	阿里资本、蚂蚁金服、天津君理、灏峰文化、天合投资

续表

融资方	时间	融资轮次	融资额	投资方
摩拜	2017年1月4日	D	2.15亿美元	华平投资、腾讯基金、携程旅游、华住酒店管理、红杉中国、启明创投、愉悦资本、贝塔斯曼、德太资本、熊猫资本、创新工场、鸿海精密工业、永柏资本、祥峰投资
	2017年2月20日	D	数亿美元	淡马锡、高瓴资本
	2017年6月16日	E	6亿美元	腾讯产业共赢基金、交银国际资产管理、德太资本、高瓴资本、红杉资本中国、工银国际等
	2017年11月15日	战略投资		高通公司
	2018年1月7日	战略投资	数千万元人民币	一汽轿车
	2018年1月25日	战略投资	10亿美元	
哈罗单车	2017年1月12日	A+		纪源资本、磐谷创投
	2017年4月17日	B	数亿元人民币	成为资本
	2017年6月30日	B+	数亿元人民币	威马汽车
	2017年12月4日	D	3.5亿美元	蚂蚁金服、富士达、成为资本、威马汽车
	2017年12月27日	D	10亿元人民币	复星资本、纪源资本
	2018年4月13日	E	7亿美元	蚂蚁金服、复星资本等
	2018年6月1日	F	20亿元人民币	蚂蚁金服

资料来源：建投研究院。

在市场融资冷冻的背景下，其他共享单车企业都已直接面临生存还是死亡的问题。从2017年上半年开始，陆续有企业倒闭和停止运营，到了年底，大部分共享单车企业都陆续停止了实际运营，名单包括悟空单车、卡拉单车、3VBike、町町单车、酷骑单车、小蓝单车、小鸣单车、1号单车……

2017年四季度开始，共享单车行业的并购案例开始增多。2017年10月23日，永安行收购哈罗单车；2018年1月9日，在收购ofo未果之后，滴滴宣布托管小蓝单车；2018年4月4日，美团宣布27亿美元全资收购摩拜。

资本寒冬和并购带来了市场竞争格局的改变，最终形成了一线城市摩拜和 ofo 激烈竞争，小蓝单车在滴滴的支持下见缝插针；哈罗单车则得到了阿里系的大力支持，在二三线市场深耕细作。

（二）2018年行业投融资趋势

1. 融资数量将下滑

2018 年上半年，智慧出行行业的融资数量明显减少，并且集中在头部企业。预计到 2018 年下半年，网约车、分时租赁、共享单车企业的融资困难趋势将会继续，投资人不再愿意“烧钱”占领市场，而是更加青睐头部企业，所以融资数量将继续下滑。

在投资标的选择上，除了行业巨无霸，资本将青睐有故事的细分市场龙头。比如，首汽约车的国资背景、产业背景加规范、高质量服务，哈罗单车在二三线市场的高覆盖率等。

此外，在融资中，拥有产业背景的智慧出行企业更容易获得资本的认可，因为这类互联网企业可以与产业集团实现良性互动。比如专车领域的首汽集团旗下的首汽约车、吉利集团旗下的曹操专车；分时租赁企业 GoFun 也拥有首汽集团背景；在共享单车领域，2017 年 12 月，之所以获得乾川资本 1 亿元的天使轮融资，这也是因为永久出行隶属中路集团（2001 年收购了上海永久）。

2. 并购是市场焦点

由于 2018 年融资困难，因此智慧出行领域的市场格局将进一步变化，中小平台或停止运营，或被收购，甚至头部企业也面临生存考验。

展望 2018 年，并购将会成为行业的焦点话题，尤其是在共享单车领域。目前来看，共享单车行业亟须“储粮过冬”，一方面，日常高额维护费用使得共享单车成了重资产行业；另一方面，还存在押金黑洞，但是投资人已经不愿再“烧钱”。摩拜被美团收购后，ofo 与摩拜合并的大门基本被关闭，ofo 面临的资金压力仍然很大，CEO 戴威想让 ofo 独立的道路是坎坷的。展望未来一年，ofo 很可能丧失独立性，似乎唯一的选项就是 ofo 到底是与哈罗单车合并还是被滴滴收购。此外，众多分时租赁企业也存在重组并购的可能性。

3. 业态融合是大势所趋

智慧出行各业态之间在 2018 年将会加快融合。随着智慧出行市场不断发展完善，用户对于体验的要求将逐步提高，各平台一方面加大对物联网、人工智能等技术的投入；另一方面构建“出行一体化”生态圈，建立壁垒并为用户提供更为安全优质的服务。

展望 2018 年，平台多元化发展将是大势趋势，网约车、汽车分时租赁、共享单车等渗透将会成为标配，行业巨头们将进一步完善出行领域的生态化布局。在国内，滴滴已经投资 ofo、收购小蓝单车资产，摩拜牵手首汽约车；在国外，Uber、Ola、Grab 等出行领域知名企业，也纷纷试水共享单车业务。

信息安全行业发展及展望

戴 燚 俞 泽 刘卓然

戴 燚：英国萨里大学移动通信系统专用硕士，建投华科投资股份有限公司董事总经理

俞 泽：中国传媒大学文学硕士，建投华科投资股份有限公司高级投资副总裁

刘卓然：加拿大女王大学金融硕士，建投华科投资股份有限公司投资经理

要点提示

- 信息安全攻击的目标不再局限于金融、高校、医疗、运营商、政府机构，只要网络能够延伸到的地方，都会成为攻击者瞄准的目标，同时信息安全攻击的手段更多，破坏性更强。

- 信息安全产业未来的发展仍离不开国家政策的助力，而安全理念的变化使得用户对信息安全的需求不再是为了合规，而是更贴近实际要求，对产品和服务的要求更加多样化，进一步推动行业规模增长。

- 随着信息技术的进步，云安全、物联网安全、工控安全、安全大数据分析工具等新兴的信息安全领域将伴随着云、物联网、工业互联网市场的发展不断壮大，成为信息安全行业新的增长点，同时也将成为资本重点布局的领域。

一、2017年信息产业发展情况及展望

（一）全球市场格局

1. 产业规模结构

根据 Gartner 的统计，2017 年全球信息安全产业规模达到 891 亿美元，较 2016 年增长 8.4%，预计 2018 年全球信息安全支出将达到 963 亿美元，较 2017 年增长约 8%（见图 1）。

图1 2015~2018 年全球信息安全产业规模

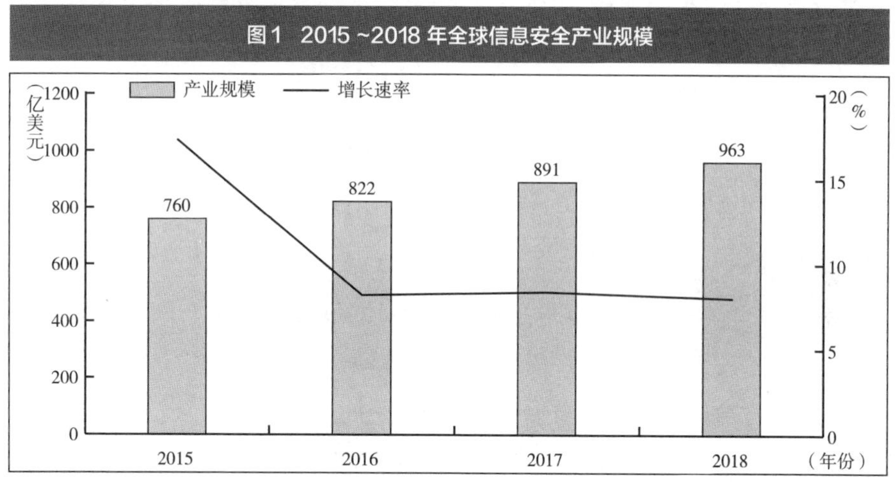

资料来源：Gartner。

在产品与服务分布方面，信息安全服务与信息安全产品市场规模比例保持稳定，2017 年信息安全服务产业规模达到 530.65 亿美元，占全球信息安全市场总规模的 59.5%，与 2016 年的 59.3% 基本持平。在细分领域，安全服务外包、安全测试及安全信息和事件管理（SIEM）成了增长最为迅速的安全服务与产品，其中安全服务外包在 2017 年的市场规模达到 167 亿

美元。

在行业分布方面，公共部门、制造与能源以及金融业的信息安全支出在全球信息安全市场总规模的占比超过 60%，三大行业分布较为均匀，占比分别为 22.3%、19.6%和 19.5%。

在区域分布方面，北美、欧洲和亚太三大区域合计市场份额占比超过 90%，其中北美市场占比 45.3%，欧洲市场占比 31.4%，亚太市场占比 13.8%。

2. 产业生态环境

（1）各国政策持续扶持信息安全产业发展

2017 年，全球各主要国家在安全产业领域的整体政策方向未变，政府未来仍是助推产业发展的重要力量，同时新增政策开始强化地域乃至国际合作。

①美国

- 4 月　美国制定《网络威胁框架》，对网络威胁事件评估
- 5 月　特朗普签署《增强联邦政府网络与关键性基础设施网络安全》行政令
- 5 月　美国国家标准与技术研究院针对联邦机构发布网络安全框架草案
- 12 月　特朗普政府发布首份《国家安全战略》，从三个方面保护网络安全
- 12 月　特朗普签署新法令，美国政府正式禁用卡巴斯基软件

②欧洲

- 2 月　英国女王正式宣布开启国家网络安全中心
- 6 月　欧盟议会提出修正草案，建议禁止使用加密后门
- 9 月　英国国家计算中心（NCC）为保障政府、央行、监管机构等多家组织的网络安全，创立新一代威胁保障中心（CENTA）
- 10 月　俄罗斯总统普京签署法令，正式禁止在俄罗斯使用 VPN 上网

- 11 月　荷兰政府推出新法案，可拦截与分析互联网流量
- 12 月　英国国家网络安全中心宣布政府系统不使用卡巴斯基

③亚太地区

- 4 月　韩国建立“三轴系统”防御计划，强调网络安全和军事间谍卫星
- 5 月　澳大利亚签订《国家网络安全战略》
- 8 月　澳大利亚设立网络情报监测部门
- 9 月　土耳其推出新的网络安全计划
- 10 月　澳大利亚发布《关键基础设施安全法案》草案并公开征询意见
- 11 月　哈萨克斯坦批准网络安全战略——“网盾”计划
- 11 月　新加坡完善新网络安全法案，保障国家关键基础设施安全
- 11 月　新加坡修改个人数据保护法案，严防国民身份信息被盗
- 11 月　印度成立道德黑客部队“卡其帽”，保护政府关键基础设施

④国际合作

- 4 月　澳大利亚与中国达成网络安全协议，网络互不攻击
- 6 月　美国、以色列达成新的网络安全合作协议
- 6 月　欧盟 28 国联合对抗国家支持型黑客行动，推出“网络外交工具箱”联合框架
- 6 月　澳大利亚与泰国签署打击网络犯罪合作协议
- 6 月　新加坡与澳大利亚就网络安全开展深度合作

从美国《增强联邦政府网络与关键性基础设施网络安全》和澳大利亚《关键基础设施安全法案》草案，再到俄罗斯的 VPN 禁令和新加坡《个人数据保护法案》，关键基础设施安全防护、公民个人隐私数据保护等已成为各国信息安全防护的重点，同时个人隐私保护、商业利益与国家安全的关系也需要各国政府不断地平衡与博弈。

从中国与澳大利亚达成网络安全协议、网络互不攻击，到美国与以色列达成新的网络安全合作协议，再到新加坡与澳大利亚开展网络安全深度

合作，面对全球化的网络空间，各国正在跨越地理区域的限制，充分利用各自技术、人才等资源优势，共同维护各国网络空间的安全。

（2）上市企业营收持续高速增长

2017 年全球上市安全企业整体表现相对较好，Symantec Corporation、Check Point Software、Palo Alto Networks、Fortinet、Trend Micro 等 10 家信息安全龙头上市企业合计营收超过 147 亿美元，较 2016 年增长约 19%，占全球信息安全市场体量的 16.5%（见图 2）。

图2　2017 年国际上市公司营收情况

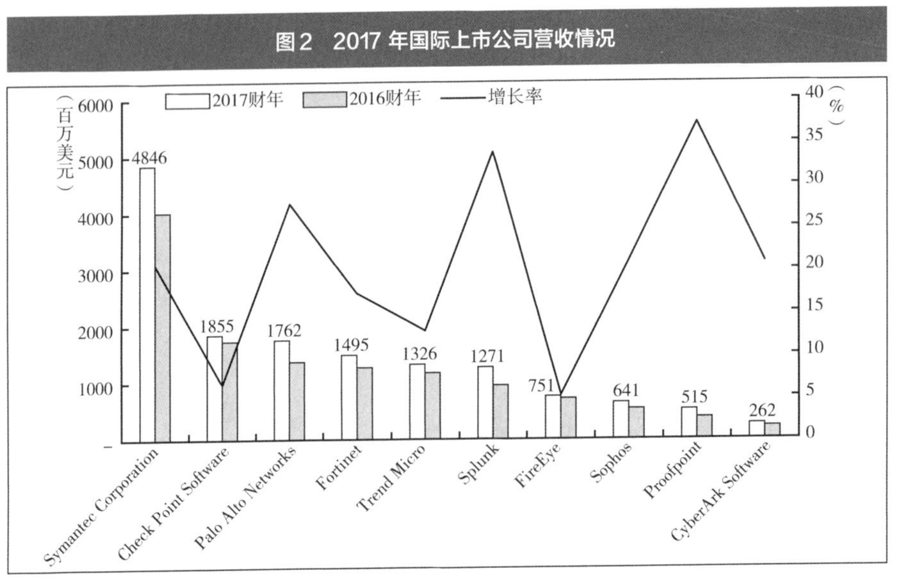

数据来源：Wind。

（二）中国市场格局

1. 产业规模结构

根据 IDC 的统计，2017 年中国信息安全产业规模达到 41.6 亿美元，较 2016 年增长 23.9%，预计 2018 年中国信息安全支出将达到 51.7 亿美元，较 2017 年增长约 24.3%（见图 3）。中国信息安全产业正处于发展初期，与发达国家信息安全产业尚有差距，但发展空间巨大，未来行业规模增速远高于全球行业平均增速。

图 3　2015 ~2018 年中国信息安全产业规模

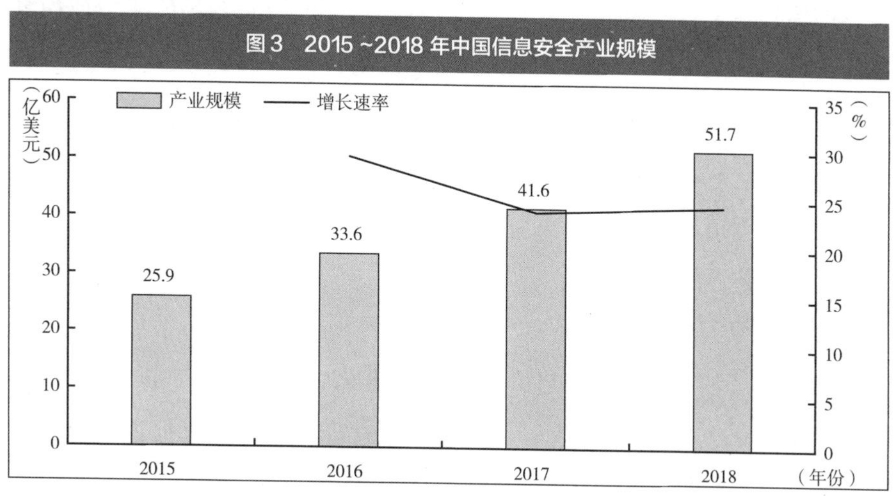

在信息安全支出方面，中国还需要加大投入。2017 年，中国信息安全支出占 IT 总支出的比例为 1.84%（见图 4），低于全球平均水平，IT 支出仍以基础设施建设为主。随着中国 IT 设施逐步完善以及整个国家对信息安全重视程度的逐步提高，IT 投入的重心将向安全方向转移，带动信息安全

图 4　2017 年信息安全支出对比

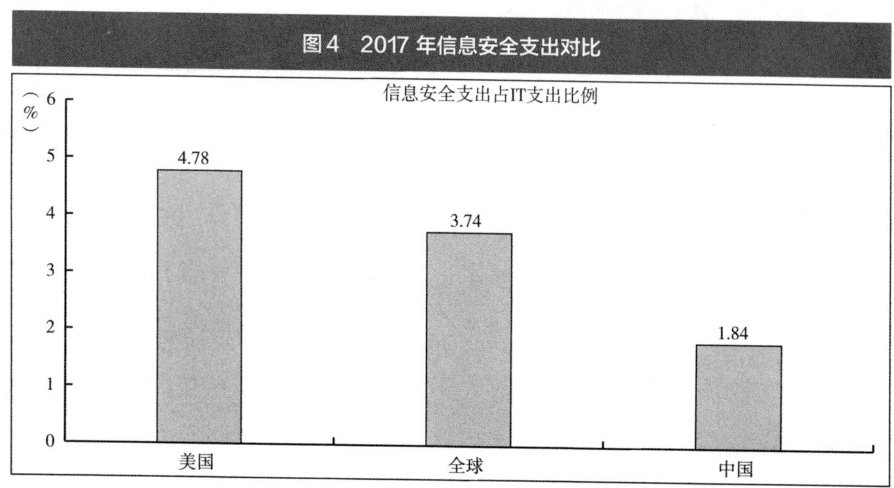

产业发展，最终形成与中国 IT 设施体量相匹配的信息安全产业规模。

在产业结构方面，2017 年中国信息安全产业的支出以硬件设备购买为主，软件与服务的占比不足 45%，而从 2017 年全球平均数值看，超过 80% 的信息安全支出用于软件和服务的购买，中国信息安全产业结构仍有较大的优化空间。随着态势感知、安全信息和事件管理、云安全服务、大数据分析等以服务为导向的信息安全新技术新业态不断涌现，信息安全服务逐渐从配合安全产品的辅助角色转变为安全产品发挥最佳效用的必要条件，未来中国信息安全市场软件与服务规模占比将不断提升。

2. 产业生态环境

（1）信息安全政策助力产业成长

- 1 月《信息通信网络与信息安全规划（2016～2020）》正式发布
- 1 月　中共中央办公厅、国务院办公厅印发了《关于促进移动互联网健康有序发展的意见》
- 2 月　国家互联网信息办公室公布《网络产品和服务安全审查办法（征求意见稿）》，明确将成立网络安全审查委员会
- 4 月《中华人民共和国密码法（草案征求意见稿）》公开征求意见
- 6 月《中华人民共和国网络安全法》正式实施
- 6 月　中央网信办印发《国家网络安全事件应急预案》
- 11 月　中共中央办公厅、国务院办公厅印发《推进互联网协议第六版（IPv6）规模部署行动计划》
- 11 月　工信部印发《公共互联网网络安全突发事件应急预案》

随着《信息通信网络与信息安全规划（2016～2020）》《网络安全法》等信息安全相关法规、政策的不断出台与实施，进一步明确了信息安全在我国信息化建设中的核心和关键地位，并从法律层面上把信息安全提高到国家安全战略的高度，明确了国家、主管部门、网络所有者、运营者及普通用户各自的责任，对遏制信息安全威胁、促进信息安全产品和技术的研发具有重要的意义，也为整个信息安全产业的健康持续发展提供了新的契

机和更为有力的支持和保障。

（2）政府、高校、企业共同发力培养信息安全人才

政府方面，国家对信息安全人才培养问题高度重视，将人才培养上升到法律高度。2017 年 6 月实施的《网络安全法》中，有三条明确提及人才培养工作：第三条提出国家“支持培养网络安全人才”；第二十条提出国家支持企业和高等学校、职业学校等教育培训机构开展网络安全相关教育与培训，采取多种方式培养网络安全人才，促进网络安全人才交流；第三十四条提出关键信息基础设施的运营者还应当“定期对从业人员进行网络安全教育、技术培训和技能考核”。《网络安全法》首次以法律形式强调要加强信息安全人才教育和职业培训，将推动各方参与、支持信息安全人才培养工作。

高校方面，根据教育部 2017 年度高校本科专业备案和审批结果，包括中国科学院大学、国际关系学院、东南大学、武汉大学、中山大学在内的 18 所高校获准设置“网络空间安全”专业，包括中南财经政法大学、西南大学、江南大学等 17 所高校获准设置“信息安全”专业，另外广西警察学院、重庆警察学院、云南警官学院获准设置“网络安全与执法”专业。2017 年 9 月中央网信办、教育部公布了“一流网络安全学院建设示范项目高校”名单，西安电子科技大学、东南大学、武汉大学、北京航空航天大学、四川大学、中国科学技术大学、战略支援部队信息工程大学等 7 所高校入围首批一流网络安全学院建设示范项目。从信息安全人才市场情况来看，近年来我国高校学历教育培养的信息安全专业人才难以满足市场需求，人才缺口巨大，信息安全人才培养已迫在眉睫。在市场需求与国家政策的双重影响下，各大高校将迎来信息安全专业设立和人才培养的新浪潮。

企业方面，与高校、科研院所携手，通过联合研发、共建学院、资金支持等方式共同培养信息安全人才。例如阿里巴巴集团与中国信通院携手成立安全创新中心，促进安全技术创新和成果应用；360 与西安电子科技

大学携手共建网络安全创新研究院，与北京航空航天大学建立大数据协同安全技术国家工程实验室、智能安全联合实验室等。企业与高校、科研院所合作，一方面共同进行前瞻性研发，并将成果市场化；另一方面通过研究院、培训基地、攻防对抗等方式培养具备实战经验的高素质信息安全人才。

（3）国内信息安全企业业绩再创新高，发展势头良好

国内信息安全企业2017年整体发展态势良好，营收增幅显著。从上市企业营收情况规模看，11家主板上市信息安全企业2017年总营收达到129.92亿元，与2016年相比增长25.8%，超过国际信息安全厂商19%的平均增长速度（见图5）。

图5　2017年国内上市公司营收情况

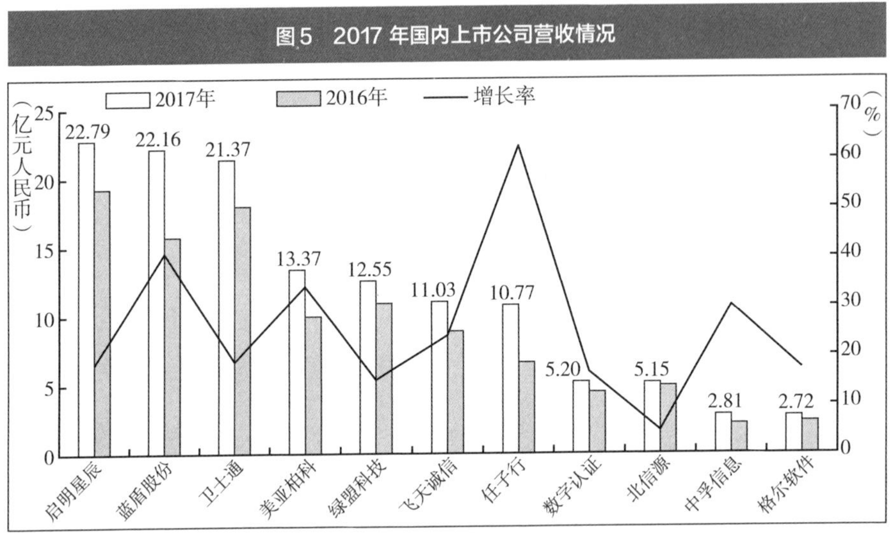

数据来源：Wind。

2018年年初，国内A股市场迎来了两家信息安全龙头企业：360与深信服，信息安全产业阵营进一步成长壮大。

①360回归A股过程

- 360创建于2005年11月，并于2011年登陆美国纽交所

- 2015年6月，创始人兼CEO周鸿祎宣布启动360私有化战略计划
- 2016年7月，360私有化交易完成，从纽交所摘牌
- 2017年3月21日，360完成股份制改造
- 2017年11月2日，360宣布重组江南嘉捷以实现A股上市
- 2018年1月29日，360收到中国证券监督管理委员会出具的核准重组的批复
- 2018年2月28日，360在上交所敲响上市的锣声，正式回归A股

360回归A股后，将作为一家民营企业，成为国家网络安全战略的重要成员。结合自身在信息安全领域的优势，在现有安全研发基础之上，针对当前市场需求和技术发展趋势，建设网络空间安全研发中心，升级拓展系统安全、网络安全、物联网万物互联安全的研发，并且紧跟当前云计算、人工智能、大数据和工业互联网的发展趋势，进一步提升360在安全方面的自主创新能力和研发实力。

②深信服登陆深交所

深信服成立于2000年，是国内较早从事信息安全的企业，公司上网行为管理、VPN、广域网优化、下一代防火墙等产品市场份额位于行业前列。2018年4月，公司收到中国证券监督管理委员会出具的核准公司首次公开发行股票的批复。

（4）国内信息安全会议、论坛、活动空前火热。

2017年国内信息安全相关会议活动总数超过300场，大致可分为国家与地方政府牵头的会议、综合性的产业论坛、展览会、技术研讨会、解决方案会、安全厂商新品发布会、战略合作会、信息安全各大会议安全分论坛和各机构举办的破解及攻防竞赛等。信息安全会议在为参会者带来有价值的内容的同时，也在增强信息安全在全社会的影响力，向社会推广信息安全知识以及提高全民网络安全意识。破解及攻防竞赛的兴起有利于发掘、培养具有实战经验的信息安全人才。

二、我国信息安全产业发展趋势

（一）信息安全威胁进一步加剧

1. 勒索攻击或成为网络犯罪重要方式

2017 年爆发不少全球性的信息安全危机，从 WannaCry、Petya 到 BadRabbit，勒索病毒风暴席卷全球企业端及消费者，犯罪手法已由间接诱骗使用者的账号密码，转向直接勒索钱财。未来攻击者的目标可能会向高净值个人、连接设备和企业转移，这将带来更大的损失和影响。同时价格昂贵的家用智能设备也可以成为攻击目标，而用户一般意识不到智能电视、智能玩具和其他智能设备所面临的威胁。

2. 人工智能将加剧攻防双方的对抗

近几年人工智能技术发展迅猛，IT 行业巨头纷纷布局并积极推进人工智能与各个领域的融合。同样，在信息安全领域也开始探索与人工智能的结合，主要方式为利用机器学习、深度学习等人工智能技术分析处理安全大数据，检测和纠正已知的漏洞，判断可疑行为，防范未知威胁以及零日攻击等。但与此同时，黑客们同样可以利用人工智能为他们的攻击提供技术支持，探索攻击对象的网络，从安全体系防御反应中学习，试图破坏威胁检测模型、绕过防御体系以及比防御者更快地利用新发现的漏洞。

3. 未来将有更多利用物联网设备发动的攻击

2017 年，发生了多起利用家庭和工作场所中大量存在的具有安全漏洞的物联网设备生成流量而发起的大型 DDoS 攻击。未来，随着联网设备的数量向上百亿级迈进，如果设备的安全性得不到保障，不安全的设备将会越来越多，这些设备对黑客们而言是极易攻击的目标，黑客们会继续利用采用不安全设置和管理措施的物联网设备来发动更大规模的攻击。在接下来的几年中，另一种针对物联网的攻击永久拒绝服务攻击 PDoS 也将会增多。这类攻击会主要破坏物联网设备和其他硬件上的程序。攻击者将原有程序替换为一个被修改过的版本来破坏该设备的功能，使其无法使用。随着汽车、医疗设备等连入网络，这种物联网攻击带来的将不只是信息安全问题，还可能牵涉到人身安全。

4. 移动安全将进一步引起关注

随着我国移动支付业务的普及，犯罪分子可以通过木马等手段侵入用户手机，窃取用户的隐私信息，而后通过精准电信诈骗或远程操控转账的方式造成用户财产大量损失。手机病毒渠道来源主要有七大类，分别是手机资源站、二维码、软件捆绑、电子市场、网盘传播、ROM 内置和手机论坛。病毒渠道入口的分散化与多元化，进一步增加了用户染毒的概率与风险。2017 年，手机资源站上升为第一大手机病毒传播渠道，二维码排名第二。手机资源站一般为非官方型应用下载网站，这些下载站无任何安全检测措施，甚至主动内置手机病毒和木马。

5. 云、物联网带来身份认证领域新威胁

随着越来越多用户访问远程或者云端资源，身份已经成为当前最主要的攻击对象。此外，云服务、物联网设备与传统产品的结合呈现了越来越多样化的趋势，原有的身份与访问管理（IAM）方式需要变革以适应新的威胁。

6. 针对关键基础设施的网络攻击将加剧

以破坏和窃取情报为目的，国家力量和恐怖组织、敌对势力推动的，以“网络战”和“恐怖袭击”为目的的针对关键基础设施的网络攻击将逐渐升级。目标从电力、交通等“命脉”设施，延伸到公共服务系统、重要工业企业的生产设施、互联网等关键基础设施。

我国高度重视关键基础设施的防护，不断集中力量、加大投入，通过创新技术提升防护能力将成为保障关键基础设施安全的关键。

（二）信息安全技术持续更新

1. 安全产品逐步云化

随着IT基础设施和业务的云化，大量机构开始将应用向云端迁移。云服务使用者与云服务提供商之间的安全认证、设备和行为的识别、敏感数据共享等安全技术将成为刚需。在云环境下，安全产品将逐渐以软件或云服务的方式呈现，以提升安全产品在部署、使用、扩展等方面的灵活性，降低产品运维管理成本。而以云服务外包方式提供安全防护能力的云安全产业规模也将逐步扩大。

2. 智能分析迅速发展

当IT系统的拦截和阻断等安全防御机制被攻击者绕过时，需要依靠对网络流量、用户行为、文件操作等进行持续的分析并在尽可能短的时间内检测发现入侵行为，减少攻击给系统带来的危害，而很多时候需要对未知的威胁进行检测和分析。随着人工智能、机器学习等先进技术的兴起，可以对大量的流量和行为信息及其关联关系进行分析，发现偏离正常行为模式的攻击或异常行为，从而对未知威胁进行检测和拦截，有效地弥补了基于已知特征、签名和行为模型的反病毒、入侵防御系统、下一代防火墙等面对未知威胁时表现出的不足。

3. 主动防御预测攻击

由于传统信息安全防护的思路一直是以防御攻击为主导，导致预测领域在很长一段时间内所采取的技术措施也主要是以满足合规要求为导向。

随着安全情报价值的提升，越来越多的安全技术开始在预测领域得到应用。通过漏洞扫描、渗透测试、漏洞挖掘、安全评估等风险分析方式，对安全对象的资产和风险进行评估和分析，主动地分析IT系统发生威胁的可能性，同时通过对安全厂商、安全组织等机构发布的漏洞信息、安全预警信息、威胁信息等安全威胁情报进行广泛的搜集与分析，对攻击者在行业、信息类别等方面的选择进行判断，以达到预测攻击行为和攻击目标的目的。

4. 以攻击欺骗和转移技术补充传统防护领域的不足

在IT系统的安全防护布局中，防火墙、身份识别与访问控制、加密、UTM、IDS/IPS等传统安全产品仍将是重要的组成部分，而攻击欺骗和转移类安全技术将作为传统安全产品的有力补充。从蜜网、蜜罐到新兴的移动目标防御、动态目标防御等，防御方开始通过对攻击者隐藏或混淆系统信息，达到加大攻击方寻找真正的攻击目标的难度，从而在攻防对抗中获得时间上的非对称优势。攻击欺骗和转移类安全技术将成为构建信息安全纵深防御体系中不可或缺的重要环节。

（三）信息安全产业逐步成熟

1. 政策红利持续释放

随着《网络安全法》的出台实施，以及《关键信息基础设施安全保护条例》和《信息安全技术网络安全等级保护基本要求》的立法进程加快，对于关键信息基础设施实施的重点保护将进一步拉动信息安全产业内需增长。电信、能源、金融、政府等关键信息基础设施领域，承载大量关系国计民生的信息系统和网络数据，是信息安全工作的重中之重，也将是未来信息安全投入力度最大、创新安全技术容纳能力最强的领域，将对产业发展起到重要带动作用。同时国家及地方对于信息安全技术孵化、安全企业培育、安全人才培养的政策支持力度持续加大，产业环境不断优化，将吸引更多的人才、资金投入信息安全产业，为产业发展注入新的活力。

2. 安全理念产生变化

过去信息安全建设和安全产业发展主要以满足合规要求为主要驱动

力，但是仅以满足合规作为信息安全建设的目标势必将造成安全投入不持续、建设效果不理想、行业技术创新缺乏活力、安全企业低价竞争等问题。随着信息安全理念的变化，用户对信息安全的需求将不再是为了达到合规要求，而是更贴近自身的实际需求，对产品和服务的要求更加多样化，追求整体防护效果的优化和提升。安全产品和服务的实用性也将逐渐受到重视，创新技术和服务将得到认可，进一步增强产业创新活力，提升技术价值，进一步扩大信息安全市场规模。

3. 安全服务价值提升

长期以来，信息安全服务的价值一直得不到客户的认可，安全服务经常以安全产品的附赠品形式出现，客户不愿为安全服务单独埋单。但随着云计算技术的普及应用，云安全能力逐渐成为云服务使用者衡量和选择云服务商的重要因素，云防火墙、云审计、身份与访问管理、云抗DDoS攻击防御等云安全服务快速发展，信息安全服务的价值逐步得到认可。同时基于大数据分析、人工智能等技术的未知威胁检测、态势感知等安全服务模式逐步得到应用，使得安全产品向服务形态转型。此外，越来越严格的信息安全监管环境、日渐复杂的信息安全防护体系以及用户内部不断提升的信息安全需求使得用户逐渐从购买单一安全产品向通过购买服务获得整体安全能力转变，从而催生出更加繁荣的安全服务市场。

三、信息安全产业投融资

（一）国际投融资情况

2017年国际信息安全投融资市场保持活跃，全年大型投融资事件超过100起，公开的交易金额总额已超过百亿美元（见表1）。资本方重点关注的信息安全领域集中在云安全、安全服务、威胁情报、移动安全、物联网安全、身份认证、大数据安全、网络流量检测分析、终端防护/防病毒、工控安全等细分领域。

表1　2017 年全球信息安全市场 1 亿美元以上投融资事件

甲方	乙方	金额
法国技术咨询公司源讯 Atos	数字安全厂商金雅拓 Gemalto	50.6 亿美元
美国企业 IT 公司 CA Technologies	应用安全及渗透测试公司 Veracode	6.14 亿美元
美国新思科技公司 Synopsys	开源安全和管理厂商黑鸭子软件 Black Duck Software	5.65 亿美元
德国大陆集团 Continental AG	汽车网络安全公司 Argus	4 亿美元
国际批发连接及互操作性服务全球供应商 BICS	移动身份识别服务商 Telesign	2.3 亿美元
访问控制公司 Secure Auth	漏洞、身份管理、安全威胁公司 Core Security	2.25 亿美元
身份管理软件公司 Okta		IPO 融资 1.87 亿美元
数据备份公司 Rubrik		融资 1.8 亿美元
网络安全管理及安全分析公司 Skybox Security		融资 1.5 亿美元
威胁情报和安全管理公司 Blueteam Global		融资 1.25 亿美元
数据中心和云服务安全公司 Illumio		融资 1.25 亿美元
英国 IT 安全与防护公司 Sophos	终端检测与响应公司 Invincea	1.2 亿美元
邮件、社交媒体安全公司 Proofpoint	通信服务安全公司 Cloudmark	1.1 亿美元

续表

甲方	乙方	金额
网络安全公司 Palo Alto Networks	威胁检测公司 Light Cyber	1.05 亿美元
微软 Microsoft	威胁检测公司 Hexadite	1 亿美元
云端安全服务商 Crowd Strike		融资 1 亿美元
企业网络安全公司 Tanium		融资 1 亿美元
云端安全服务商 Netskope		融资 1 亿美元

（二）国内投融资情况

2017 年，国内信息安全领域投融资事件超过 40 起，公开的交易金额总额超过 35 亿元人民币。多数企业的融资金额在千万元人民币级别，少数企业融资金额达到亿元级别（见表 2）。国内信息安全产业被投企业所属的细分领域主要集中在大数据分析、威胁情报、终端安全、云安全、移动安全、工控安全与身份认证等方向，与国际上的热门领域基本一致。

表 2　2017 年中国信息安全市场 1 亿元人民币以上投融资事件

企业	融资金额
数字证书公司格尔软件	IPO 融资 2.76 亿元人民币
保密技术及产品厂商中孚信息	IPO 融资 2.62 亿元人民币
信息安全厂商天空卫士	融资 1.5 亿元人民币
移动安全解决方案提供商指掌易	融资 1.5 亿元人民币
身份认证公司芯盾时代	融资 1.2 亿元人民币
威胁情报公司微步在线	融资 1.2 亿元人民币
大数据安全分析企业瀚思科技	融资 1 亿元人民币

（三）2018年投资展望

2018 年，信息安全产业的投资重点将在云安全、物联网安全、工控安全、安全大数据分析工具等新兴领域，尽管这些新兴的细分领域现有的市场体量偏小，但伴随着云、物联网、工业互联网等市场的发展，作为满足相关领域安全需求的新兴安全领域必将具备广阔的成长空间。

云安全：云计算具有按需服务、虚拟化资源池、弹性架构、远程接入等特征，这些特征带来了传统安全领域无法适应的新的安全威胁。而云的安全问题是关系到云服务能否得到认可的关键因素，云服务商必将不断加大云安全方面的投入。

物联网安全：物联网设备越来越多，智能汽车、智能家电、医疗设备等终端的安全漏洞不断增加，通过物联网安全漏洞发动的攻击可能牵涉到人身安全问题。以密码技术为核心的物联网安全技术，将为物联网设备制造商提供安全保障，以防止重大损失。

工控安全：随着工业领域信息化程度的不断加深，工业控制系统在各行业的应用范围和部署规模快速增长。但目前工控安全建设水平极低，工控安全事件频发。随着法律法规的不断完善，工控系统特别是服务于关键基础设施的核心工控系统安全问题得到了重视，工控安全需求快速增长，市场体量将会快速增加。

安全大数据分析工具：信息安全防护体系会不断产生大量的安全数据，传统的分析方式缺乏足够的手段应对海量的数据并从中辨识出安全威胁，因此需要开发专门针对安全数据的大数据分析工具以应对日益复杂的安全环境和更加隐蔽的安全威胁。

参考文献

[1] 中国信息通信研究院：《网络安全产业白皮书（2017年）》，2017。

[2] Gartner，*Forecast*：*Information Security*，*Worldwide*，*2015 – 2021 3Q17 Update*，2017.

[3] IDC，*Worldwide Semiannual Security Spending Guide*，2017.

[4] 腾讯安全：《腾讯安全2017年度互联网安全报告》，2018。

[5] 安胜网络：《2017年网络安全行业大事记》，2018。

[6] 国泰君安：《信息安全国本所在，未来迈入运营时代》，2018。

并购篇

国际及国内智慧互联产业重大并购分析

陈长玲　林兆祺　王海龙

陈长玲：南开大学经济学硕士，建投华科投后管理部总经理

林兆祺：北京大学管理学硕士，建投华科投后管理部经理

王海龙：南开大学经济学硕士，建投华科投后管理部经理

要点提示

- 智慧互联产业的并购数量整体处于上升趋势，人工智能、云计算、物联网、信息安全、金融科技五个细分领域的并购数量都有所增加，而集成电路领域的并购则处于逐年减少的状态。

- 2017 年苗头初露的中美贸易争端和国内资管新规的实行对并购市场，特别是智慧互联产业的并购产生重大影响。美国政府基本禁止中国资本收购美国高科技企业，而资管新规对并购的资本安排也造成了显著影响。

- 从细分领域来看，公有云 SaaS 领域、金融科技领域并购市场保持活跃；智能芯片领域、物联网领域并购活跃度正在不断上升；人工智能基础层并购相对较少。可见并购市场与其他股权投融资市场类似，偏好应用型领域；但并购市场更看重技术和市场的成熟度。

- 国内 VC/PE 机构在智慧互联领域的并购案例中出现频率并不高，近年来不升反降，且绝大多数都是以财务投资者或资金提供方的角色介入，真正意义上的并购基金在国内还处在萌芽阶段。

- 智慧互联领域实现以金融资本为主导的并购，主要有两种思路：一是以境外并购基金为主的要约收购—被动管理—上市退出的思路；二是以国内金融资本为主的跨境并购—国产化—联合产业资本获得企业发展收益的思路。这两种思路都对并购基金管理人对产业链的理解和并购操作实务提出了极高的要求。

一、智慧互联产业重大并购概览

智慧互联是一个综合性概念，代表一个即将到来的产业趋势。互联网将人与人之间的沟通线上化，建立了人与人之间的实时互动与沟通；物联网将物理设备上线，实现了人与物、物与物之间的通信；而人工智能赋予了计算终端和物理设备一定程度的事务处理能力，将构筑于物联网和互联网之上的人与人、人与物、物与物之间的通信功能提升为协作功能，这种打通信息流和资金流，实现人与人、人与物、物与物之间智能协作的网络形态，便是智慧互联。智慧互联的概念界定包含了云计算、物联网、半导体、人工智能、信息安全、金融科技等领域，本文将重点关注智慧互联产业的并购动态。

（一）国际重大并购概览

从数量上看，2014～2017 年，智慧互联产业国际并购的整体趋势是越来越活跃，这从并购数目逐年上升的事实中可以看到。在这一上升趋势下，2017 年国际并购市场中智慧互联产业并购数目达到 700 起。尽管整体数目依然维持上升趋势，但是从图 1 中可以看到，2017 年并购案例增加 48 起，这一数字要小于 2014 年到 2015 年的 79 起和 2015 年到 2016 年的 174 起。因此智慧互联产业的并购数目虽然在逐年增加，但是增加幅度开始缩小。

从图 2 可知，2017 年智慧互联产业的并购案例，大部分金额在 1 亿美元到 10 亿美元之间，数目达到了 46 起。紧随其后的是 1000 万美元到 1 亿美元的金额区间，该区间的并购案例数目是 41 起。小额并购，即金额在 1000 万美元以下的并购案，共有 20 起。大额并购，即金额大于 10 亿美元的并购案，共有 11 起，其中 10 亿美元到 50 亿美元的金额区间有 7 起并购案，50 亿美元以上的区间有 4 起并购案。

图1　2014～2017年国际智慧互联领域并购总体情况

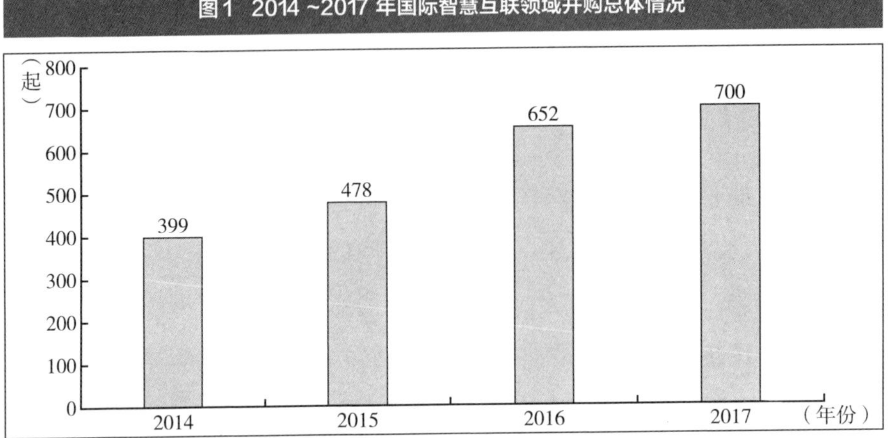

资料来源：CrunchBase。

图2　2014～2017年智慧互联领域并购金额分布情况

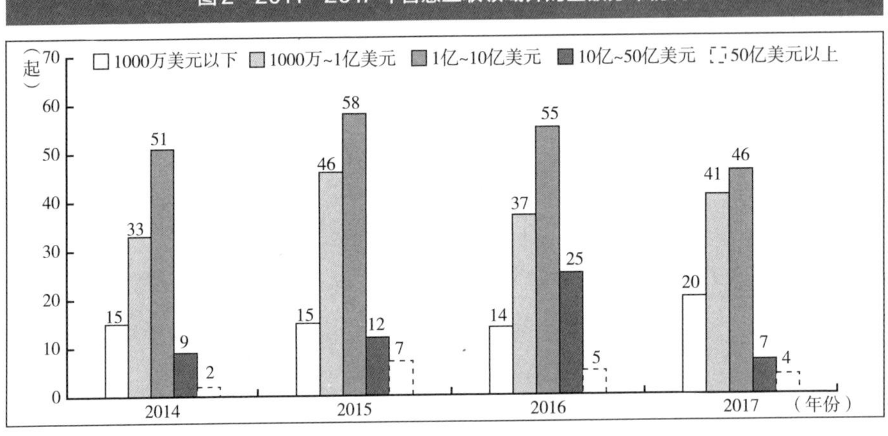

资料来源：CrunchBase。

从发展趋势的角度分析，在图2中也可以看出，智慧互联产业国际并购案的金额逐渐缩小，处于一个下行的趋势。虽然2017年的小额并购案例要略多于2015年和2016年，但是在1亿美元以上的区间，尤其是10亿美元以上的区间中，2017年的并购案例数目呈现下降趋势，并且下降幅度较大，比如在10亿美元到50亿美元区间，并购案例数目仅有7起，远小于2015年的12起和2016年的25起。

2017年智慧互联产业的国际并购情况，从并购案数目的角度来看，并购数处于上升期，达到了700起，但是案例数的上升幅度要小于前两年，开始出现下降；从并购案金额来看，2017年的并购案中，金额在1000万美元到10亿美元之间的并购案最多，约占总体数目的74%。虽然2017年的小额并购数有所上升，但是整体并购金额处于下降的趋势中。

在智慧互联包含的若干细分领域中，2017年并购案例数目最多的领域是云计算，该领域内共有241起并购案，远远高于其他五个行业。并购案例第二多的行业是金融科技，2017年发生并购案例148起。紧随其后的是信息安全和人工智能，这两个领域的并购案例数目非常接近，分别是109起和108起。余下的半导体和物联网行业并购案例数目近似，分别是49起和45起，这两个领域的并购案例相对来说要少一些（见图3）。

图3 2014～2017年国际智慧互联各细分领域并购情况

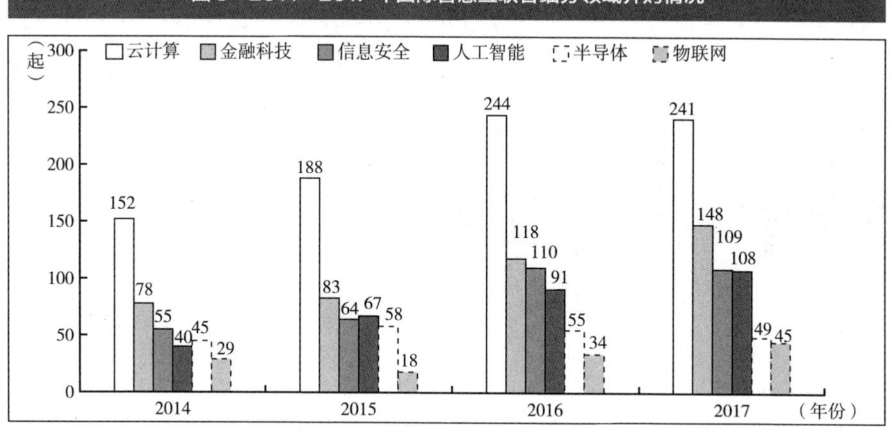

资料来源：CrunchBase。

2014～2017年，智慧互联产业中除半导体产业外的细分领域的并购案在数目上基本都呈现上升的态势。其中，上升趋势最明显的是人工智能领域。随着人工智能的潜力逐渐得到认可，人工智能产业进入了快速发展期，其间可收购标的增加，巨头的收购欲增强，人工智能行业的并购案例也越来越多，从2015年的40起，逐年快速增加，2017年达到了108起。上升趋势比较明显的还有金融科技领域。虽然金融科技领域的增长速度没有人工智能领域快，但是数目增长很稳定，从 2014 年的 78 起逐步扩大到 2017 年的 148 起。作为历年智慧互联产业中并购案例数量最多的细分领域——云计算领域内的并购案增长速度也比较快，2016 年比 2015 年增加了 56 起，但在 2017 年，这一增长趋势没有维持住，反而比上一年减少了 3 起。信息安全领域与云计算领域并购案例数量的变动趋势基本一致，都是先高速增长，但是在 2017 年，增长并没有继续下去。而物联网的并购数量虽然整体偏少，并且在 2016 年出现并购案例数量下滑后，整体却依然处于一个平缓上升的趋势中。而半导体行业是智慧互联产业中唯一一个并购案例数量连续下降的细分领域，从 2016 年的 55 起减少至 2017 年的 49 起。

从图 4 中可以看出，2017 年智慧互联产业中的国际并购分布较为集中，仅美国一国就有 359 家公司被收购或者发生并购，约占整体的 64%。欧盟地区的并购也比较活跃，共有 116 起。紧随其后的是以日本、韩国为主的亚太地区，共发生 38 起并购案。北美不计入美国的地区发生的智慧互联产业的并购案例数量要少得多，共有 21 起，由于北美不含美国的地区只

图4　2014 ~2017 年智慧互联领域各地区并购情况

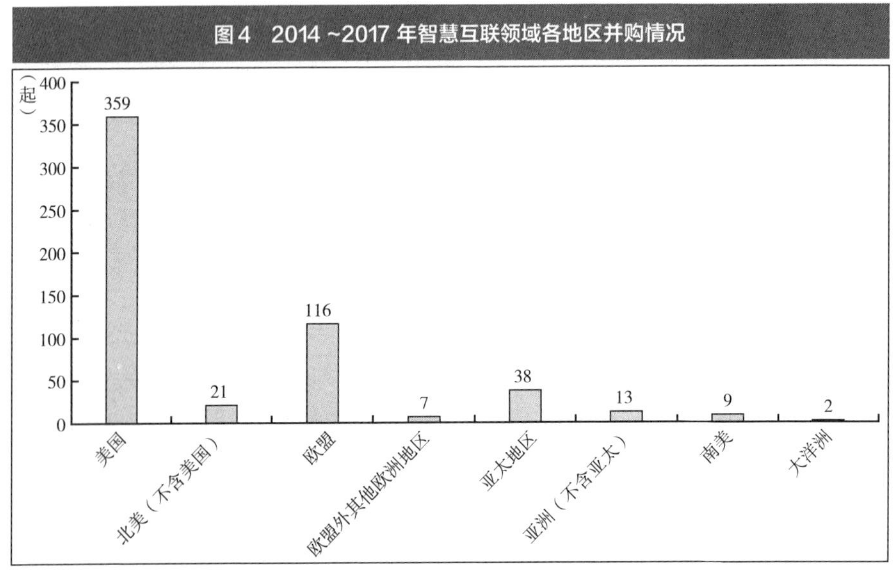

资料来源：CrunchBase。

有墨西哥和加拿大两国，而墨西哥的并购活动极少，所以可以等同于加拿大境内共发生 21 起并购事件。亚洲不含亚太地区、欧盟外的欧洲区域以及南美洲发生的并购事件都比较少，分别为 13 起、7 起、9 起。世界范围内，发生智慧互联产业内的并购事件最少的地区为大洋洲，仅有 2 起。

（二）国内外并购相关法规政策盘点和分析

中国的快速发展和产业结构变迁引起美国的担忧，美国已经不再将中国单纯视作“合作伙伴”，而是视作“战略竞争对手”。美国对华政策思路的变化也导致了其更加严格地限制中国资本并购美国高科技企业，这对我国对美跨国并购产生重大负面影响，极大地提升了并购难度和门槛。智慧互联产业是高科技产业，是世界强国争抢的科技制高点和战略制高点，因此中美关系的恶化直接影响智慧互联产业各个细分领域的并购，其中人工智能、半导体、信息安全三个领域可能受影响最大。

人工智能被各国视为下一代生产力，中美两国是当今最大的人工智能强国，但美国的底层研发实力要强于中国，中国很多企业都在美国收购创业团队，希望能够吸收美国的先进技术和理念，而美国当前的敌意态度有可能叫停这种收购行为。信息安全产业关乎国家安全，本身的收购难度就很大，中美关系的变化会让信息安全产业的收购难上加难。我国在高端半导体行业基础偏弱，期望能够通过投资国外的先进企业，实现技术引入，而中美关系的恶化可能使得国内企业无法并购美国的先进半导体公司，中国企业可以转而关注韩国、日本、中国台湾等地区的半导体企业。

当前世界的主旋律是和平与发展，中国一直在通过自己的努力为世界做出贡献。中国企业的出海并购也保持着互惠互利、实现双赢的初心。但国际形势的走向往往不是单一国家能够决定的，所以中国企业在进行出海并购时，还要多注意应对国际形势带来的挑战。

1. 美国对信息技术领域跨境并购的相关限制法规分析

随着美国将中国逐渐视作“战略竞争对手”，美国政府可能对中国对美投资业务展开限制。目前美国主要有三个法规有权限禁止中国对美国企业的并购或者投资。

（1）直接影响——CFIUS

CFIUS 的全称是美国外国投资委员会（Committee on Foreign Investment in the United States），是美国财政部担任委员会主席的跨部门组织，主要负责美国国家安全审查。如果有任何并购或者收购交易可能导致美国产业受外国人士（包括公司和政府）控制，则 CFIUS 有权审查相关交易对美国国家安全的影响。而有可能对国家安全造成不利影响的交易，CFIUS 有权要求交易双方采取缓解措施或建议总统否决该交易。

CFIUS 由来已久，其审查以企业主动披露申报为主，当然也可以由 CFIUS 主动发起。审查程序是：30 天初步审查，45 天全面审查，15 天总统决策。最为关键的是 CFIUS 审查的五个考量因素分别是：标的公司所在产业（国防，航空航天，通信等敏感行业）；外国政府的参与程度；标的公司的地理位置（接近军事基地）；重大合同，包括与政府的合同；涉及的产品、技术和服务。

2018 年年初，特朗普政府指示美国财政部明确建立一个新机制，帮助限制中国在美国关键领域的投资。这些新机制将使中国对美高新技术领域的直接投资面临新的重大壁垒。2016 年中国对美国直接投资创下 450 亿美元的历史纪录，而 2017 年这一数字不到 300 亿美元。2015 年以来，中国对美跨境并购被否决案例共 17 起，大多集中在 TMT 行业（如半导体）、先进制造业等技术密集型产业，其中与 TMT 相关的占六成以上。

（2）间接影响——EAR

EAR 是美国商务部颁布的《出口管理条例》。EAR 管制军民两用产品的出口，EAR 对出口的产品、目的地、客户和产品的最终用途进行明确的解释和限定。该等物品只有取得许可后方可出口至中国。

美国政府常用 EAR 框架对目标国家实行技术封锁，对部分高技术设备施加出口限制。EAR 的商品管制清单（CCL）中划定中国满足除反恐外所有七大类禁运原因，因此对几乎所有高技术产品均可以采取对华禁运措施。EAR 授予美国政府较大的量裁权，在符合禁运条件的情况下可以随时更改某类产品的出口限制。从过往来看，美国政府对于高技术产品的出口限制比较宽松，但对高技术设备则采取严格控制措施。例如，美国大体允许包括高端服务器、尖端集成电路、飞机发动机等高技术产品的对华出口，却不惜动用瓦森纳体系（冷战后以美国主导的全球反高技术武器扩散条约）禁止荷兰的 ASML 光刻机进入中国大陆。此外，美国对于高技术产品出口还会进行使用者审查，例如中国超算中心等涉及国家安全的重大科研工程均无法进口美国高技术产品。中兴正是因为在对伊朗出口的产品中包含 CCL 清单上的禁运产品，从而招致美国政府惩罚。

（3）间接影响——ITAR

ITAR 是美国国防部颁布的《国际管制武器条例》。ITAR 监管所有涉及国防的物品、技术及服务，所有管辖下的物品不得出口至一些特定国家，有关企业与个人也不得拥有生产该条例管辖下的物品的公司。如果涉及 ITAR，相关公司必须通过一系列步骤完全剥离 ITAR。ITAR 主要用于对军用产品进行出口管制。

以上三个机制是中国对美高新技术领域的直接投资面临的重大壁垒，中国企业对美投资时，一定要注意以上三个法规。

2. 国内资管新规对并购基金融资结构的影响

资管新规的核心思想是破刚兑、去杠杆、去嵌套，可能会导致并购基金融资结构和资本安排发生较大变化。具体变化包括以下四点。

（1）并购资金份额无法质押

资管新规规定资产管理产品的持有人不得以所持有的资产管理产品份额进行质押融资，放大杠杆。个人不得使用银行贷款等非自有资金投资资产管理产品，资产负债率达到或者超出警戒线的企业，不得投资资产管理产品。该规定使得上市公司及法人大股东无法通过质押私募基金份额的形式获得认购基金份额的贷款，自然人股东也无法使用非自有资金认购私募基金份额。并购基金以往的放杠杆模式将难以为继。

（2）限制并购基金结构化分级

从去杠杆的角度来看，资管新规第二十条规定投资于单一投资标的私募产品不得进行份额分级，投资比例超过50%即视为单一。因此按资管新规的要求，目前通行的以收购单一标的控股权为目的的并购基金日后将不再被允许使用分级杠杆进行优先/劣后的结构化设计。即便并购基金通过安排规避成为投资于单一投资标的私募产品，资管新规也明确规定了权益类产品的分级比例（优先级份额/劣后级份额，中间级份额计入优先级份额）不得超过1∶1，也就是说劣后级资金的放杠杆比例将被大幅度削减。

（3）资管新规限制并购基金兜底安排

从去刚兑的角度来看，资管新规禁止资管产品发行人或管理人对投资者承诺保本保收益。对比资管新规的要求，虽然当前并购基金的通常模式不是由发行人或管理人（GP）进行刚兑，而是由劣后级LP对优先级LP进行兜底，但这仍与资管新规第二十条的要求相抵触。也就是说，日后结构化的并购基金将不被允许为优先级资金进行差额补偿、份额回购等兜底安排。

（4）资管新规使并购基金的资金来源发生重大变化

从去资金池化的角度来看，资管新规明确禁止短久期负债匹配长久期资产。在实际业务中，以银行理财为代表的资管产品期限大多在一年以下，而并购基金对期限的要求远超出一年，由于期限错配问题，具有短期特征的银行理财等资管产品投资中长期属性并购基金的难度会进一步增加。

在资管新规的要求下，并购基金在运作中将会逐步实现去杠杆、破刚兑、去嵌套，并购环境将会更加规范。

（三）智慧互联领域并购动因分析

通常来说，智慧互联领域内企业并购的动机和金融投资企业并购的动机不同。根据并购方主导公司有无实体主营业务将并购主导公司分为非金融企业和金融投资公司。

从数量上看，2017 年智慧互联产业并购的绝对主力毫无疑问是非金融企业，金融投资公司的并购数量在各个细分领域都没有达到非金融企业并购数量的 10%，其中半导体行业的这一比例最接近，而物联网领域则没有发生并购方为金融投资公司的并购案（见图 5）。

图 5　2014 ~2017 年智慧互联领域各类并购主体并购情况

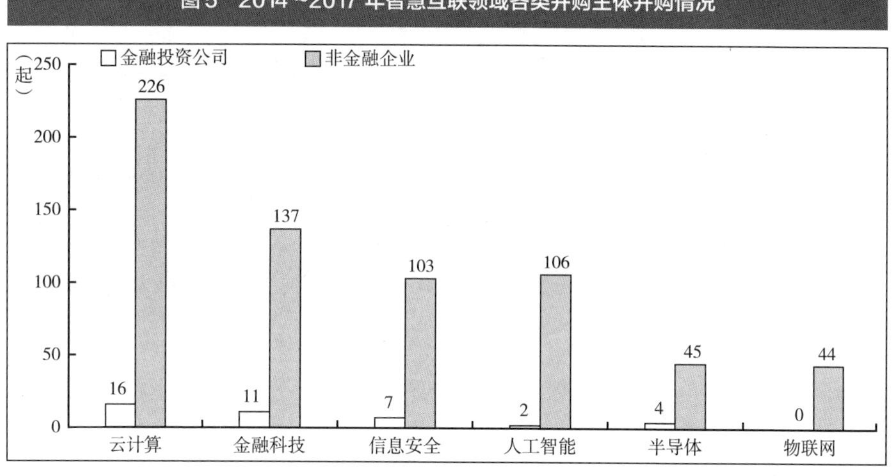

资料来源：CrunchBase。

从并购金额中位数可以看出，金融投资公司的并购标的规模大体上要比非金融企业的并购标的大得多，这一点与并购数量完全相反（见表 1）。

表 1　2017 年智慧互联领域各类并购主体的并购金额

并购金额中位数（百万美元）	金融投资公司（百万美元）	非金融企业（百万美元）
云计算	443	50
信息安全	442	88
半导体	8867	282

资料来源：CrunchBase。

这种并购数量和并购金额中位数完全相反的情况，与金融投资公司和非金融企业进行并购的目的有关。非金融企业的并购目的通常是以下几类。

1. 出于完善自身产品的某个功能和细节的目的，收购有能力解决这一问题的创业公司。

2. 出于布局产业链上下游的目的，进行产业整合。

3. 出于加强自身业务能力的目的，收购外部服务商。

4. 出于战略转型升级的目的，收购新业务方向的公司。

5. 出于加强市场地位的目的，收购同行业的竞争对手，这种情况可能是强强联手，也可能是弱弱抱团。

做企业收购的金融类公司规模往往比较大，其收购目的比较单一，通常而言是从资产配置的角度和投资回报的角度来考虑。由于非金融企业本身数量较多，并购目的也多，因此非金融企业发生并购或收购的数量远远高于金融投资公司，但是因为其收购目的繁多，收购公司的规模和金额也不尽相同，差额较大。而由于金融投资公司要保证投资回报的安全系数和收益性，所以更倾向于收购发展成熟并且具有一定市场地位的公司，因此出现收购数量小，但收购金额比较大的情况。

二、重点关注板块并购盘点

（一）人工智能领域并购盘点

1. 2017 年人工智能领域并购统计

人工智能近几年发展迅猛，创业公司数目不断上升，并购案例呈现不断增加的态势。CBInsights 提供的数据显示，自 2011 年以来，已有近 140 家人工智能初创公司被收购，而仅 2017 年一季度，海外就有 34 家人工智能初创公司被收购，数量为2016年同期的两倍（见图6）。人工智能领域分为基础支持层、算法层和应用层三个层级，各个层级的并购趋势略有差异。

图6 人工智能领域并购情况

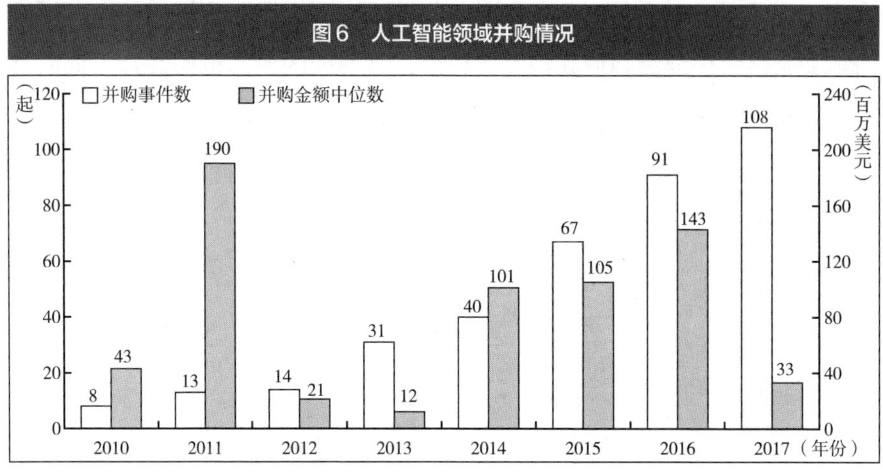

资料来源：CrunchBase。

人工智能的基础支持层包含芯片和各种传感器，该领域内的并购案例并不多。2017年，Intel斥资150亿美元收购MobileEye，以期提升自身在自动驾驶领域的市场地位。整体来看，2017年人工智能基础支持层的并购呈现不温不火的态势。究其原因，一是IT巨头认为人工智能底层技术对自身发展至关重要，于是普遍选择自主开发而不是“拿来主义”，如Google的TPU；二是当前的人工智能底层公司还没有进入到并购阶段，目前AI创业公司对财务性投资的接受度要远高于控股并购。

人工智能的算法层包含机器视觉、计算机视觉、语音识别、语义处理等技术。该领域内的公司通常聚焦于某一细分技术和应用场景。人工智能算法的收购方常见各大科技巨头，其收购动机主要是为争夺人工智能算法公司内部的顶尖人才。算法公司规模普遍较小，阶段较早，收购金额相对不高，但并购的活跃度较高。科技巨头通过收购算法层的优秀初创企业以弥补人才和技术短板，从而解决自身研发过程中的问题。典型的案例包括百度收购渡鸦以弥补硬件水平不足，Apple收购Realface以完善自家产品的脸部解锁功能。

人工智能的应用层就是将人工智能与各种行业相结合，形成各种解决方案。由于是立足于具体行业的行业应用，人工智能应用层的涉及范围和行业非常多，因此该领域并购案例较多，被并购的产品分布甚广，同时并购背景也更加多样化。据不完全统计，人工智能应用层领域内被并购最多的是与自动驾驶相关的公司，其次是语音助手公司，随后是智能医疗公司。而并购方除了科技巨头外，还有其他领域的大中型企业。可见在一些人工智能应用前景比较明确的行业，部分行业内的领先者会通过收购人工智能应用公司，来为自己的产品和服务注入科技成分，进而提升服务的质量，从而开拓新的利润增长点。

2017 年的人工智能并购市场空前繁荣，收购案例的总金额和数目双双取得新高。人工智能基础层的并购虽然有些遇冷，但该领域依然有着十足的潜力。人工智能算法层中，巨头根据自己的产品研发需求和技术储备情况进行收购和并购，这个领域内的并购本质上是巨头通过购买创业公司来争抢稀缺的 AI 人才。人工智能的应用虽然开始不久，但是该领域内的并购却很多，除去巨头的战略需求外，部分传统行业的公司也在积极进行并购，以便完善自己的产品，或者实现业务的转型。

2. 2017 年人工智能领域重大并购事件

（1）百度收购 KITT. AI

2017 年，百度宣布全资收购 KITT. AI，把 KITT. AI 公司的语音能力和自然语言处理能力融入 Dueros 中，以此提升百度在智能语音方面的竞争力。

KITT. AI 专注语音唤醒和自然语音交互技术，曾经获得亚马逊 Alexa 和微软联合创始人 Paul Allen 的投资。KITT. AI 的最大亮点是开发了名为“Snowboy”的热词识别系统，该系统能在 Mac OS X、Linux、树莓派等多平台上对设备进行本地唤醒。

百度通过收购 KITT. AI 可以加强 Dueros 的唤醒环节，从而为百度在与其他巨头争夺未来智能语音交互的领导者地位时添加筹码。

（2）Facebook 收购 Ozlo

Ozlo 的技术特长是理解文本对话，并能够理解那些不仅需要简单回答对错的问题，该公司称之为“答案的概率性推断”。比如，该公司的人工智能助手可以通过调取、理解多份顾客反馈，回答一家餐厅是否友好的问题。

Facebook 于 2017 年 7 月收购了 Ozlo，以帮助 Messenger 开发出更智慧的基于文本的虚拟助理。

（二）云计算领域并购盘点

1. 2017 年云计算领域并购统计

云计算领域根据服务特征的区别和市场格局的分块，可以分为公有云 IaaS/PaaS、公有云 SaaS（也包括 on-premise 服务，即 SaaS 在私有云或 IDC 的本地化）以及私有云及数据中心解决方案三部分。该领域近年并购情况见图 7。

图 7　云计算领域并购情况

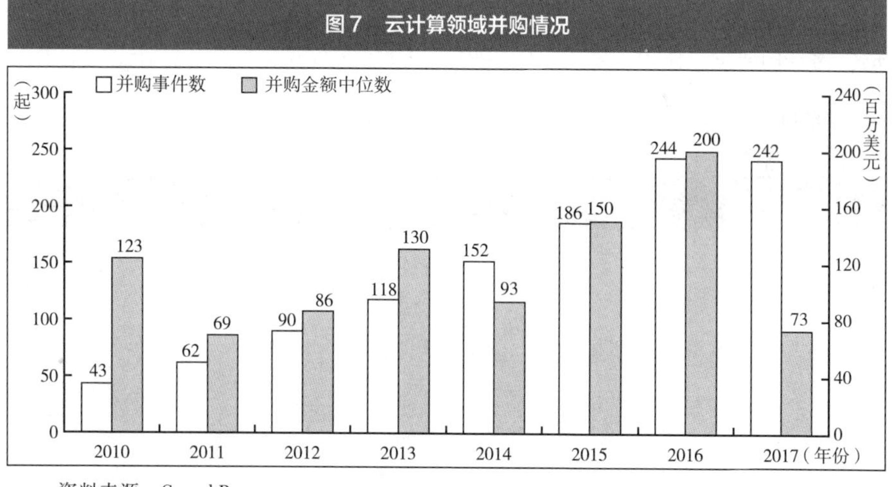

资料来源：CrunchBase。

由于公有云 IaaS/PaaS 同质化明显，价格竞争激烈，因此主要的并购思路要么通过同业整合，扩大市场占有率增加规模效应，提升价格的竞争力；要么并购下游 PaaS 或 SaaS 创新企业，通过打造软件端能力，形成差异化竞争优势。不过，尽管包括 AWS 在内的最大的 IaaS 提供商一直积极寻求并购其他大型 IaaS 提供商的机会，但由于目前 IaaS 主要玩家的体量、现金流规模均比较可观，实现同业整合的并购难度较大。相比而言，并购下游 PaaS 或 SaaS 创新企业的案例则在近年来频繁发生，其中包括 2017 年中完成的 AWS 并购 Thinkbox（管理媒体渲染工作负载软件提供商），以及近期微软宣布收购的云文件存储平台 Avere Systems。

公有云 SaaS 领域的并购一直以来都非常活跃。根据软件行业并购咨询服务商 SEG 统计，SaaS 领域并购案件发生数已经占到整个软件行业并购案件发生数的 35% 以上（见图 8），按细分领域划分并购事件见图 9。与公有云 IaaS/PaaS 领域的并购不同，SaaS 领域并购的收购方中，有相当比例来自传统企业以及纯财务投资者。根据 SEG 的统计，2017 年最活跃的买家中 WiseTech Global（慧咨环球）、Oracle 和思科为前三甲，Vista Equity、Insight Venture、Marlin Equity 等纯财务投资人也榜上有名。究其原因，一是许多传统软件企业和 IT 企业纷纷寻求通过收购 SaaS 公司切入云计算市场，并带动自身业务向云时代转型，包括甲骨文、SAP、思科、GE 等；二是由于 SaaS 领域细分行业众多且与垂直领域深度融合，形成了众多小而美的企业，对财务投资人具有很强的吸引力。

图 8　SaaS 并购事件数量增长趋势

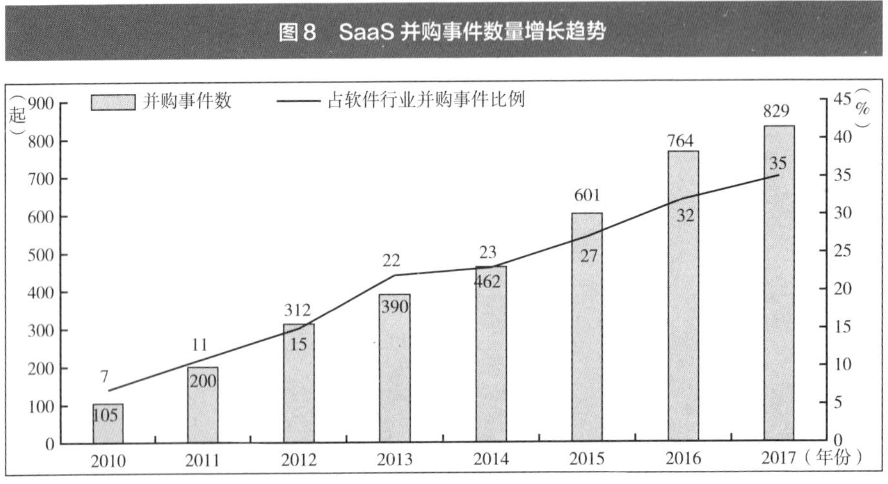

资料来源：SEG SaaS M&A Market Update 2018 Annual Report。

图9　2017 年 SaaS 并购事件数量按细分领域分类

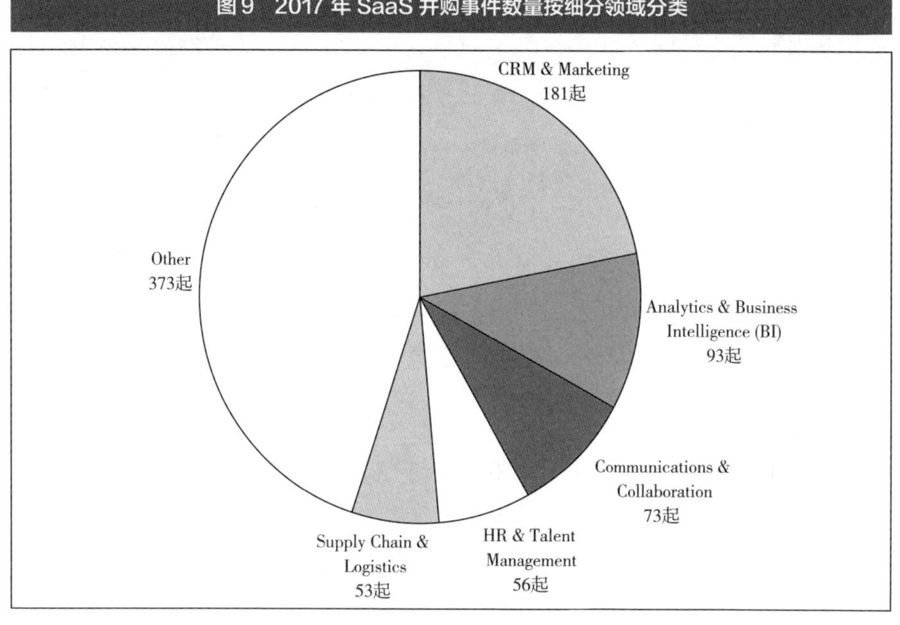

资料来源：SEG SaaS M&A Market Update 2018 Annual Report。

在私有云及数据中心解决方案部分，国内外并购的逻辑有所不同。在国外，由于公有云接受程度较高，并且 AWS、Azure 等也提供一定程度的私有云服务，私有云解决方案提供商的市场空间较小，相关的并购大多数是 IaaS 提供商将底层基础设施外包出售，购买方主要基于财务目的接盘，具有一定售后回租的性质，比较典型的案例包括 Equinix 收购 Verizon 的 29 个数据中心，以及国内上市公司光环新网拟收购 AWS 在中国的数据中心资产。在国内，由于大客户对数据隐私和系统可控性的要求较高，私有云发展甚至快于公有云，因此国内云计算领域并购主要集中在私有云及数据中心解决方案部分。该部分涵盖了服务器、云通信方案、私有云、云平台软件甚至 IaaS、PaaS 服务搭建等业务，属于底层、综合性的云计算搭建业务。国内云计算并购中最大的两个事件——太极股份收购宝德计算机（16.67 亿元）以及蓝鼎控股收购高升科技（15 亿元）均属此类。

总体来看，云计算领域 2017 年并购市场的估值保持稳定。公有云

IaaS/PaaS 的并购大多是从商业生态和企业战略的角度出发，主要考量被并购标的对收购方的赋能作用，且被收购标的往往是纯技术性公司，其估值溢价率通常偏高。SaaS 领域被并购标的的估值则保持稳定，根据 SEG 的统计，自 2010 年以来，并购案例的 EV/Rev（可通过 PS 乘以财务杠杆率换算）中位数基本维持在 3.5～4.5 的区间内，2017 年则在 4.0～4.5。数据中心的估值则基本基于其服务器的数量以及现金流折现计算。国内对私有云解决方案的并购估值基本与国外相关标的持平：太极股份收购宝德计算机的 PS 比例大约在 2.7 倍，PE 比例大约在 33 倍；蓝鼎控股收购高升科技的 PS 比例大约在 3.3 倍，PE 比例大约在 20 倍。

2. 2017 年云计算领域重大并购事件

（1）McKesson 收购 CoverMyMeds

2017 年 1 月，美国的药品分销和医药 IT 服务商 McKesson Corporation 以 11 亿美元固定 +3 亿美元浮动的价格收购 CoverMyMeds，即美国医保电子预授权（ePA）SaaS 平台。

CoverMyMeds 成立于 2008 年，是一家专注于 ePA 的 SaaS 平台服务提供商。Prior Authorization 为医疗保险授权和支付环节的重要流程，在传统手工方式下，医生开出处方后，必须将处方提供给保险公司或第三方支付公司，患者在获得授权后才能从医院或药店获得药物或医疗服务。ePA 将医疗保险环节中的 Prior Authorization 流程电子化，大幅缩短了患者获得药物或医疗服务的时间，并减少了医院和保险公司的管理成本。

McKesson 公司是北美第一大医药批发商，除此之外，该公司还为大型医院提供药品、医疗用品、设备、医疗信息化等解决方案。McKesson 公司近年来将其战略重心从单纯的医药分销服务转向医疗信息化，从与传统分销业务结合紧密的药品供应链 IT 出发，目标是形成完整的医疗 IT 解决方案的能力。McKesson 收购 CoverMyMeds 看重的不仅是其在医保支付环节的实力，更希望借由收购获得构建医疗流程 SaaS 平台的经验，为其他医疗信息化业务“上云”提供支持。

（2）思科收购 BroadSoft

2017 年 10 月，思科（Cisco）公司以约 20 亿美元的价格收购美国电信软件开发商 BroadSoft，这是该年度云计算领域金额最大的并购事件。

BroadSoft 主要业务是面向电信服务商提供基于云计算的声音、视频、在线会议、群消息和文字等的传输模块。BroadSoft 使用软件提高 IT 基础设施的网络传输能力，体现了云计算时代“软件定义一切”的发展趋势。思科公司的传统业务是制造大型服务器配套的网络设备。在互联网充分普及的情况下，思科公司的传统业务已经触碰到发展的“天花板”。据思科发布的 2017 财年第四季度财报，公司第四财季营收 121 亿美元，较上年同期下降 4%；净利润为 24 亿美元，较上年同期下降 14%。2017 年 3 月，思科曾以 37 亿美元的价格收购应用性能管理平台 AppDynamics，该公司提供应用的性能监测和优化管理服务。思科的一系列并购动作表明，其已经将战略重心从网络硬件转向以软件为主的网络优化解决方案，这也表明云计算时代 IT 基础设施的重点将从产品销售转向技术服务。

（三）集成电路及智能芯片领域并购盘点

1. 2017 年集成电路及智能芯片领域并购统计

2017 年，集成电路领域并购的数量和平均金额均较 2016 年及 2015 年有所下降（见图 10）。虽然 2017 年集成电路领域并购的活跃度有所下降，但整个市场远非风平浪静。2017 年全球并购市场最具轰动性的事件就发生在集成电路领域：2017 年 11 月 6 日，博通向高通提出现金加股票每股 70 美元的收购要约，同时博通将会继续收购恩智浦半导体，并承担高通 250 亿美元的债务，该并购涉及金额将达到 1300 亿美元，若并购完成将成为历史第三大并购案。该并购案最终由于高通的要价过高以及白宫的禁令而搁浅。2017 年，集成电路领域传出了不少金额较大或者对行业影响较大的并购要约，但由于各国对产业安全的顾虑以及半导体领域整体估值上涨较大等因素，实际完成的交易数量和金额反而不及之前两年。博通收购高通案就是2017年集成电路领域并购市场的一个缩影。

图10 集成电路领域并购情况

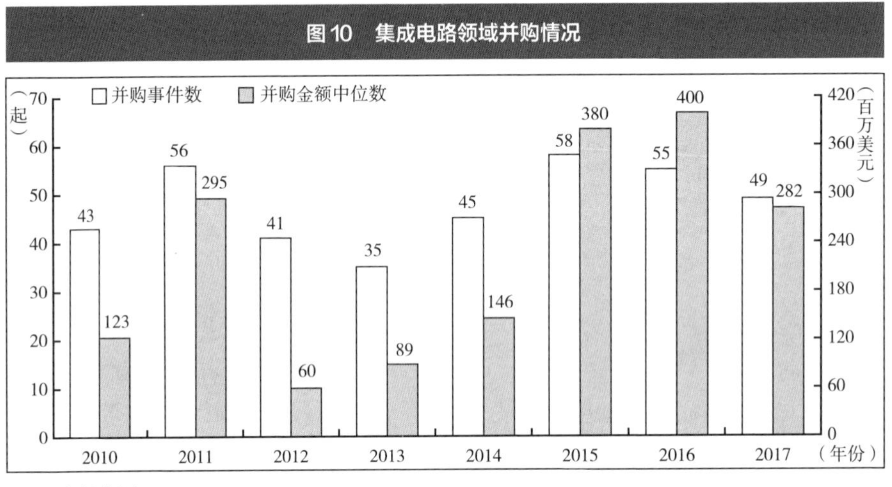

资料来源：CrunchBase。

2017年9月13日，美国总统特朗普签发命令，叫停中国投资基金对美国半导体厂商莱迪思半导体的收购，原因在于美方担忧军事和安全保障技术外流。这次交易的失败对其股东以及员工、客户甚至美国来说都是一个损失，莱迪思表示如果收购成功，会在美国增加一倍的就业。这一事件反映美国政府对中国资本收购美国半导体企业的强硬态度，这样的态度让后续中资收购美国半导体企业都画上了问号。

近两年来，集成电路领域的发展呈现智能化的特点，这一趋势也在2017年的并购事件中有所体现。2017年3月，英特尔以153亿美元收购了汽车辅助驾驶模块提供商Mobileye①，并在自动驾驶芯片上押下重注。Mobileye已经与英特尔于2016年11月才成立的自动驾驶事业部合并，预计将在2021年推出用于完全自动驾驶汽车的第五代芯片。三星则更加关注

① 由于Mobileye并非半导体企业，下文未纳入统计。

消费电子领域智能芯片的开发，2016～2017 年相继收购了哈曼（音频方案提供商）和 VRB（VR 方案提供商）。

2. 2017 年集成电路及智能芯片领域重大并购事件

贝恩资本收购东芝存储器

2017 年 9 月 20 日晚，东芝宣布其存储器的业务花落贝恩资本领衔的财团，预计价格为 2 万亿日元（约 180 亿美元），交易在 2018 年 3 月底前完成。东芝在半导体特别是存储器领域一直处于业内领先的位置，但由于被 2006 年收购的美国西屋公司核电业务拖累，2016 年录得 88 亿美元的创纪录亏损，处于破产边缘。为了保证公司重建后所需要的运营资金，东芝决定将存储器业务出售。经过慎重考虑，东芝选择了由贝恩财团牵头的“美日韩联盟”，而放弃了中国台湾鸿海集团提供的更优厚的报价。除苹果、戴尔、希捷和金士顿等公司，韩国芯片厂商 SK 海力士也在贝恩资本领衔的财团成员之中。

本质上说，东芝存储器并购案是行业整合的结果。贝恩资本领衔的财团内有许多上下游厂商参与，其中西部数据很可能将拥有稳定的晶圆厂合作关系，苹果、戴尔、金士顿和希捷等系统与设备厂商也将在一定程度上直接接入闪存芯片供应渠道，而 SK 海力士则能够获得部分东芝闪存技术。

分析认为，东芝存储器并购案不意味着闪存芯片市场的集中，相反，该市场将会拥有更多玩家，特别是中国闪存制造商正在快速崛起。

交易完成之后，东芝后续 Fab 6 和 Fab 7 的投资规划将能按预期顺利进行，足够的资金投入也使得东芝闪存部门能够更加专注于新技术的研发，从而在与西部数据维持良好合作关系的情况下持续在 NAND 闪存市场同三星抗衡。

根据最新发布的财务报告，东芝在 2017 年扭亏为盈，此次收购案可谓多头共赢。

（四）信息安全领域并购盘点

1. 2017 年信息安全领域并购统计

由于国家安全和产业壁垒的原因，信息安全领域的国内产业格局和国际产业格局有所不同。国内信息安全领域技术积累远远落后于国外企业，特别是在底层基础软硬件上与国际同类企业相比竞争力不足。技术实力不足导致国内信息安全领域大多数仍然以集成服务、定制化开发为主要业务模式，因此大多数企业都可以归为集成商和技术模块提供商两类。对于集成商而言，客户资源、运维和售后服务是它们的主要竞争优势，而并购并不是获取上述资源的捷径；对于技术模块提供商而言，它们大多数体量极小，不具备并购其他企业的实力。根据中国信息通信研究院的数字，2017 年国内信息安全领域市场规模在 457.13 亿元，这其中包括十余个相互不形成竞争关系的细分子行业和集成商、技术模块提供商等多种不同角色，总体来说，集成商体量较大，可能跨多个领域；技术模块提供商体量较小，一般专精某一领域。信息安全领域近年并购情况见图 11。

图 11　信息安全领域并购情况

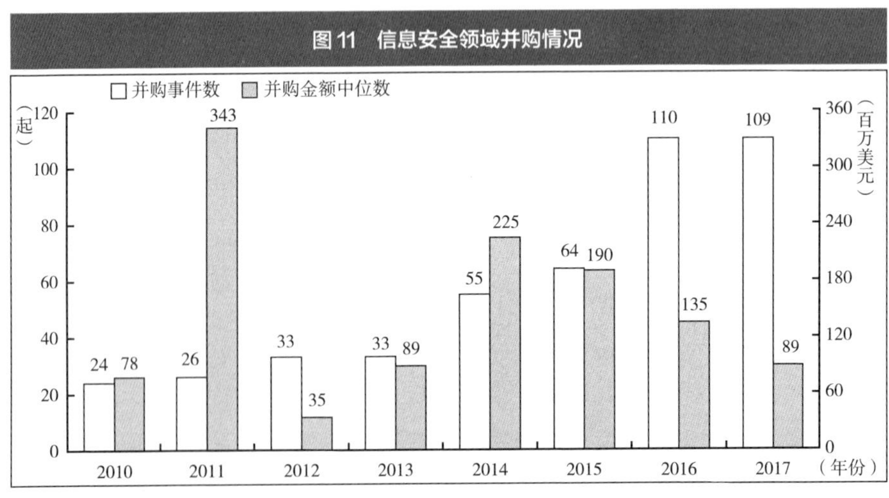

资料来源：CrunchBase。

由于信息安全领域具有赛道多、壁垒高、盈利情况较好的特征，许多投资机构和行业外的上市公司、大型企业都高度关注这一领域的投资和并购机会。目前来看，国内信息安全领域仍然是财务性投资多于控股并购，这也是由市场环境决定的。典型的跨领域并购包括2017年完成并表的南洋股份收购天融信案例，以及近期广电运通对中科江南的收购。

境外信息安全领域则是以标准化安全产品的提供商为主，大部分厂商都具备从底层到应用的开发能力。境外信息安全领域并购的主要思路是功能上的优势互补或技术上的择优吸纳。因此，境外该领域的并购有许多是企业分布的拆分并购，比如赛门铁克（Symantec）将其网站安全和数字证书业务出售给另一家数字证书机构DigiCert；也有许多信息安全领域并购被包含在更大的业务分布或企业里一同被收购，比如惠普将其软件和IT管理业务出售给Micro Focus。境外信息安全领域并购事件，体现了信息安全领域既有深度和广度，同时与其他IT业务深度融合的特征。

2. 2017年信息安全领域重大并购事件

（1）法国泰雷兹集团（Thales）收购金雅拓（Gemalto）

2017年12月，法国航空航天公司泰雷兹集团（Thales SA）宣布对荷兰SIM卡制造商金雅拓（Gemalto SA）发起收购要约，报价47.6亿欧元（约合56亿美元）。根据最新消息，泰雷兹和金雅拓已经发表了一份联合声明，表示此次收购的报价得到了两家公司董事会的一致同意；泰雷兹正在债券市场上寻求融资，并购事宜预计将在2018年下半年完成。这一收购是2017年信息安全领域发生的最大并购案。

法国泰雷兹集团是全球著名的军工企业，主营各类军用电子系统的设计、开发和生产。近年来，泰雷兹集团将业务逐渐拓展到民营电子设备中，包括民用航电设备和航空控制系统、电子门禁和售检票系统等。金雅拓是全球SIM卡主要制造商，但受到信用卡芯片需求下滑的影响，金雅拓已连续四次发布了业绩预警。当前，金雅拓已经将战略重心从SIM卡转向网络安全服务和软件开发，该业务是本次收购事件中泰雷兹集团的主要目标。

就在泰雷兹集团宣布收购要约的半个月前，法国技术咨询公司源讯（Atos）也发出了收购要约，但因要约价格（43 亿欧元，约合 50.6 亿美元）低于泰雷兹集团的开价而收购失败。

（2）南洋股份收购天融信

2016 年下半年，主营电线电缆的上市公司南洋股份发布并购预案，以 57 亿元人民币的高价收购天融信，这也是国内信息安全领域仅次于 360 借壳上市以外最大的并购事件。由于监管和并购事项的原因，这一并购案实际在 2017 年完成。天融信成立于 2003 年，从事提供如防火墙、VPN 等信息安全产品及服务，其中在防火墙、入侵防御监测、安全管理平台等产品的市场占有率方面名列前茅。

从并购动机上看，南洋股份收购天融信虽无借壳上市之名，但有借壳上市之实。在收购时，南洋股份使用 20.8 亿元现金进行支付，此行为被认为是为规避被天融信借壳。2017 年年末，南洋股份原实控人开启大额减持，减持后实控人将变更为天融信原关联方股东，此举基本坐实了该并购实为借壳上市的判断。

从天融信业务发展的角度来看，在被南洋股份收购后，天融信仍然独立发展，其 2017 年独立净利润达到 3.7 亿元，略低于并购时的利润承诺（4.1 亿元），但仍然实现了两年接近翻一番的利润增长目标。

（五）物联网领域并购盘点

1. 2017 年物联网领域并购盘点与分析

从 2015 年开始，物联网领域并购的活跃度开始上升，巨额收购层出不穷。比如 2016 年 7 月，软银公司以 322 亿美元收购 ARM，企图利用 ARM 公司在低功耗芯片设计领域的领导力强势切入物联网芯片领域。2017 年物联网领域的并购相比 2016 年略有下降，但整体情况还是比较火热的（见图 12），各个细分领域都有并购案例发生。

图 12　物联网领域并购情况

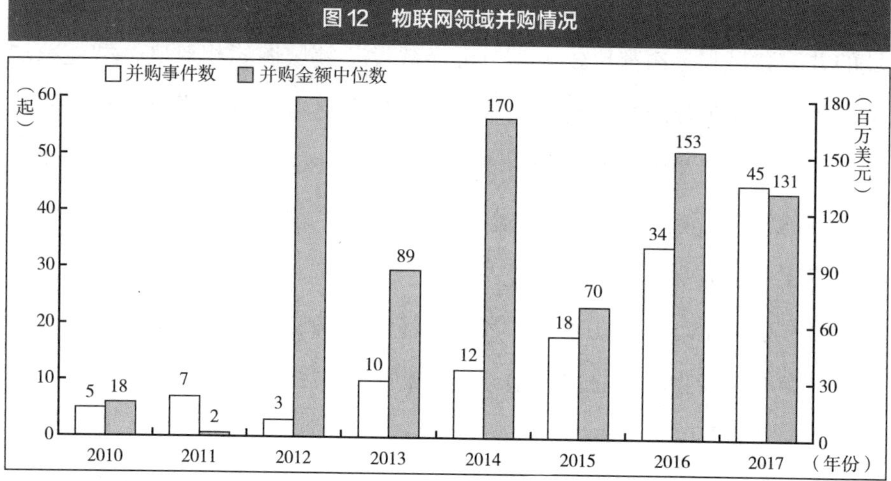

资料来源：CrunchBase。

物联网这一领域产业链非常长，应用场景也非常多，为便于分析，本文将其分为硬件、软件、企业、消费四个部分来对物联网领域 2017 年的并购情况进行探讨。

物联网硬件环节的并购一直非常火爆。虽然物联网应用环境非常之广，产品形态千差万别，但在物联网产品的硬件部分差异性要小得多，比如传感器、芯片基本是所有物联网硬件产品必备的电子器件，并且物联网厂商对这些器件的要求相对比较统一（比如低功耗、稳定性等指标）。因此物联网产业上游的电子元器件厂商是物联网领域中成长确定性最高、重要程度极高的一环，电子元器件厂商是成长性和战略性兼具的并购标的。2017 年的物联网并购数据也证明了这点，比如出于完善自身产品的战略需求，Amazon 以 9000 万美元收购 Blink，意在掌握其节能型芯片。而出于转型目的，华胜天成以 19 亿元收购泰凌微电子，以期用金钱换时间，发展公司新增长点。

物联网的应用端可以根据服务对象分为企业级别应用和消费级别应用。消费级物联网应用的并购呈现冰火两重天的局面。可穿戴设备由于产品功能单一，可用性有限，近几年市场增长极为缓慢，部分厂商销售情况锐减，甚至出现倒闭的情况。受整体市场萎靡的情况影响，可穿戴设备领域的并购数目和金额都比较小。与可穿戴设备领域惨淡相对应，智能家居市场得益于人工智能技术的兴起和应用，发展迅猛。目前来看，可以将智能家居归类为产品和系统两类。众多产品中尤以 Google、Apple 等巨头公司主推的智能音响大卖最为惹眼。同时 Google、Apple、BAT 等巨头也是 2017 年智能家居领域并购的主要买方，各巨头都在积极地通过并购类别完善产品，建立生态。智能家居领域另一活跃并购类别就是智能家居控制系统，其中有不少物联网公司希望通过并购控制系统形成家居物联网解决方案。目前互联网巨头主要抢占以智能音响为代表的语音交互终端入口，其他物联网企业、传统家用电器制造商则通过收购掌握智能家居控制系统的公司以覆盖视频和远程控制（以照明控制居多）的终端入口。

物联网的企业级应用领域内的并购比消费级应用领域内的并购活跃得多。物联网企业级应用覆盖多个行业，涉及众多解决方案，如工业互联网、智慧城市、智能电网等。企业级物联网应用以行业解决方案为核心，最终向客户提供方案的往往是能实现定制化功能和较好运维售后服务的集成商，小体量的技术开发商则围绕集成商提供技术支持。正是因为这一行业的特点，企业级物联网领域的并购基本是以大厂商出于完善解决方案或者拓展市场的目的并购小厂商为主，少部分是非物联网领域厂商并购自己行业内的提供物联网服务的物联网公司进行业务转型。

总体来看，物联网领域内的并购依然维持较高的活跃度。硬件芯片公司由于发展前景良好、盈利情况稳定，是理想的并购标的。物联网应用中，消费级应用领域内的并购主要围绕智能家居展开；而企业级应用的并购要比消费级活跃得多，并且呈现遍地开花之势，工业物联网、智慧城市、智慧电网等热门领域都有并购案例发生。

2. 2017 年物联网领域重大并购事件

（1）ARM 收购 Mistbase 和 NextG-Com

芯片制造商 ARM 于 2017 年 2 月宣布收购两家提供窄带物联网（NB-

IoT）解决方案的欧洲公司 Mistbase（瑞典）和 NextG-Com（英国），同时宣布将推出自己的第一款全集成的 NB-IoT 无线 modem。

NB-IoT 实现了标准核心协议的冻结，这标志着 NB-IoT 规模化商用的基础终于可以落实。在这个背景下，基础芯片厂商加码发力发展。ARM 收购的两家公司中，Mistbase 提供的是完整的 NB-IoT 物理层实现解决方案，NextG-Com 是为 NB-IoT 提供完整的二三层软件栈。

ARM 通过收购这两家公司并吸纳其技术，推出了 ARM 的第一款从天线到软件第三层全集成的 NB-IoT 无线 modem——ARM Cordio-N。Cordio-N 被认为是 ARM 在嵌入式/物联网解决方案的最后一块拼图。

（2）华胜天成收购泰凌微电子

泰凌微电子成立于 2010 年，总部位于上海，主营物联网和人机交互的高集成度 SoC 芯片（系统级芯片）。泰凌微电子的芯片产品在工业、物流、零售、智慧城市、智慧家居、智能设备、车联网等领域具有广阔的应用前景。

北京华胜天成科技股份有限公司提供 IT 综合服务，业务方向涉及云计算、大数据、移动互联网、物联网、信息安全等领域，是中国最早提出 IT 服务产品化的公司。

本次并购有助于华胜天成和泰凌微电子在重点行业中达成紧密合作，共同满足行业客户对云计算、大数据、物联网的综合需求。通过这次并购，华胜天成用金钱换时间，大举进入物联网领域，成为华胜天成布局物联网生态版图的重要开端。

（六）金融科技领域并购盘点

1. 2017 年金融科技领域并购盘点与分析

2017 年金融科技领域并购活动非常活跃。根据 TechCrunch 的数据，2017 年金融科技领域并购案不仅数量逾 140 起，而且金额较高，不乏大额并购（见图 13），比如，美国公司 Vantiv 斥资 104.3 亿美元收购英国企业 WorldPay。从 TechCrunch 记录的并购数据可知，虽然金融科技各个细分领域在 2017 年基本都有并购事件发生，但是各个领域的融资热度相差极大。融资热度最高的就是软件服务和数据服务领域。软件服务和数据服务不仅包括针对金融行业的软件和数据分析，还包括给其他行业提供金融解决方案（比如账户管理）。该领域的并购事件大部分是大软件或数据服务厂商出于扩大市场规模、消灭竞争对手以及横向拓展业务的目的并购其他厂商。与其他领域不同的是，金融投资类公司在金融科技领域中作为买方公司的比例要远高于其他领域，不过被金融投资类公司收购的软件和数据分析公司的主要目标客户恰恰也是金融投资类公司。所以从某种程度来说，金融投资类公司也是从自身业务角度出发来收购金融软件和金融数据分析公司。

图 13　金融科技领域并购情况

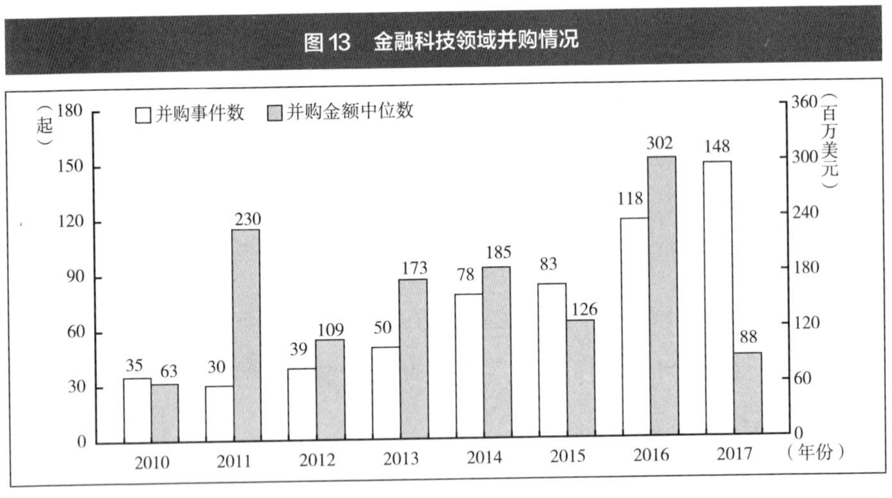

资料来源：CrunchBase。

金融科技领域中仅次于金融软件和数据分析的细分领域就是支付及清算解决方案。2017 年金融科技领域中金额最大的并购案中的资产标的——WorldPay，就是一家总部位于英国的支付企业。支付及清算领域的并购大体可以分为三类情况。最常见的是支付企业之间的横向整合。其次是部分提供某一特定行业的支付及清算业务解决方案的厂商被该行业中的综合性企业收购。最后一种情况是金融投资集团出于财务目标收购支付及清算业务。相比国际并购市场上支付领域较高的并购活跃度，国内支付领域的并购案数目寥寥。

保险领域的并购热度适中。该领域的并购标的大体是两类：一类是提供针对保险业务的软件等产品的信息技术公司；另一类是新出现的科技型保险公司。保险领域的并购发起方大体也是两类公司，一类是信息技术公司，这些公司出于占领保险技术服务市场的目的进行并购；另一类是保险公司，这些公司出于收购产品及团队来为自身业务进行服务，这种情况的并购案例金额通常比较小。

借贷及众筹领域的并购热度在全球范围内看不温不火，但是在地区范围看差别极大。借贷及众筹相关企业，在中国的并购热度非常高，甚至可以说是国内金融科技领域并购热度最高的细分领域。在国际范围内看，该领域的并购非常之少。这个可能跟我国近年来互联网金融的爆发式增长和逐渐加强的监控有关。目前国内互联网金融行业进入整合期，而逐渐趋严的监管政策加剧了这一行业的整合过程，因此排名靠前的互金巨头出于战略需求开始并购小的互金公司。那些经过整合还活下来的互金企业，通常有比较稳定的收入和利润，是较好的收购标的。也有少数其他行业的上市公司出于战略转型和业务多元化的需求收购互金公司的案例。

区块链作为应用于金融科技领域的最新技术之一，尽管在网络上引起了大家的热议，但可找到的该领域的并购案却很少，仅有几个并购案中的并购标的分别是数字货币交易所、区块链媒体、区块链绑定资产等方向，而并购买方的主营业务基本与区块链不相关。

2017 年，金融科技领域的并购情况可谓遍地开花。软件和数据分析服务、支付业务是并购最为活跃的领域。借贷和保险科技这两个细分领域热度适中，但值得注意的是，借贷方向是国内金融科技领域中最为热门的分支之一。目前网络曝光度较高的区块链行业还处于探索期，并购案发生稀少。

2. 2017 年金融科技领域重大并购事件

（1）Vantiv 收购英国竞争 WorldPay

WorldPay 总部位于伦敦，WorldPay 是一家每天要处理 3100 万笔线上移动交易和线下交易的英国支付巨头。WorldPay 目前的客户数量已超过 40 万人，能够处理来自 146 个国家的 126 种货币，其中英国的业务占其业务总量的 40%，是公司最大的市场。

Vantiv 成立于 1971 年，是一家总部设在俄亥俄州的支付处理和技术提供商，主营业务分别为商业服务和金融机构服务。目前服务超过 80 万商户以及 1400 家金融机构，每年处理超过 201 亿笔付款交易和约 7260 亿美元交易金额。

Vantiv 或借收购 WorldPay 进一步扩大规模，将业务迅速覆盖美国、欧洲、亚太和南美洲，最终形成垄断格局。

（2）Hellman & Friedman LLC 牵头财团以 53 亿美元收购 Nets

Nets 创立于 2010 年，是由丹麦和挪威的两家支付企业合并而来，在两个国家的市场占有率很高。丹麦全国性借记卡——信用卡系统 Dankort 由 Nets 拥有，并为挪威的国家借记卡—信贷卡系统 BankAxept 提供处理流程。

Hellman & Friedman LLC 是美国 PE 投资公司，成立于 1984 年。公司主要进行杠杆收购和成长资本投资，专注于包括媒体、金融服务、专业服务和信息服务在内的几个核心目标产业。

与 Hellman & Friedman 联手购买 Nets 的企业有新加坡财富管理基金 GIC Pte Ltd. 以及安宏资本（Advent International Corp.）和贝恩资本（Bain Capital）管理的基金。安宏资本和贝恩资本已经是 Nets 的主要股东。

三、境内智慧互联领域并购事件中的资本安排

（一）智慧互联领域并购资本安排

2010 年以来，国内智慧互联领域并购案发生数量基本呈现稳步增长的趋势，平均并购交易金额总体上也呈现上升的趋势，但是有明显的“大小年”（见图 14）。根据 2018 年已经发生的并购事件，其平均金额远超 2017 年，达到了 5 亿元人民币，可见 2018 年智慧互联领域又将迎来并购大年。

图 14　2010 ~2017 年国内智慧互联领域并购趋势*

* 清科统计的并购事件包含未获得控股权的重大资产重组，统计口径与上文或有出入。
资料来源：清科。

1. VC/PE 参与及定增类并购趋势

在欧美，超过 50% 的 PE 是并购基金。境外并购基金主要通过获取标的企业的控股权，在改善经营或进行重组之后出售获利。欧美并购基金较为普遍的主要原因是其相对分散的股权结构，高度发达的职业经理人架构，以及高水平的并购基金管理团队。

由于国内大量中小企业的治理结构混乱且高度依赖现有的管理团队，再加上目前国内 PE 及投资机构还处于发展阶段，金融资本控股并购操作比较少见。根据清科的数据，2017 年、2016 年、2015 年发生的金融资本收购（获得 30% 以上股权）智慧互联领域企业的案例分别只有 11 起、8 起和 5 起。通常 PE 等金融资本参与并购案例主要有两种方式，一是为并购企业提供过桥贷款等融资支持，部分案例中将债权融资设计成可转债的形式，使投资机构有机会获得股权增值的收益；二是以跟投的形式参加并购方的财团。总体来看，国内 VC/PE 机构在智慧互联领域的并购案例中出现频率并不高，近年来不升反降，且绝大多数都是以财务投资者或资金提供方的角色介入，真正意义上的并购基金在国内还处在萌芽阶段（见图 15）。

图 15　2010 ~2017 年国内智慧互联领域并购事件 VC/PE 参与情况

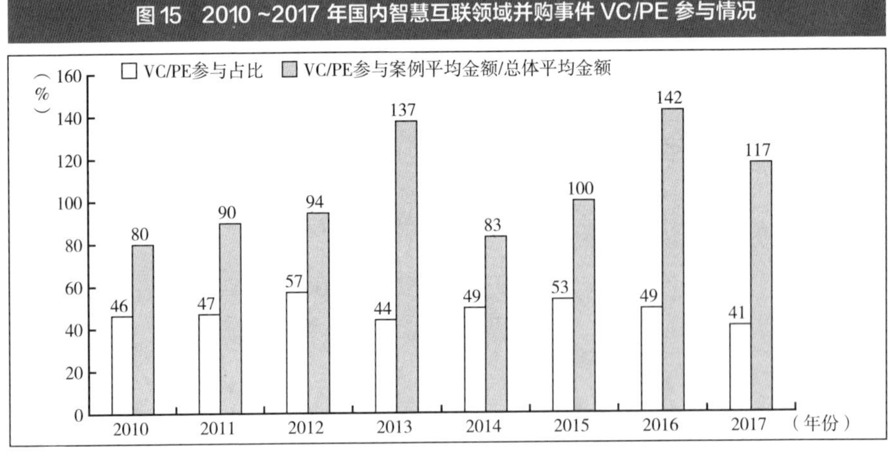

资料来源：清科。

2016 ~2017 年，由于国内二级资本市场尤其是定增市场的下滑，智慧互联领域并购事件中上市公司通过定增方式参与的比例出现大幅下降，但平均金额大幅提升（见图 16）。这一趋势说明，上市公司中龙头企业和中小企业面临的形势出现大幅分化：龙头企业在 2017 年股价大幅上升，二级市场再融资能力得到持续保障；而中小上市公司，特别是主营业务出现萎缩的上市公司，其面临的融资环境迅速恶化，难以通过二级市场融资进行并购。

图16　2010～2017年国内智慧互联领域定增类并购事件趋势

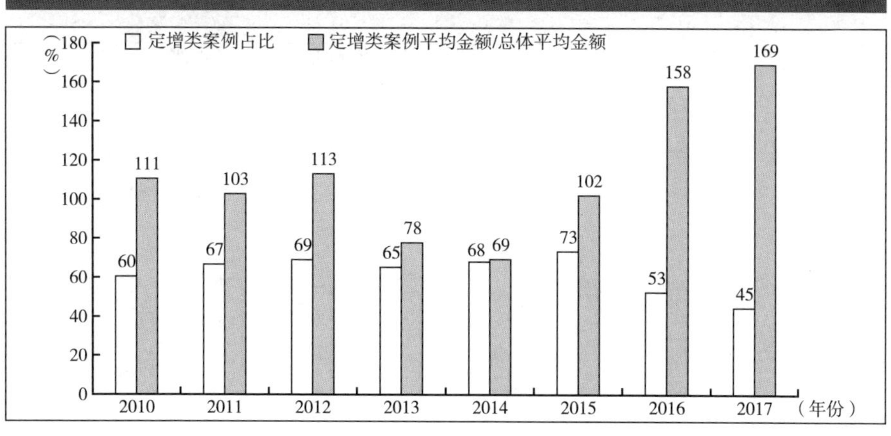

资料来源：清科。

2. VC/PE在并购中的参与方式和参与度

大多数领域的并购事件都是在同行业之间发生的，其并购的目的包括通过提升行业集中度实现垄断利润或规模效应、收购先进的技术或专利补充自身的短板、整合上下游业务增加协同竞争力等。

国内智慧互联领域同行业并购中，VC/PE的参与度较高，一般是以财务出资人或融资方的角色参与。VC/PE为智慧互联领域许多同行业并购提供了资金支持，为行业整合和提升行业竞争力提供了帮助（见图17）。

跨行业并购的比例可以部分地反映智慧互联领域并购的热度。2010年以来，智慧互联领域跨行业并购（收购方属于非IT行业）比例持续提升，已经从2013年之前的40%左右上升至2016～2017年的超过60%。跨行业并购比例的不断上升，却导致其平均金额相对总体不断下降。2013年之前，智慧互联领域跨行业并购平均金额远超总并购平均金额，但在之后不断下降，2017年仅为总体平均金额的89%。

总体来看，VC/PE参与跨行业并购的比例不如其参与同行业并购的比例高（见图18）。一是因为目前国内VC/PE参与并购主要还是以资金提供方或财务投资者的角色介入，跨行业并购的风险要大于同行业并购，投资人

图17　2010～2017年智慧互联领域同行业并购的VC/PE参与度

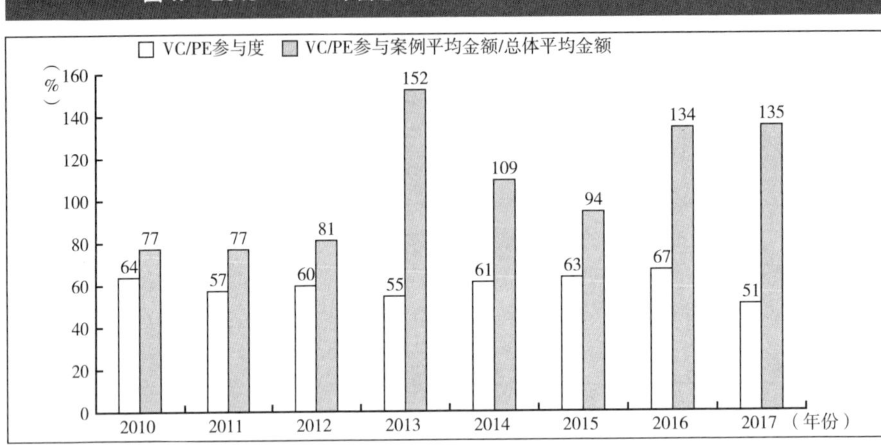

资料来源：清科。

对跨行业并购的参与热情也相对较低；二是因为跨行业并购的发起人大多拥有较为充裕的资金或融资渠道，其并购的主要目的是用资金换业务或技术，促进其转型发展，对于这种并购，VC/PE能提供的帮助和资源比较有限，较难和并购发起人合作。

图18　2010～2017年智慧互联领域跨行业并购的VC/PE参与度

资料来源：清科。

（二）金融资本参与的部分并购案例分析

目前，国内以金融资本为主发起的并购案例比较少见。2017 年，智慧互联领域发生的，由带有金融资本性质的投资人发起的并购案例为数不多，其中包括安芯资本收购瑞典功率半导体材料制造商 Norstel、上市公司太阳鸟收购军工电子制造商亚光电子等。金融资本作为财务投资人或资金提供方参与的并购案例相对常见，此处不一一列举。下文主要围绕若干案例分析金融资本作为主体，发起并购的动机和主要操作手法。

1. 境外金融资本主导并购的一般动机和操作手法

2016 年 7 月 18 日，日本软银集团以接近 234 亿英镑的价格收购英国芯片巨头 ARM，收购价较其上周五的收盘价（11.89 英镑）高出约 43%，市盈率达到约 70 倍。

ARM 是全球领先的芯片设计商，开创了 Fabless 模式，并利用其低功耗的 CPU 方案基本垄断了移动端芯片市场。ARM 的辉煌业绩还不止于此，从手机处理器开始，ARM 授权生产了各种控制芯片、数模混合芯片，可谓无所不包。2016 年之前，ARM 的财务数据非常亮丽。ARM 在 2013 ~ 2015 年分别实现营收 7.14 亿英镑、7.95 亿英镑、9.68 亿英镑；净利润分别为 1.53 亿英镑、3.09 亿英镑、4.06 亿英镑；利润率分别为 21.4%、38.9%、41.9%。

软银收购 ARM 的主要动机就是通过资本运作获利。软银的孙正义在收购时明确声明将让 ARM 继续保持独立，维持 ARM 的管理团队及总部不变。软银希望 ARM 能在即将到来的物联网和人工智能时代中继续扩大自己的影响力，并计划将 ARM 在 5 年后上市退出。

ARM 股东出售的动机则很简单。一方面，他们看到了 ARM 增长的瓶颈：智能手机出货量在 2016 年已经见到了下滑的苗头，而 ARM 尝试在服务器等领域对 Intel 的挑战丝毫没有成功的迹象。另一方面，他们无法拒绝

70 倍市盈率的报价。

目前来看，软银这一收购并没有达到预期。智能手机出货量下滑果然影响了 ARM 的业绩，而 IP 授权这一商业模式也决定了 ARM 只能与客户深度绑定，基本不具备独立开拓新市场的能力。据 ARM 2018 年 2 月发布的 2017 年第四季度财报，其在第四季度的营收为 5.2 亿美元，较上年同期只增长了 0.12 亿美元。与此同时，ARM 反倒开始了亏损。因此，软银目前正在寻求将 ARM 部分上市退出，目前已经设立子公司 ARM 中国并向中国的财务投资者出售。

总体来看，境外金融资本收购科技企业的动机和操作手法与收购一般企业并无不同，均是以获得财务回报为目的进行中长期持有。从具体操作手法上看，该类并购主要瞄准的是盈利和现金流状况良好的优质资产，特别是上市公司，在私有化退市之后通过裁剪管理费用，扩大资本支出，放大财务杠杆等措施，使资产在 3 ~5 年内实现大幅增值，之后再通过上市退出。上文中由贝恩资本领衔的财团收购东芝存储器的案例在未来也很可能通过再上市获利。

2. 国内金融资本主导并购的一般动机和操作手法

2017 年 1 月，外媒报道中国一家基金（An Xin Capital）收购瑞典著名的半导体材料制造商 Norstel AB。根据本报告编写组的核实，该基金应该是福建省安芯产业投资基金，而不是网络媒体广泛认为的中国安信资本。根据调查，安芯基金的背景为国家集成电路产业基金以及福建三安集团（上市公司三安光电的母公司），若干当地地方政府背景的产业投资基金也参与了出资。

根据公开信息，标的公司 Norstel AB 的股权已经被转移至一家新设公司福建北电新材料名下，目前福建北电新材料正在大量招募员工，更由于其股东三安集团的背景（主营 LED 产业链及功率半导体领域），可以猜测安芯基金正在着手将 Norstel AB 的生产线进行国产化（见图 19）。

Norstel AB 是一家碳化硅衬底材料制造商。碳化硅（SiC）是目前新兴的第三代功率半导体材料，它具有众多优异的物理性质，如禁带宽度大（接近于硅的3倍）、器件极限工作温度高（可以高达600摄氏度）、临界击穿电场强度大（是硅的10倍）、热导率高（超过硅的3倍）等，被广泛应用于各种功率半导体器件以及LED器件。功率半导体产业链大致可以分为材料、设计、制造、封测等环节，也有大量一并完成设计、制造、封测的IDM企业。除了Norstel AB之外，碳化硅材料在国内已有不少厂家生产，技术上已经实现突破；Norstel AB相对于国内碳化硅材料制造商的优势在于其碳化硅产品已经经过长期的规模化生产，产品稳定性较好，而且已经全面进入国际功率半导体产业链，在产品认证方面具有较大优势。

安芯基金收购Norstel AB也反映出国内金融资本主导并购的趋势：一是国内金融资本主导的收购常见跨国并购；二是并购资金来源也常见国有背景；三是并购尽管以金融资本为主导，但最终负责整合和运营的往往是产业资本团队。客观地说，智慧互联领域国内企业存在估值、控制权、发展空间的“不可能三角”，对于金融资本而言，项目收益和风险控制是不能退让的硬指标，因此往往通过舍弃控制权来寻求估值合理、发展空间大的优质标的，这也是国内PE基金多以参股形式参与并购的原因。但是对于境外标的，则有可能同时实现合理估值、控制权转让以及较大的发展空间。以Norstel AB为例，其主营的碳化硅材料已经被国内企业集体突破，侵占其市场份额只是时间问题，因此Norstel AB的估值不会太高，现有股东也有转让的意愿。而对于并购方三安光电来说，收购Norstel AB可以大幅减少培育碳化硅材料生产线的时间，同时一举切入国际功率半导体产业链；而国家和地方政府的产业基金在获得不错的收益前景的同时，还能帮助地方培育新兴产业，可谓一举多得。2015年，中建投资本旗下的建广资产，收购NXP拆分的功率半导体分立器件和标准射频器件板块也体现了这一趋势。

图 19 Norstel AB 并购后股权结构

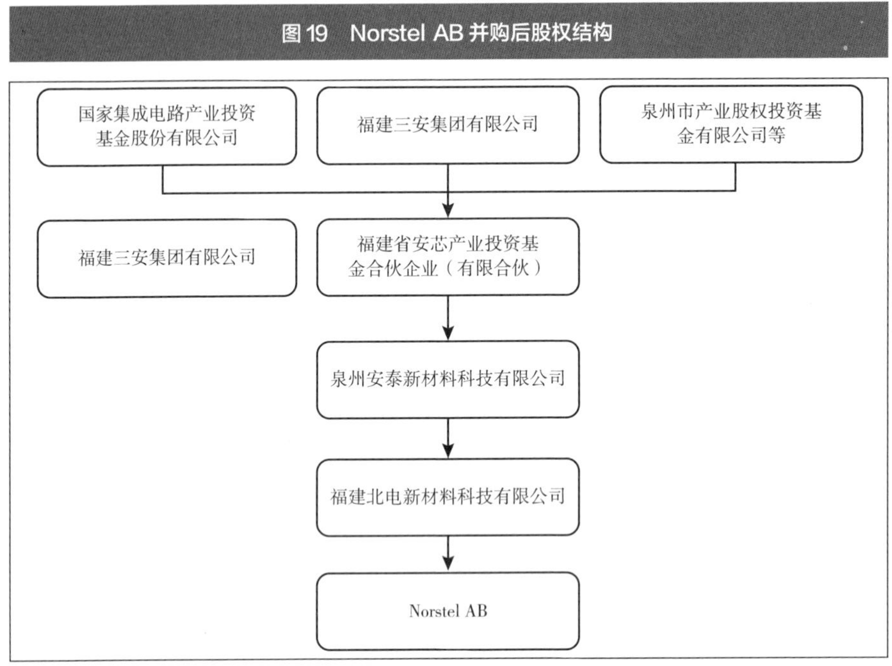

资料来源：天眼查等互联网公开资料。

总体来说，在智慧互联领域实现以金融资本为主导的并购，主要有两种思路：一是以境外并购基金为主的要约收购—被动管理—上市退出的思路；二是以国内金融资本为主的跨境并购—国产化—联合产业资本获得企业发展收益的思路。前者要求企业经营状况稳定、现金流良好、对管理层和原股东依赖性低；后者要求具有国产化前景、外国当局对收购不予限制、金融资本能承受较长的回报周期。两种思路下，并购基金管理人对产业链和并购操作实务都应该有极深的了解，特别是在智慧互联领域，更要求并购方能洞察产业发展的趋势以及金融市场的风向。

中英文摘要

ABSTRACT

中文摘要

2017 年中国智慧互联产业投资回顾与2018 年展望

封殿胜

摘　要：“十三五”时期是全面建成小康社会的决胜阶段，是信息通信技术变革实现新突破的发轫阶段，是数字红利充分释放的扩展阶段。通过完善顶层设计和决策体系，加强统筹协调，我国做出实施网络强国战略、大数据战略、“互联网 +”行动等一系列重大决策，开启了信息化发展新征程。智慧互联产业代表新的生产力和新的发展方向，已经成为引领创新和驱动转型的先导力量。把握智慧互联产业的演进趋势、创新模式、投资机遇，培育发展新动能，促进更广领域新技术、新产品、新业态、新模式蓬勃发展，建设制造强国、发展现代服务业，推动产业迈向中高端，有力支撑全面建成小康社会。

关键词： 人工智能　创新模式　数字中国

智能芯片产业发展及展望

余 凯　李星宇　郑 魁

摘　要： 人工智能的快速发展重新定义了智能芯片，伴随云计算、物联网、大数据等产业需求的增长，智能芯片在未来将扮演非常重要的角色。中国的智能芯片产业正在飞速地发展，目前涉及智能芯片的产品应用领域非常广泛，包括智能移动终端、人工智能、可穿戴设备、智能汽车、智能家居等。本文阐述了智能芯片产业发展现状，对智能芯片产业进行展望，并在最后给出了产业化趋势和投资建议。

关键词： 智能芯片　人工智能芯片　自动驾驶　产业化　投资策略

半导体产业发展及展望

张新宇　宋 达　高博睿

摘　要： 作为所有电力驱动设备的核心组成部分，半导体产业是现代信息技术的基础。由于我国半导体行业起步较晚，技术储备及人才培养与发达国家存在较大差距。半导体行业创新能力及人才梯队建设缺失，致使我国下游科技应用行业供应链受制于人。

受益于我国经济崛起、庞大的消费市场以及第四次工业革命（又称“中国制造2025”）的大环境，我国半导体产业具备了“弯道超车”的契机。AI、大数据、物联网、自动驾驶等新兴技术将带动中国半导体行业蓬勃发展，相关领域将涌现出更多的投资机会。

关键词： 战略性技术　第四次工业革命　未来投资机会

云计算与大数据产业发展及展望

于 帅　朱 昱　宋子豪

摘　要： 现代社会高速发展，我们处在大数据和云计算的洪流中。移动互联网和即将到来的5G通信技术的发展，令人们的交流成本大大降低，生活也越来越方便。2017年我国大数据产业规模达到历史新高的4700亿元人民币，同比增长30%。在国家政策的推动下，我国大数据行业市场规模将在未来保持高速增长，预计2020年的市场总体规模将达到13626亿元，年复合增速达51.8%。随着产业链条的不断延伸，大数据和云计算产业将渗透到包括政府、医疗、卫生、金融等各个与国计民生息息相关的领域，与产业深度融合，逐步迈向系统化和正规化。

关键词： 大数据　云计算　国家战略　产业融合

物联网产业发展及展望

袁唯菁

摘　要： 物联网作为新一代信息通信技术高度集成和综合应用的典范，正在与经济社会深度融合，深刻改变我们的生产活动、社会管理和公共服务。随着物联网技术在行业中的普及和不断深化，人类社会正进入“万物互联”的新时代，可穿戴设备、智能家电、自动驾驶汽车、智能机器人等数以百亿计的新设备将接入网络，引领社会生产新变革，创造人类生活新空间。

关键词： 信息通信技术　万物互联　生产变革

金融科技产业发展及展望

吴雪垠　王光远　刘泽洲

摘　要： 2016 年以来，中国互联网行业的人口红利随着网民增速趋于缓慢而逐渐消失，互联网金融依赖用户规模快速增长的时代已经进入尾声。根据内生经济增长模型，当人口红利和资本红利无效化后，唯有全要素生产率即科技的投入可以进一步推动 GDP 的持续增长，在金融行业这条“金科玉律”也同样适用。科技的重要性逐渐被金融从业者和金融服务的受众发现和接受，我国传统金融机构的生产体系从封闭被打破，到不断拓宽边界、引入金融科技企业作为金融行业的重要参与者，提供着或直接或间接的金融科技技术输出，而在这一过程中传统金融机构也因为对垂直领域业务的精通和渠道优势，为金融科技提供应用和场景共建。

关键词： 金融科技　互联网金融　大数据　区块链

智能出行产业发展及展望

吴 硕 王 申 翁学超 杨 柳 宋子豪

摘 要： 中国每天的市内出行需求高达10.3亿人次，市场潜力巨大。传统出行方式存在众多问题，无法有效满足多元化出行需求。随着移动互联网技术发展和共享经济概念落地，形成了以互联网网约车平台为代表的新兴智慧出行模式，成为传统出行方式的有效补充，也为出行产业的消费升级提供了动力。2017年中国智能出行产业在经历了补贴“烧钱”战争、兼并融合之后，进入了平稳发展期，互联网出行巨头已经出现，未来的竞争将聚焦于服务质量和出行安全的比拼。

关键词： 智能出行 共享经济 互联网网约车 分时租赁 共享单车 投融资情况

信息安全行业发展及展望

戴 燚 俞 泽 刘卓然

摘 要： 2017年，数据泄露、黑客攻击、基础设施攻击、系统安全漏洞、恶意软件、勒索病毒等信息安全事件频发已经引起了全社会的广泛关注。全球信息安全领域的投融资领域活跃，投融资事件超过150起，融资总额超过100亿美元。未来数年信息安全领域将继续发展，云安全、物联网安全、工控安全、信息安全大数据分析工具等应用领域将会涌现更多的投资机会。

关键词： 信息安全事件频发 投融资市场活跃 未来投资机会

国际及国内智慧互联产业重大并购分析

陈长玲　林兆祺　王海龙

摘　要： 本文从三个角度观察智慧互联产业并购。从整体上看，智慧互联产业的并购发生数持续上升，但中美贸易争端和资管新规为跨境并购和并购基金的资金安排带来了政策风险。从细分领域上看，公有云 SaaS、金融科技等应用领域并购保持活跃，智能芯片、物联网领域并购活跃度正在不断上升。从并购的资本安排上看，国内并购基金主要以资金提供方或参股者的形式参与并购，少见类似于境外并购基金的主导杠杆收购的操作方式。

关键词： 智慧互联　产业并购　资本安排

英文摘要

Investment review of China's Smart Internet Industry in 2017 and Outlook for 2018

Abstract: The "13th Five - Year" period is the decisive stage of building a well-off society in an all-round way. It is the beginning stage of the new breakthrough in the reform of the information and communication technology and the expansion stage of the full release of the digital dividend. By improving the top-level design and decision-making system, strengthening the overall coordination and making a series of major decisions, such as the strategy of network power, the big data strategy, the "Internet + " action and so on, the new journey of information development has been opened. The smart Internet industry represents the new productivity and new direction of development, and has become a leading force in leading innovation and driving transformation. We should grasp the evolution trend, innovation mode and investment opportunity of the intelligent interconnected industry, cultivate new kinetic energy, promote new technology, new product, new format and new model in the wider field, build a powerful manufacturing country, develop modern service industry, push the industry into the middle and high end, and strongly support a well-off society in an all-round way.

Key words: Artificial Intelligence; Innovation Mode; Digital China

---

Review and Outlook of Artificial Intelligence Chip

Abstract: Artificial intelligence is reshaping the hardware landscape. AS Cloud computing, Internet of things, Big Data, such as the growth of the industry demand, AI chip will play a more important role in the future, the AI chip industry in China has been rapid development. Currently involved in AI chip has a very wide range of product applications, including intelligent mobile terminal, artificial intelligence, wearable devices, self-driving car, smart home etc. In this paper, we reviewed current AI chip status, analysis AI chip industry, predict the trend of AI chip industry, and gave investigation suggestions in the end.

Key words: Intelligence Chip; Artificial Intelligence Chip; Automatic Drive; Industrialisation; Investment Strategy

Investment and Prospect of Semiconductor Industry

Abstract: As the core components of all electric power-driven devices, semiconductor is the foundation of modern information technology. Lack of innovation ability and reserve of talents, supply chain of downstream TMT companies is controlled in the hands of other countries. Benefited from the economic rising, large size in the consumer market and the Fourth Industrial Revolution (also called "Made in China 2025"), Chinese semiconductor industry is in a desired environment. Emerging technologies such Artificial Intelligence, Big Data, IoT and Auto Pilot are entering into fast growth period, driving semiconductor industry and related investment opportunities in China to flourish.

Key words: Strategic Technology; Made in China 2025; Investment Opportunities

---

The Development of Status of Big Data and Cloud Computing Industry in China and Outlook

Abstract: With the high speed development of the modern society, people are immersed in the flood of Big Data and Cloud Computing. With the help of mobile internet and the upcoming 5G telecommunication technology, the communication cost among people has been greatly reduced and life has become much convenient. In 2017, the total value of out-put of Big Data Industry in China reached a new height of 470 Billion Yuan, a 30% growth compared to last year. Driven by national polices, the market size of Big Data industry in China is expected to continue its high-speed growth in the next few years, and reach 1362.6 Billon Yuan in 2020, with a year-on-year growth rate of 30% . With the continuous extension of the industrial chain, Big Data and Cloud Computing Industry will penetrate into lots of areas closely related to people's livelihood, including but not limited to government, medical care, health care and finance, integrate deeply with these industry and Gradually move towards systematization and regularization.

Key words: Big Data; Cloud Computing; National Strategy; Industry Integration

Review of Internet of Things and Outlook

Abstract: As a model of highly integrated and comprehensive application of the new generation of information and communications technology, the Internet of things is deeply integrating with the economy and society, profoundly changing production activities, social management and public services. With the popularity and deepening of the Internet of things technology, the human society is entering a new era of "Internet of everything", wearable devices, intelligent home appliances, self-driving cars, tens of billions of new devices, such as intelligent robot will access networks, leading to the new change. of the social production, create a new space for human life.

Key words: Information and Communication Technology; Internet of Everything; Production Change

---

Investment and Prospect of Financial Technology Industry

Abstract: In China, since 2016, the demographic dividend of the Internet industry has gradually disappeared with the growth of Internet users in China, and the era of Internet financial dependence on the rapid growth of users has come to an end. According to the endogenous economic growth model, when the demographic dividend and the capital dividend are ineffective, only the total factor productivity, the investment in technology, can further detonate the continuous growth of GDP, which is also applicable in the golden rule in the financial industry; the importance of science and technology is gradually discovered and accepted by the financial practitioners and the audience of financial services. The production system of Chinese traditional financial institutions has been broken from closure to widening the border and introducing financial science and technology enterprises as an important participant in the financial industry, providing or providing direct or indirect financial technology and technology output. In this process, the traditional financial institutions are also proficient in the vertical field and the channel advantages. To provide and build a scenario for the application of financial technology.

Key words: Financial Technology; Online Finance; Big Data; Block Chain

Investment and Prospect of Intelligent Transportation Industry

Abstract: There are over one billion demands for daily urban commuting in China, the potential market size is huge. The traditional ways of travelling can not fulfill the demand as commuters craving for diversified transportation. With the development of mobile Internet technology and the concept of sharing economy, the emerging smart travel mode represented by the online car hailing platform has become an effective supplement to the urban commuting, and also provides a driving force for the consumption upgrade of the travel industry. In 2017, China's smart travel industry has entered a period of steady development after undergoing subsidized wars and mergers and acquisitions. Internet travel giants have emerged, and future competition will focus on service quality and travel safety.

Key words: Intelligent Transportation; Sharing Economy; Online Car Hailing; Car Sharing; Bike Sharing; Investments

---

Investment and Prospect of Information Security Industry

Abstract: In 2017, the frequent occurrence of information security accidents such as data leakage, hacker attacks, infrastructure attacks, security vulnerability, malicious software and extortion virus has drawn a widely public attention. More than 150 financing activities took place in the information security industry, total financing exceed $10 billion. In the next few years, information security industry will develop comprehensively. The investment opportunities in Cloud computing security, IoT Security, Industrial Control Systems Security and Big data analytics tools will continue to emerge.

Key words: Information Security Accidents; Active Financing Market; Investment Opportunities

International and Domestic M&A Analysis in Intelligent Internet Industry

Abstract: We observe the M&A market of Intelligent Internet from three aspects. As an overview, M&A events keep growing in Intelligent Internet field recently, while China – U. S. trade repute and the new regulation of asset management firms bring about some policy risks in the market. In sub-categories, Public Cloud SaaS, Fin-Tech and other application area are experiencing high M&A turnover, and smart chips and IoT fields see a growing active degree. In respect of capital arrangement, domestic M&A funds prefer playing the roles of co-investors or capital-providers, it is different from the way that oversea M&A funds play as leading investors.

Key words: Intelligent Internet; Industry M&A; Capital Arrangement

图书在版编目（CIP）数据

中国智慧互联投资发展报告. 2018／建投华科投资股份有限公司主编. --北京：社会科学文献出版社，2018.8

（中国建投研究丛书. 报告系列）

ISBN 978-7-5201-3182-7

Ⅰ. ①中… Ⅱ. ①建… Ⅲ. ①互联网络-应用-投资-研究报告-中国-2018 Ⅳ. ①F830.59-39

中国版本图书馆 CIP 数据核字（2018）第 167600 号

中国建投研究丛书·报告系列
中国智慧互联投资发展报告（2018）

主　　编／建投华科投资股份有限公司

出 版 人／谢寿光
项目统筹／王婧怡　许秀江
责任编辑／王婧怡

出　　版／社会科学文献出版社·经济与管理分社（010）59367226
地址：北京市北三环中路甲 29 号院华龙大厦　邮编：100029
网址：www.ssap.com.cn
发　　行／市场营销中心（010）59367081　59367018
印　　装／三河市尚艺印装有限公司

规　　格／开 本：787mm×1092mm　1/16
印 张：19.5　字 数：275 千字
版　　次／2018 年 8 月第 1 版　2018 年 8 月第 1 次印刷
书　　号／ISBN 978-7-5201-3182-7
定　　价／98.00 元